The Women's Power

성공적인 삶을 추구하는 여성들에게

우먼 파워

Joan Kirner · Moira Rayner 지음
지창영 옮김

가림출판사

THE WOMEN'S POWER HANDBOOK
copyright ⓒ1999 by Joan Kirner and Moira Rayner

All rights reserved

Korean Translation Copyright ⓒ2001 by GALIM Publishing

Korean Translation published by arrangement
with Bryson Agency Australia Pty. Ltd.
through Imprima Korea Agency

이 책의 한국어판 저작권은 Imprima Korea Agency를 통해
Bryson Agency Australia Pty. Ltd.사와의 독점 계약으로 가림출판사에 있습니다.
저작권법에 의해 한국 내에서 보호를 받는 저작물이므로
무단전재와 무단복제를 금합니다.

THE WOMEN'S POWER HAND BOOK

서 문

　모이라 레이너가 어렸을 때 부모는 늘 그녀가 하고자 하는 것은 무엇이든 할 수 있다고 말해 주면서 목표를 높게 잡고 자신이 원하는 일에 집중하라고 가르치곤 하였다. 특히 아버지는 모이라가 자신감을 갖도록 지도해 주었다.

　그녀의 할아버지는 아버지가 어렸을 당시 세상을 떠나게 되었는데, 홀로 남게 된 할머니는 네 명의 어린 자녀들을 도저히 부양하기 어렵게 되었다. 그 당시만 해도 남성이 경제를 비롯한 모든 문제를 이끌어 나가던 시기였다. 할아버지는 함께 사업하는 친구들을 재산의 수탁자로 지명하면서 유가족들을 돌보아 달라고 부탁했다. 그러나 친구들은 그의 유언을 따르지 않았다. 할머니는 수입원이 없어서 홀로 동분서주하며 도움 받을 길을 찾았으나 허사였다. 할머니마저 젊은 나이에 세상을 떠나자 모이라의 아버지는 자신의 모친이 도저히 살아갈 길을 찾을 수 없어 삶을 포기한 것이라고 생각하게 되었다.

　모이라의 아버지는 그러한 일이 딸에게는 절대 일어나지 않도록 하겠다고 다짐했다. 모이라가 결혼에 실패하자 아버지는 집의 내부 수리에 필요한 도구들이 가득 들어 있는 공구 상자를 선물로 사 주었다.

　이 책은 독자들이 어떤 어려움에 처해 있든지 그 상황을 딛고 일어설

THE WOMEN'S POWER HAND BOOK

수 있는 도구로 활용하기를 바라는 마음으로 꾸며졌다. 여성은 스스로의 삶을 만들어 나갈 수 있고 또한 그래야 하며 공동체 안에서도 그래야 한다고 믿는다.

이 사회가 살기 좋은 공동체가 되려면 남성 못지 않게 여성 또한 존중되어야 하고 여성의 경험이 반영되어야 한다. 여성은 남성과는 다른 눈으로 세상을 보는 면이 있다. 여성의 생리적, 사회적 그리고 감정적 성향은 남성과는 다르다. 그러나 최근까지만 해도 공적인 면과 사적인 면 모두에서 오직 남성의 삶과 경험만이 있고 여성의 삶과 경험은 없는 것처럼 여겨져 왔다. 많은 여성들이 변화를 바라고 있으며 이 세상이 보다 나아지기를 바란다. 여성들은 그런 희망을 실천에 옮길 힘이 필요하다. 그러나 수 천년간 남성 위주로 고착되어 온 이 세상에서 여성들이 힘을 찾기란 쉬운 일이 아니다.

조안 커너는 최초의 여성 주지사로서 1990년부터 1992년까지 재직했다. 그녀가 처음 빅토리아 주 의회에 입문한 1982년까지만 해도 의회 내에 여성은 극소수에 불과했지만 노동당에는 보다 많은 여성들이 있었다. 그래서 짓궂은 남성 중에서는 여성들을 놀리곤 하는 일이 있었다. 그들은 여성들이 있는 곳을 지나칠 때면 "헬로, 헬로, 위험한 사람들. 무슨

 THE WOMEN'S POWER HANDBOOK

음모를 꾸미시나요?" 라고 비꼬는 투로 인사를 했다. 여성들에게는 아주 기분 나쁜 일이었다. 그래서 조안과 그녀의 동료들은 짓궂은 남성이 지나가면서 평소의 버릇대로 하기를 기다렸다. 그가 늘 그러던 것처럼 여성들에게 무슨 음모를 꾸미냐고 놀려대며 지나가자 여성들은 "당신의 낙선 음모요!" 하고 일제히 소리쳤다. 그 이후로 그 남성은 예의를 갖추어 인사하기 시작했다.

모이라 레이너는 실력 있는 변호사로서 인권을 옹호한다. 그녀는 서호주에 있는 법 개정 위원회(Law Reform Commission)의 의장을 역임한 최초의 여성이며, 1990년부터 1994년까지는 빅토리아 기회균등위원회 위원을 역임했다. 1998년 2월 모이라는 대의원의 3분의 2가 남성으로 구성된 캔버라 헌법 제정 회의에서 대의원으로 선출되었다. 남성 대의원 중 유명한 빅토리아 RSL의 의장이자 애교 있는 장난꾸러기인 브루스 럭스톤(Bruce Ruxton)이 총회 도중 로비에 있는 모이라와 그녀의 동료 대의원들 옆을 지나쳐 가면서 "헬로, 헬로, 무슨 음모를 꾸미시나요?" 라고 비아냥거렸다. "당신의 낙선 음모요!" 라고 일제히 대답하자 그는 아무 말도 하지 못했다.

그것이 우리가 이 책을 쓰는 이유다. 여성들이 발언을 하고 따질 것은

THE WOMEN'S POWER HAND BOOK

따지고 웃을 때 웃으며 변화시켜야 한다. 그저 참고 조용히 침묵하며 죽은 듯이 지내는 것이 편하다는 것은 안다.

　여성들이 범하기 쉬운 가장 큰 실수는 그저 착한 마음으로 열심히 일하다 보면 보답이 있겠거니 하고 생각하는 것이다. 실상은 그렇지 않다. 변화를 꾀하려면 힘이 있어야 한다. 힘을 갖추어야 하고 그 힘을 제대로 발휘할 수 있는 올바른 도구가 있어야 할 뿐만 아니라 그 도구를 잘 활용할 수 있는 기술도 있어야 한다.

　여성에게는 자신의 길을 개척해 나가고 여러 가지 상황을 극복해 나갈 힘이 필요하다. 다른 사람들에게 영향을 줄 수 있는 힘이 필요하고 그룹의 일원으로서 서로 의사 소통을 하고 행동할 수 있는 힘이 필요하다. 여성이 스스로 강해지지 않으면 다른 사람에게 영향을 줄 수 없다. 여성은 서로 힘을 합쳐야 한다. 다수의 목소리가 있어야 무시당하지 않으며, 한두 사람이 목청을 높이는 것보다 '여러 사람'이 집단으로 비판하는 것이 더 효과적이기 때문이다.

　권력은 사람을 매료시키고 호기심을 돋구기도 하며 위협하기도 하는 힘이 있다. 닉슨과 포드의 재임 시절에 비교적 평범한 사람으로서 미국 국무장관을 지낸 헨리 키신저는 1976년에 권력은 궁극적으로 최음제와

 THE WOMEN'S POWER HAND BOOK

같다고 말한 바 있다(그가 어떻게 예쁜 여성들을 많이 유혹했는지에 관해서는 말할 수 없었을 것이다).

　권력은 더러운 것이라고 인식하는 여성들도 있다. 평범한 사람들의 무리 가운데서 튀거나 두드러지게 보이는 사람을 매우 불쾌하게 여기는 여성들도 많다. 전통적으로 여성은 '여자다워야 한다'는 인식이 지배적이었다. 그 말은 곧 수동적이어야 하고 내조를 잘 해야 하며 섬세하고 가냘프게 보여서 남성의 도움이 필요한 존재여야 한다는 의미다. 쉽게 남용될 수 있다는 점 때문에 권력을 곱지 않은 시선으로 보는 여성들도 있다. 민주주의를 위해서 사용될 수도 있지만 독재의 수단이 될 수도 있어 선악 양면의 가능성이 있다는 것이다.

　오늘날 우리 사회에서는 공동의 선보다는 개인의 이익을 위해 권력이 행사되는 면이 많다. 이 책에서는 권력의 책임에 관해서도 이야기하고자 하는데, 권력은 한 곳에 오래 머물러 있는 법이 없다. 승리자가 늘 바뀌는 것처럼 권력 또한 늘 옮겨 다닌다.

　권력은 여러 형태로 나타난다. 마하트마 간디와 같은 지도자를 본보기로 여기고 따르는 경우도 있다. 로위차 오도너휴(Lowitja O'Donoghue)와 같은 지도자가 그랬고 고인이 된 멈 쉬얼(Mum Shirl)이 그러한 예에

THE WOMEN'S POWER HAND BOOK

속한다.

　넬슨 만델라가 분열과 분쟁이 끊이지 않는 남미에 희망을 불어넣은 것처럼 사람들에게 용기와 희망을 주는 권력도 있다. 공동체가 발휘하는 힘, 즉 피플 파워라는 것도 있다. 권력은 그 실체를 드러내지 않는 경향이 있다. 사실 보이지 않게 행사되어야 최고의 영향력을 발휘하는 경우가 많다. 보이지 않는 권력은 오용될 염려도 있다. 불만 또는 반대 의견을 묵살할 수도 있고 사람들을 하찮게 여기며 우매하게 만들 수도 있다. 정보를 누락시키거나 왜곡하고 토론과 논의를 억제할 수도 있고 반대 의견을 내세울 경우 보복 조치를 하겠다고 위협할 수도 있다.

　권력은 사회의 일부 그룹 또는 계층을 발전과 혜택의 대상에서 제외시키고 그로 인하여 개인들이 죄책감과 부끄러움 그리고 낙오된 감정을 느끼도록 방치하거나 고용 불안, 범죄, 가정 파탄 등을 자신의 무능으로 여기도록 유도할 수도 있다.

　권력을 소유하는 것은 다른 사람들의 힘에 반대하고 저항하기 위해서가 아니라 스스로 계획을 세우고 그 계획을 추진해 나가기 위한 것이다.

　이 책에서 말하는 권력은 약자를 밟거나 그 위에 군림하거나 남을 괴롭히는 것이 아니다. "내가 승리자고 너는 패배자다"라고 부르짖는 낡

 THE WOMEN'S POWER HANDBOOK

은 관념의 권력이 아니다. 대부분의 남성들이 사용하는 권력의 개념과 대부분의 여성들이 사용하는 권력의 개념에는 차이가 있다.

남성적인 권력은 사람들 위에 군림하는 힘으로서 "무엇 무엇을 해라" 하고 명령하는 방식의 권력이다.

여성이 발휘하는 권력은 연계 활동을 통하여 나타나는 경우가 대부분이라고 생각된다. 함께 활동하고 설득하고 상담하고 영향력을 끼치는 등의 활동을 말한다. 10대 자녀들이 숙제를 하도록 만들 줄 아는 여성이라면 진정한 힘을 행사하는 것이라고 볼 수 있다. 아이들이 숙제를 하도록 하는 것은 위협이나 선전포고 또는 완력으로는 도저히 해낼 수 없는 일이다. 우리의 경험에 비추어 볼 때 힘 있는 여성들은 그것을 과시하지 않는다. 또한 여성은 '상생'(win-win)을 추구한다.

자신이 힘을 지니고 있다는 것을 안다면 그 힘을 바탕으로 협상을 할 수 있게 된다. 힘이나 권력을 가지고 있다는 것은 원하는 바를 획득하기 위해 일할 수 있다는 의미이자 자신과 타인을 위해 일할 수 있다는 의미다.

이 책에서 권력을 행사한다는 말의 의미는 민주적인 방법으로 권력을 사용한다는 뜻이며 사람들에게 힘을 부여해 준다는 뜻이다. 고정된 의미

THE WOMEN'S POWER HAND BOOK

의 권력이 아니라 사람들 사이에 살아 움직이는 권력을 말한다. 다수의 사람들을 제쳐두고 소수가 차지하는 권력을 누리자는 얘기가 아니다. 잘못된 의미의 권력을 추구하지 않도록 스스로를 통제하는 수단이 우리에게는 있다.

  우리는 권력은 함께 나누는 것이라고 믿으며 개인의 이익 뿐만 아니라 공동의 선을 추구하는 것이어야 한다고 믿는다. 권력은 살 수 있는 것이 아니며 싸워서 차지하는 것이고 주장해야 하는 것이다. 고용 불안과 빈부의 격차가 심각해질수록 여성들이 더욱 더 권력을 주장해야 한다.

  이 책은 모든 체계가 여성에게 불리하게 이루어져 있는 상황에서도 여성들이 문제를 해결할 수 있도록 실천적인 방안을 제공해 준다. 이 책은 이론서나 여권을 주장하는 선언문이 아니며 전적으로 모든 분야를 망라하는 것도 아니다. 다만, 우리 뿐만 아니라 여러 여성들이 경험한 성공과 실패의 사례를 그리고 있을 뿐이다.

  우리는 권력을 지닌 적도 있고 영향력 있는 존재로 사람들에게 비쳐진 적도 있기 때문에 여러 방면에서 함께 나눌 수 있는 경험이 많이 있으며, 이제 그 지식과 경험들을 나눌 때가 되었다고 생각한다. 이 책을 활용하면 원하는 바를 성취하고, 다른 사람들과 의사 소통을 하고 협력하며 목

THE WOMEN'S POWER HAND BOOK

적을 이루는 데 도움이 될 것이다.

두려움을 극복하는 방법, 자신감을 유지하는 방법, 자신이 가진 고유의 가치를 깨닫고 그것을 지켜 나가는 방법, 재정 문제와 사생활을 관리하는 방법, 가정사와 사회 활동의 조화를 꾀하는 방법 등이 실려 있다. 여성에게 우호적이지 않은 문화권 속에 존재하는 불문율을 자신에게 유리하도록 활용하는 방법이 있다. 여성들은 업무, 위원회, 협회, 이사회나 대표단 등 모든 분야에서 주요한 역할을 하지 못하고 보조적인 역할만을 주로 담당해야 했으며 하찮은 존재로 취급되고 때로는 비웃음거리가 되기도 했다.

이 책에서는 작업 조건이나 임금에 관해 협상하는 방법도 다루었고 차별 대우와 학대에 대처하는 방법도 다루었다. 권력을 지닌 여성은 많은 정보를 처리해야 하고 많은 활동을 해야 한다. 이에 필요한 여러 가지 방법을 비롯하여 정치와 언론을 대하는 요령, 동맹 세력을 형성하는 방법, 인맥 구축하기, 조언자를 찾아 함께 성장하는 방법 등을 기술한다. 라디오, 텔레비전, 신문 등을 이용하여 공개적으로 발언하는 방법, 공동체 내에서의 활동을 통하여 정치적 입지를 확장하는 방법, 그리고 궁극적으로 정치권에 진출하는 데 필요한 조언 등이 이 책에 실려 있다.

THE WOMEN'S POWER HAND BOOK

　무엇보다도 우리는 가장 어려운 일, 즉 건강한 유머 감각과 재치를 잃지 말아야 한다는 점을 강조한다.
　이 책은 성공한 여성들의 '성공담'에 속하는 것이 아니다. 자신감과 자기 확신을 심어 주는 내용도 들어 있지만 단순히 그것만을 강조하는 내용이 아니다. 명예만을 추구하고 그것을 지키는 요령을 소개하는 책도 아니다. 스스로의 삶에 책임을 지고자 하는 여성들에게 도움을 주고자 하는 책이며, 그들의 사적, 공적 및 정치적 생활 체계를 조율하고 가동하는 요령을 담고 있는 안내서다.
　우리는 여성들이 나름의 방법으로 권력을 행사하며 그에 대해 긍지를 갖기 바란다. 우리는 여성들이 권력을 사용하여 스스로를 보호하고 여성들이 해야 할 일을 성취해 나갈 수 있기를 바란다. 여성들이 남성 못지않은 권력을 소유할 때 모든 여성과 남성 및 어린이들의 삶이 개선될 것이기 때문이다.

일러두기

이렇게 한 권의 책으로 꾸며져 강한 여성이 되고자 하는 이들의 '지침서'가 되기까지 그 준비 작업과 실전 자료 수집 등 여러 단계에서 많은 분들의 도움이 있었다. 30년이 넘도록 우리와 함께 활동해 온 여러분들을 비롯하여 그 수를 헤아릴 수 없을 정도로 많은 분들이 이 책의 숨은 공로자들이다. 그 모든 분들께 감사드린다.

우리 두 사람의 가족들 또한 많은 도움을 주었다는 점을 밝힌다. 특히 조안의 남편인 론(Ron)과 자녀인 마이크(Mike) 그리고 며느리인 샐리(Sally), 데이비드(David)와 케이트(Kate)가 많은 공헌을 해주었다. 케이트와 데이비드는 자신들에게 끊임없이 들려주는 이야기를 책으로 쓰는 것이 좋겠다고 조안에게 늘 말했다(조안은 케이트와 데이비드의 조언이 자신의 잔소리를 그치게 하려는 작전이 아니었을까 생각한다).

모이라는 여권을 옹호하는 부친과 강한 어머니의 성품을 이어 받아서 모든 행동에 그 영향이 배어난다.

다른 분들의 공헌도 컸다. 자넷 달글리에쉬(Janet Dalgliesh)는 정보에 능통하여 큰 힘이 되어 주었다. 그녀는 우리의 모임에 함께 참여했고 음식과 음료를 제공하는 한편 모임의 내용을 기록하고 오가는 대화를 녹음하기도 했다. 자넷은 테야 안토니오 라이트(Teya Antonio-Wright)의 글에 자극을 받아 제3장에 속하는 '재정 관리'의 기초 내용을 준비하기도 했다. 재정 관리는 여성이 힘을 기르고 스스로의 삶을 꾸려나가는 데 필요한 핵심적인 요소다. 그녀의 노고에 무한한 감사를 드린다.

저작물을 인용하도록 허락해 주신 여성 분들께도 감사드린다. 제니 비참(Jenny Beacham), 댐 베릴 뷰리페어(Dame Beryl Beaurepair), 라리사 베렌트(Larissa Behrendt), 리사 벨리어(Lisa Bellear), 리넬 깁슨(Linelle Gibson), 포피 킹(Poppy King), 케이트 런디(Kate Lundy), 페이 말스(Fay Marles), 메리 오웬(Mary Owen), 미샤 셔버트(Misha Schubert), 로베르타 사이크스(Roberta Sykes), 글렌 토마세티(Glen Tomasetti) 등이 그 대표적인 분들이다.

연구에 도움을 주신 분들도 있고 조언을 주신 분들도 있다. 알파벳 순서대로 언급하면 국립 사회 및 경제 모델링 센터(National Centre for Social and Economic Modelling)의 길리안 비어(Gillian Beer), 빅토리아 의회 도서관의 브루스 데이비드슨(Bruce Davidson), 빅토리아 무역 회관 협의회(Trade Hall Council)의 여성 사무관인 엘렌 클리메이커(Ellen Kliemaker), 빅토리아 의회의 교육 담당관인 메간 페니스톤 버드(Megan Peniston-Bird), 이슬람 여성 복지 의회의 호아 팜(Hoa Pham) 및 파티마 토펙(Fatima Tawfek), 던힐 매든 버틀러(Dunhill Madden Butler) 법률 사무소 멜번 사무소의 사서인 조라 발레스카(Zora Valeska) 등 많은 분들의 도움이 컸다.

우리 두 사람은 서로 통하는 면이 있어 서로의 가치를 존중하고 공유하며 특히 익살맞은 유머 감각으로 유쾌하고 즐겁게 일할 수 있었다. 이 또한 매우 다행스런 일이다. 우리를 '거의 고용하다시피' 하여 이 책이 완성되기까지 유머와 인내로 이끌어 주신 AMC(Aust.) Pty Ltd의 프란 브리슨(Fran Bryson)에게도 고마움을 표한다. 펭귄 출판사의 관계자 분들 특히 열의를 갖고 이 책의 출판 프로젝트를 시작해 준 줄리 깁스(Julie Gibbs)와 성인용 서적의 발행인 클레어 포스터(Clare Foster) 및 편집인인 레슬리 던트(Lesley Dunt)와 메레디스 로스(Meredith Rose) 등은 넓은 아량으로 여러 가지 지원을 아끼지 않았다.

여성의 힘을 반추해 보고 보다 나은 방향으로 나아갈 수 있도록 방향을 제시해 줄 수 있도록 이 책을 출판해 주고 우리에게 호의를 베풀어 준 펭귄 출판사에 감사드린다.

차 례

서문
일러두기

제1장
출발점 ······ 27
- 권력의 규칙 • 33
- 우리가 걸어온 길 • 38
- 우리의 현 위치 • 44

제2장
강한 여성이 되기 위한 기본 조건 ······ 61
- 성공하는 여성의 10가지 재산 • 65
- 동지 만들기 • 84

제3장
개인적인 전략 ······ 97
- 자신감의 조성 • 99
- 규칙 재정비 • 102
- 나만의 가치 기준 설정 • 110
- 생의 동반자들 • 117
- 기회 포착 • 121
  준비된 사람/123
  모든 것을 기록한다/125

차 례

자신의건강은 스스로 챙겨라/128
- **재정 관리** • 132

  자세와 믿음/132

  기술과 지식/137

  공동으로 관리할 경우/140

  소의 젖을 짜듯이/142
- **낙천적 성품 함양** • 145
- **끈기와 용기** • 146
- **어떤 역할도 거뜬히** • 152

제4장
만능의 재주 161

- **정보 수집** • 164
- **계획 수립** • 168
- **동맹군 만들기와 도움 받기** • 172
- **인맥의 활용** • 175
- **멘터** • 179
- **협상의 기술** • 186

  준비/187

  토론/190

  제안/191

  거래/192

  동의/192

차 례

제5장
회의 주재 ·············· 197

- 차별에 대한 대처 • 201
  여성을 미미한 존재로 여길 경우/203
  여성을 우스꽝스럽게 표현할 경우/207
  여성 우민화 정책/209
  여자는 역시 안돼/213
  유다의 양 길들이기/217

제6장
작업 전선 ·············· 223

- 근무 조건의 협상 • 228
- 노사 협상 • 233
- 가족을 중시하는 직장 • 236
- 남성 상사와 함께 일하기 • 239
- 기회 균등법 • 242
- 차별과 학대에 대한 대처 • 246

제7장
메시지의 전달 ·············· 263

- 공공 연설 • 264
  공공 연설의 5가지 핵심/266
- 매체의 이용 • 272

차 례

언론에 관한 5대 황금률/276
라디오 방송의 활용/276
보도자료/278
기자회견/284
인터뷰/287
언론에 대한 권리/294
언론을 효과적으로 활용하는 요령/295

 제8장
지역 활동 ·················· 301

- **지역 운동** • 304
  정치적 행동의 일반적인 법칙/308
- **지방 정부** • 313
  정치적 멘터링/316
- **후보 활동** • 320
  초보자의 선거운동/328
  재정 충당/331
  유권자와의 관계/333
  선거 운동 위원회/334
  선거 운동/335

 맺음말 • 350

CHAPTER

출발점

The Women's Power Handbook

출발점

여성에게 권력이 없는 상태에서는 여성이 필요로 하는 것과 바라는 바 그리고 여성을 위한 계획은 늘 뒷전에 밀려나 있을 수밖에 없다. 현대 여성들은 그런 삶에 만족할 수 없다. 현대 여성들은 삶의 모든 면에서 사회에 많은 공헌을 할 필요가 있다. 여성은 스스로 선택하고 바라는 바를 성취할 수 있는 위치를 확보할 필요가 있다.

버지니아 울프는 "자기만의 방(A Room of One's Own)"에서 '수 세기 동안 여성은 남성을 원래 크기의 두 배로 보이도록 하는 신비하고 매혹적인 힘을 지닌 유리창 역할을 해 왔다'고 기록했다. 그러나 우리는 그러한 관념을 바꾸었다. 여성들은 그 거울을 깨기 시작했다. 우리는 스스로 운명을 결정해야 하며, 더 이상 어린 아이 취급을 받아서는 안된다. 우리는 우리 나름의 확실한 비전을 가지고 있다. 유명한 기독교 사도인 바울의 말씀을 인용하여 비유해 본다면, 한 때는 거울을 통하여 희미하게 보았지만 이제는 마주 보는 것이다.

여성들은 1960년대와 1970년대에 '해방'을 갈구했다. 누구나 스스로 삶의 방향을 정하고 관리하는 것이 당연한 일인데도 불구하고 여성은 그럴 수 없는 상황이었기 때문이다. 역설적이게도 우리는 여성들이 스스로의 삶을 관리할 수 있는 유일한 길은 여성을 존중하는 사회, 즉 여성의 경험을 수용하고 이해할 줄 아는 사회를 지향하며 각자의 권한과 개인의 자유를 찾아 나가는 것이라고 믿는다.

약자의 권리를 존중하는 사회가 되지 않는 한 개인의 자유를 누릴 수 없다. 그 동안 여성들은 약자의 입장에 서 왔지만 이제 그 틀을 깨기 시작했다. 여성들은 불이익을 받는 입장이 어떤 것인지 피부로 느껴 왔으며, 나아가 여성만의 고유한 성품을 여러 사람을 위해 발휘하고 싶어 한다. 우리는 여성이 권력을 주장하고 나눔으로써 모든 사람이 승리하는 길이 앞당겨지리라 믿는다.

그런 세상을 만들기 위해서는 어떻게 해야 할 것인가?

1 자·신·으·로·부·터 출·발·하·자

힘을 갖추기 위해서는 자신을 존중하고, 자신이 누구인가를 확실히 파악해야 한다. 이 말은 곧 변화와 발전을 꾀할 수 있다는 생각, 즉 스스로 싫어하는 면을 바꿀 수 있는 자신감을 갖추는 것을 의미한다. 복잡하고 불안정한 사회 속에서 불평등하게 성장한다면 많은 것들을 통제하거나 관리하지 못한다. 무기력하다고 생각하면 고립감에 빠지게 되고, 아무런 해결책도 찾을 수 없다. 우리가 힘을 지니고 있어야 비로소 변화가 가능하며, 변화를 보여야만 사람들은 우리에게 힘이 있다는 것을 믿게 된다. 이 책에는 변화를 꾀할 수 있는 주도권을 되찾는 방법이 기록되어 있다.

2 일·속·에·서 자·신·의 위·치·를 주·장·하·자

가정에서든지, 고용된 입장에서든지, 자신의 사업을 운영할 때든지 아니면 계약 관계로 일하든지 맡은 일에 대하여 긍지를 가져야 한다. 이제 생계를 위해서 직업을 갖는 시대는 지났으며 기술과 지식이 있다고 해서 무조건 직업을 선택하는 시대도 지났다. 능력이란 자신이 가진 것으로 최선의 결과를 얻을 줄 아는 것을 의미한다.

3 공·동·체·와 더·불·어 활·동·하·자

개인과 공동체의 상호 이해, 지지와 협력은 개인으로서의 무기력을 극복하여 보다 큰 힘을 발휘함으로써 정부의 관심을 이끌어내고 변화를 유도해내는 데 없어서는 안될 필수 전략이다. 공동체의 지지가 있으면 의사 결정에 영향을 미치거나 참여할 수 없다고 생각하던 사람들도 변화를 이룩할 수 있다는 자신감을 얻게 된다. 그러나 개인이 그룹의 일원으로 참여하고 권력에 관하여 집단적으로 이해하고 적절히 사용할 줄 아는 태도가 선행되어야 한다.

우리 두 사람은 제각기 개인에 관련된 문제를 가지고 변화를 이루려고 노력한 경험이 있다. 우리는 가치를 뼛속 깊이 확실하게 느끼고 열정적으로 옹호하는 데서 지도력이 비롯된다는 점을 알게 되었고, 사람들을 위해 변화를 추구할 때 비로소 자신을 위한 변화가 가능하다는 것을 알게 되었다.

4 권·력·은·이·동·한·다·는·점·을·명·심·한·다

권력에는 날개가 있다. 지금 있는 곳을 떠나 어디로든지 날아갈 수 있다. 권력은 끊임없이 이동한다. 진정한 권력을 지니고 있다가 그것을 잃었다고 해도 다시 찾고 사용할 수 있는 길이 또 있다. 비록 현재는 스스로를 관리할 수 있을 뿐 사람들을 통제할 수 있는 권력을 지니고 있지 않다 하더라도, 과거의 역할과 지식 및 인간 관계를 활용하면 연대하여 활동할 수 있고 사람들을 놀라게 할 수 있으며 지도적인 위치에 서서 영향력을 행사할 수 있다. 물론 어려운 것은 사실이다. 함께 활동할 직원도 없고 너나 할 것 없이 문을 활짝 열고 환영하는 것도 아니다. 자칫하면 정부나 업체 또는 직장이나 조합으로부터 기피인물로 낙인찍힐 수도 있다. 다른 문을 찾아야 한다. 다른 문은 반드시 있게 마련이다.

권력의 기반을 잃게 되면 흔히 절망하기 쉽다. 주지사는 여성을 위한 개선 사업을 정부 정책으로 삼아서 공적인 과업으로 수행할 수 있다. 기회균등위원회의 위원은 차별방지법에 관하여 공개적으로 교육할 수 있고, 권리를 박탈당한 사람에게는 그것을 시정할 수 있는 기회를 제공할 수 있다. 그러한 역할을 수행하면서 대중의 여론에 영향을 미칠 수 있다. 언론 매체의 관심을 받는 역할이라는 뜻이다. 공적인 위치에 있게 되면 언론인들이 주시하게 된다. 그들은 공인의 활동에 관하여 보도와 논평을 하게 마련이다. 그러나 공적인 위치에서 일단 물러나면 언론인들의 관심도 끊어지고 당분간은 무슨 일을 해야 할지

30 제1장 출발점 ● ● ● ●

몰라 어리둥절하게 된다.

　이는 남편과 아이들이 직장과 학교로 떠난 직후 많은 여성들이 느끼는 감정이나 직장을 그만 둔 남성들이 흔히 느끼는 감정과도 다를 바 없다. 그 상태에서는 삶의 의미와 목적을 잃어버리게 된다. 권력을 잃는다는 것은 재난과 같이 끔찍한 일이기도 하지만 해방감을 주기도 한다. 자신이 좋아하는 전혀 다른 일을 시작할 수 있는 기회가 되기도 한다. 권력을 잃는다고 해서 세상이 끝나는 것은 아니다. 하나의 문이 닫히면 늘 다른 문이 열린다. 기회는 두 번 오지 않는다는 것은 거짓말이다. 기회는 언제나 창문을 두드리고 있다. 그 소리를 듣기만 하면 된다.

권력에 관한 첫 번째 교훈

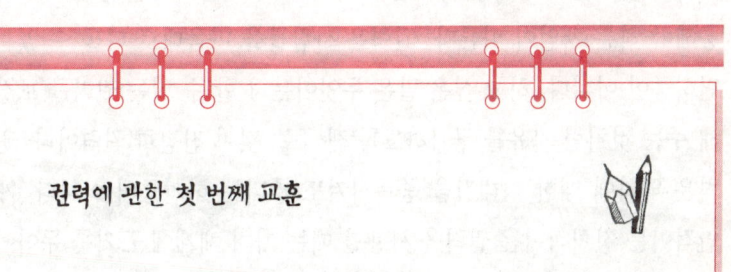

　내가 타고난 정치인으로서 정상에 오르도록 예정되고 계획되어 있는 것처럼 믿는 이들도 있었다. 그러나 사실은 그렇지 않다. 나는 사회 정의를 믿으면서 자라왔지만 우리 첫 아이가 54명으로 구성된 예비학교에 입학하려 할 때에야 비로소 "안돼, 내 아이를 이런 학교에 보낼 순 없어!" 하면서 좋은 교육 환경을 위해 싸울 줄 알게 되었다.

　나 스스로도 알지 못했지만 그 때부터 이미 정치적 경력이 시작된 것이다. 지역의 학부모와 연대하여 더 많은 교실과 더 많은 교사를 확보하기 위한 싸움을 전개하면서 내가 얻은 첫 번째 정치적 교훈은

> 자신과 자녀를 위해 무엇인가를 변화시키려면 다른 사람들을 위한 변화를 꾀해야 한다는 것이다. 나에게 있어서 개인의 이익과 집단의 이익이 상충된 적은 없었다. 나의 경험에 비추어 볼 때 개인의 이익과 집단의 이익이 부합되어야만 보다 크고 지속적인 권력이 유지될 수 있었다.
>
> 🍒 조 안

권력에는 한계가 있다. 권력과 자유와 방종은 엄청난 차이가 있다. 권력에는 그것을 올바른 목적을 위하여 그리고 윤리적인 방법으로 사용해야 하는 책임이 따른다. 권력은 사람들을 마음대로 다룰 수 있는 면허증이 아니다. 하고 싶은 말은 무엇이든지 할 수 있는 권리를 보장해 주는 것처럼 자유를 구가하도록 해 주는 것이 진정한 권력이다. 권력은 약자에 대한 적대감을 증폭시켜도 좋다는 허가증이 아니다. 개인적이든 정치적이든 권력을 사용할 때는 가치 체계에 근거를 두어야 한다.

가장 중요한 요점은 다음과 같은 점이다. 권력을 가지고 변화를 도모하려면 그 변화에 따르는 결과를 수용할 준비가 되어 있어야 하며, 변화 속에서 새롭게 건설할 준비도 되어 있어야 한다. 한 번 시작한 일을 끝까지 책임지지 않으면 안된다.

권력의 규칙

The women's
Power

여성의 권력 추구는 균형을 찾자는 것이 요점이다. 이것을 다음과 같이 세분화할 수 있다.

1 내가 중심이 되어 생각한다

이는 내가 원하는 바가 무엇이고 그 이유는 무엇인지 그리고 나는 누구이며 무엇을 가치 있게 여기는가에 관하여 확실하게 답할 수 있는 가장 빠른 길이다. 사람들은 명확하고 전망이 있어야 반응을 보인다. 그렇다고 해서 자기 중심적으로 생각하거나 자만하라는 의미는 아니다. 이는 특정한 일에만 연관된 것이 아니다.

2 자신감을 갖는다

이는 필수적인 전제조건이다. 변화를 꾀할 수 있다는 믿음이 있어야 하며, 그럴 만한 능력과 권한이 있으며 의지가 있어야 한다. 스스로 권력을 지닐 가치가 있다고 믿어야 한다. 자신감은 이 책에서 제시하는 실천적인 요령을 실행에 옮기는 데 필요한 핵심 요소다.

3 권력의 세 차원을 이해한다

권력은 스스로를 다스리는 힘(자기 훈련, 침착함, 끈기)이며, 사람들에게 영향을 미치는 힘(설득, 본보기 제시, 용기를 북돋우기)이자, 집단의 일부로서 상호 교류하고 활동하는 힘(정치적 권력)이다.

4 현재 있는 자리에서 시작한다

정치 권력을 확보하고자 한다면 개인적인 권력을 주장하는 것이 필수적이다. 쉬운 일부터 시작하면 실제적인 변화를 이루어낼 수 있다. 하루 아침에 정치 일선에 설 수는 없다. 처음부터 높은 단계의 정치적 권력을 획득하려고 하면 안된다. 아주 쉬운 단계에서부터 시작해 나가다 보면 한 걸음 두 걸음 발전하면서 점점 능력이 쌓이게 된다.

5 권력에 대한 두려움을 버린다

여성은 직장에서나 '실질' 정치에서나 또는 사회 속에서 권력을 주장하고자 노력할 필요가 있다. 그렇게 하는 것이 이기적인 행동이라거나 무슨 특권을 요구하는 행위라고 비난하는 사람들의 말에 위축될 필요가 없다. 권력을 시기하거나 권력에 대한 소유욕을 가질 필요도 없다. 차별 대우를 받거나 무력감을 경험한 여성들에게는 권력을 지닐 경우 사람들과 나누고자 하는 염원이 있다.

일부 여성들은 스스로 노력하여 눈부신 성공을 이루었는데, 그 중 많은 여성들이 오늘날의 성공을 거두기까지 "고용 촉진 활동, 기회 균등 프로그램, 차별 및 성희롱 방지법" 등의 수단이 동원되었다. 그러한 수단들은 성공을 방해하는 커다란 걸림돌을 제거하는 것으로서 여성들을 위해서는 강력한 무기 역할을 해 준다. 정치적 공정성을 들이대며 고용 촉진 활동 및 기회 균등 활동의 본질을 왜곡함으로써 여성의 권력 획득을 흠집내려는 시도를 용납해서는 안된다. 상당수의 여성들이 "우리는 정치와는 상관없다"고 말한다. 그러나 그런 말을 하는 자체가 이미 정치적인 것이다. 누구를 막론하고 한 개인으로서, 시민으로서 누군가에게 작은 권력을 행사한다.

6 인정받고자 하는 수준을 넘어서야 한다

'착한' 여자는 개인적인 권력만을 지녀야 하는 것으로 인식되어 있다. 착한 여성은 다른 사람에게 의지하여 자신이 원하는 바를 성취해야 하는 것으로 여겨져 왔다. 그러나 그것이 그리 효과적인 경우는 매우 드물다. 훌륭한 여성들은 영향력 있는 남편을 설득하여 현재의 정치적 틀을 이루고 있는 최초의 헌법 제정 회의에 여성들을 포함시켜 줄 것을 요청했지만 지금까지도 여성들은 소외되어 있다.

능력 있는 여성들은 스스로 결정한다. 독자적인 의견을 가지고 그 의견을 자유로이 표현하며 자신 및 타인들을 위해 그들이 원하는 바를 얻기 위해 적극적으로 활동한다. 그런 의미에서 보면 능력 있는 여성들은 정치적으로 활동하는 면이 있다.

사람들은 아직도 정치 권력을 지닌 여성들을 곱지 않은 시선으로 바라보는 경향이 있다. 여성들의 노력이 기회는 될지언정 곤란을 초래하지는 않을 것임에도 불구하고 그것을 방해하는 사람들도 있고, 여성들의 발전이 남성들보다 훨씬 뒤쳐져야 한다고 여기는 사람들도 있다. 왜 그럴까? 능력 있는 여성은 전통적인 시각에서 볼 때 여성이 갖춰야 할 미덕이 모자란다고 생각하기 때문이다. 즉, 여성에게는 지도자적인 기질이 없으며 또한 있어서도 안된다고 생각하기 때문이다.

비단 남성 뿐만 아니라 여성을 포함한 많은 사람들이 강한 여성을 못마땅하게 생각하는 경향이 있다. 우리는 유명한 호주의 사회 비평가이자 학자인 에바 콕스(Eva Cox)의 의견에 동의한다. 그녀는 "여성 지도자 : 변화를 위한 전략(Leading Women : Tactics for Making a Difference)"에서 여성 지도자를 못마땅하게 생각하는 사람들이 지금 생각을 바꿔야 하는 이유가 무엇인지, 그리고 여성의 활동을 옥죄고 있는 현재의 정치, 사업, 무역, 직업 문화가 왜 바뀌어야만 하는지를 설명하고 있다. 그러한 문화는 수 백년에 걸쳐서 남성의 사회 진출 방식을 옹호해 왔으며 특권을 누리고 있는 남성의 사회적 지위에 맞도록 형성되어 왔고, 그러한 역사를 반영하는 한편 현대 사회의 기대에 부응하면서 끈질기게 자리를 차지하고 있다.

 무의식적으로 그렇게 하는 경우도 많은데 여성들은 남성 우월주의의 모델에 길들여져 보다 낮은 목표에 만족하고 보다 적게 얻으며 보다 적은 보상을 받으면서 작은 영역, 즉 가정의 테두리 안에서 영향을 미치는 데 만족해야 하는 상황이다. 이러한 현실은 인간 관계에서나 사회적 관계에서도 마찬가지며 일하는 데 있어서도 뒷전에서 보조적인 역할에 만족해야 한다.

 상황이 이렇기 때문에 정치적 성격을 띠지 않을 수 없다. 정당에 관련되든 그렇지 않든 권력은 정치적인 것이다. 가족 관계, 직장, 제휴 관계, 계약 관계 등 모든 인간 관계는 정치적이다. 내가 개인의 권력을 포기하면 다른 사람이 그것을 취하여 사용할 수도 있고 경우에 따라서는 그것이 나에게 불리하게 사용될 수도 있다.

당당한 태도

사람들은 나에게서 풍기는 권위에 대하여 느낀 바를 이야기하는 경우가 종종 있다. 하루는 누군가가 이렇게 말했다. "지금은 주지사가 아닌데도 당신이 사무실로 들어가는 모습을 보면 어쩐지 당당해 보여요. 당신 스스로는 그 점을 느끼지 못할 수도 있지만, 늘 여유가 넘쳐 보여요."

나는 어머니에게서 자신감을 배웠다. 나는 사회 활동을 통하여 목적 의식을 배웠다. 자신감과 목적 의식이 있고 상호 교류할 수 있는 능력과 설득하는 능력이 있다면 권력을 주장할 수 있는 필요 조건은 모두 갖춘 것이다. 그 것을 실현하느냐 마느냐는 또 다른 문제다.

조 안

우리가 걸어온 길   The women's Power

우리는 지난 50년간 먼 길을 걸어왔다. 1942년 10월 13일자 "선 뉴스 픽토리얼(Sun News-Pictorial)"에 실려 있는 내용을 발췌해 본다.

> 시드니 – 이혼 법정의 저스티스 스트리트(Justice Street)씨는 어제 멜번에 거주하고 있는 이레느 멜바 베일(Irene Melva Vail, 20세 W.A.A.F.)에게 42시간 안에 남편에게 돌아갈 것을 명했다.
>
> 베일 여사가 남편의 동의 없이 W.A.A.F. 활동에 가담했다는 것이 법정의 발표였다.
>
> 저스티스 스트리트씨는 자신에게 베일 여사의 귀가를 명할 권리가 있느냐는 질문에 대하여, 어떻게 방위 당국이 남편의 허락도 없이 가사 일에 전념해야 할 그녀를 다른 일에 동원할 수 있는지 이해가 안 간다고 대답했다.
>
> 헐스톤 파크의 맬번 케이스 베일(Malvern Keith Vail, 23세)의 말에 따르면 그녀의 남편은 지난 1월 군에서 3일간의 휴가를 나온 차에 베일과 결혼했다. 그가 제대하고 나와 보니 아내가 멜번의 W.A.A.F.에 가입해 있더라는 것이다.

20년이 지났지만 크게 나아진 것은 없다. 1960년대에 여학생들은 '가정', '가사', '가정 경제' 등을 배웠는데 그 중에는 남편을 뒷바라지하는 내용이 포함되어 있었다. "직장에서 퇴근한 남편을 위하여 맛있는 식사를 준비함으로써 늘 남편을 생각하고 있다는 것을 보여주어야 한다"고 선생님은 가르쳤다. 화장을 하고, 즐거운 마음으로 아양을 떨면서 안식처로 돌아온 사냥꾼을 맞이하듯이 남편의 귀가를 환영해 주어야 한다고 가르쳤다. 아이들도 깨끗이 씻기고 단정하고 조용하게 있도록 가르쳐서 남편이 '작은 보물'처럼 여기게 만들어야 한다고 했다.

그 당시는 학교에서 배우는 내용이나 책에 나와 있는 내용이나 모두가 여자는 정숙해야 하고 조용해야 하며 다정한 미소로 남편을 맞이하되 절대 불평하거나 말썽을 일으키지 말아야 한다는 내용이었다. 남편은 저녁 식사 시간이 늦더라도 당당한 것이다. 그가 수행하고 있는 막중하고 힘든 업무를 고려할 때 식사 시간에 늦는 것쯤은 대수롭지 않은 것이다.

오래 잊고 있었던 어느 선생님은 늘 이렇게 강조하곤 했다. "여자는 남편을 편안하게 해 주어야 한다. 편안한 의자에 앉도록 권유하거나 푹신한 침대에 눕도록 배려해 주어야 한다. 남편의 기호에 맞게 찬 물이나 더운 물을 준비해서 언제든지 마실 수 있도록 해야 한다. 베개를 정돈해 주고 구두를 벗겨 주어야 한다. 애교 있는 작은 목소리로 부드럽게 말해야 한다. 남편이 긴장을 풀고 편안함을 느낄 수 있도록 해 주어야 한다. 주로 남편의 이야기를 들어 주어야 하며, 할 말이 산더미처럼 쌓여 있더라도 귀가 때에는 절대 잔소리해서는 안된다. 남편이 먼저 말을 하도록 해야 한다. 저녁 시간을 남편의 시간으로 만들어 주어야 한다." 모두 틀에 박힌 충고였다.

1960년대 초반의 가정 주부들은 19세기 일본 기생들이나 배움직한

우리가 걸어온 길 39

교육을 받고 자라났다. 현대 여성들을 깊은 절망의 수렁에 빠뜨리는 요소 중 이보다 더한 것이 있을까?

1960년대의 직장 여성들은 남성들의 기대에 맞추기 위해 엄청난 압박에 시달려야 했다. 사라 매클린(Sarah Maclean)은 1962년에 쓴 "에티켓과 매너에 관한 종합 안내서(The Pan Book of Etiquette and Good Manner)"에서 사회에 진출하는 여성들에게 "부드럽고 친절한 태도로 잘 적응하며 보조 역할을 훌륭히 해내는 것"이 성공의 필수 요소라고 주장하고 있다. "요령 없고 톡톡 쏘는 여성은 승진에 어려움을 겪을 것"이라고 충고한다. 면접을 볼 때는(면접관이 남성일 경우를 가정하고) 예쁘게 꾸며야 하고, "매력적으로 보이면 그만큼 면접관이 호감을 갖고 함께 일할 생각을 더 많이 하게 된다"고 말한다.

직장의 동료 남성에 관한 그녀의 충고가 더욱 가관이다. "동료 남성들이 여성을 단순히 동료로서만 생각할 경우" 여성으로서 우대 받을 생각은 아예 접어 두라고 매클린은 충고하는 것이다. 그럴 경우, 사무실로 들어서는 순간 여성으로서의 특권은 버려야 한다는 것이다. 필요한 것은 스스로 가져다 사용해야 하며, 남성 동료와 식사를 함께 하거나 퇴근 후 함께 술을 마신다면 자기 몫은 스스로 계산해야 한다는 것이다. 그러나 자신을 직장 동료라는 생각에 앞서 여성이라는 시각으로 대하는 남성 직원 앞에서는, 아무리 화나는 일이 있더라도 만약 이 남성과 싸워서 서로 등지는 사이가 된다면 "그 날로 직장을 그만두어야 할 것"이라는 생각을 되새기며 따지거나 덤벼들지 말아야 한다고 그녀는 충고한다.

소위 직장의 늑대라는 것은 또 어떤가? 오늘날 말하는 성희롱 가해자다. 1962년 당시 매클린은 "다행스럽게도 직장 내 성희롱이 드문 현상"이었다고 믿었다. 그러한 드문 경우에 대하여 그녀는 이렇게 말한다. "어느 날 상사가 자기 마누라는 자기를 이해하지 못한다고 말하며 함께 저녁 식사를 하자고 반복해서 요구할 경우 그 회사에서는 더 이상 장래를 보장받지 못하게 되며 선택할 수 있는 유일한 길은 직장을 그만 두는 것이다."

지금은 차별 및 성희롱 방지법 때문에 맥없이 물러설 필요가 없다. 여성들은 매클린이 주장했던 종류의 행태와 충고를 아주 오래 용납해 왔다. 많은 여성들이 성희롱을 일삼는 상사와 동료들로 인하여 직장을 그만 두었고 지금도 그런 현상은 계속되고 있다. 오늘날은 그러한 성적 학대자들이 스스로에게 학대 행위를 하거나 아니면 직장을 떠나야 하는 상황이 되었다.

이 정도 환경이나마 갖춰진 것은 1970년대부터 당연히 일어야 할 페미니즘의 바람이 호주에 일면서 여성들이 깨어난 덕분이다. 1945년부터 베이비 붐과 함께 태어난 여성들의 삶은 과학과 기술의 극적인 발달과 정부의 정책 및 법률 그리고 무엇보다도 각계 각층에서 분발한 여성들의 힘으로 인하여 진정으로 괄목할 만한 변화를 보였다.

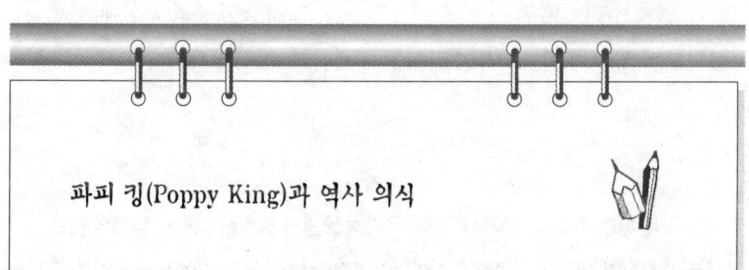

파피 킹(Poppy King)과 역사 의식

나는 내가 이룬 일이 가능했던 까닭이 무엇인지 자주 생각한다. 나는 천재가 아니다. 그렇다면 무엇이 그런 일을 성취할 수 있게 했는가? 생각해 보니 내가 지니고 있는 남다른 특징이 있다면 나는 할 수 있다는 믿음밖에 없었다. 그러한 믿음은 주로 어머니의 영향을 받아서 형성된 것인데, 어머니는 늘 자신감을 가지라고 가르쳐 주셨다.

나는 여성의 역할에 대해 의문을 제기한 적이 없었다. 여성은 착실한 주부 이상의 능력을 얼마든지 지니고 있다고 나는 믿었다. 여성들도 생각이 있고 의견이 있으며 아이디어가 있으므로 존중받아야 마땅하다. 여성은 가정을 포근하게 꾸려나갈 수 있을 뿐만 아니라 의사 결정자 역할도 할 수 있다.

세월이 흘러 내가 앤 서머스(Anne Summers) 박사와 업무 관계로 만나게 되면서 나의 믿음을 신뢰하는 차원을 넘어서서 사회 변화가 필요하다는 점을 인식하게 되었다. "저주받은 창녀와 추앙받는 경찰(Damned Whores and God's Police)"이라는 앤의 책을 통하여 나는 내가 당연하게 생각하는 많은 것들이 나보다 이전에 많은 페미니스트들이 개인적 차원에서 뿐만 아니라 사회 전반적인 차원에서 평등을 위하여 십자가를 지고 투쟁하여 얻은 결과라는 점을 알게 되었다. 앤의 책을 읽으면서 이제는 내가 새로운 세대로서 그 배턴을 이어받아 아직도 먼 길을 싸우며 나가야 한다고 생각했다. 우리는 극히 작은 일에서부터 매우 큰 일에 이르기까지, 그리고 개인의 차원에서 제도적인 차원에 이르기까지 끊임없이 개선해 나가야 한다.

파피 킹

◆ 파피 킹은 화장품의 왕국을 세워 운영해 오면서 탁월한 능력과 행운의 힘으로 재정적인 위기를 극복하고 살아남아 파피 산업(Poppy Industries)의 최고 경영자로 재직하고 있다.

여성들이 홀로 서기를 시작하고 자신들의 권리를 위하여 권력을 추구할 때 사람들은 흔히 남녀 평등이 이루어졌다고 쉽게 말한다. 그런 인식을 가진 사람들은 페미니즘이 시대에 뒤떨어진 운동이라고 말하며 기회 균등도 이미 실현되었다고 주장한다. 그러한 주장은 지구상에서 사라질 운명에 처한 공룡이 최후로 울부짖는 괴성과 같은 것이다. 페미니즘, 남녀 평등, 기회 균등은 모두 아직도 요원한 문제로 남아 있는 것이 현실이다.

호주에서는 남녀 평등을 실현하기 위하여 싸워온 결과 상당한 진전이 있었다. 호주에서 여성들이 성취한 일들은 기억할 가치가 있으며 축하할 만한 내용이라 생각한다. 참으로 어렵게 성취한 일들이다. 그러한 업적을 초석으로 다져서 더 많은 업적을 쌓아 나가야 한다. 그러나 이 사회는 여전히 남성을 중심으로 권력이 형성되어 있고, 정치와 사업 분야에서 남녀 평등이 실현되지 않았으며, 시장 논리에 의해 모든 결정이 좌우되고 사회 정의가 경시되기 때문에 지금까지 실현된 여성 운동의 업적만으로는 위태로운 형편이다.

특히 신세대 여성들이 지금까지 쌓아온 선배들의 업적을 이해하고 그에 못지 않게 끊임없이 싸워 나가 진정한 남녀 평등이 자리잡도록 할 필요가 있다. 그러한 노력이 있을 때 자신들도 퇴보하지 않을 수 있다. 여성들의 업적을 모르는 여성은 불평등한 현실을 당연하게 생각하면서도 자신은 예외라고 생각한다.

여성 운동의 발자취를 회고해 볼 때 여성들이 많은 일들을 성취한 것이 분명하지만 아직도 가야 할 길은 멀다는 점 또한 잊지 말아야 할 것이다.

우리의 현 위치

The women's
Power

멜번에 거주하는 여성에 관하여 에이지비 맥네이어(AGB-McNair)에서 실시한 설문 조사 결과가 "에이지(Age)" 1997년 2월호에 실렸는데, 65%가 페미니즘이 자신의 삶과 관련이 있다고 대답했으며, 79%가 성희롱을 당한 여성은 그 문제를 혼자서 해결하려고 하면 안된다고 대답했고, 26세 이하 여성의 93%가 성희롱 문제를 다룰 수 있는 정식 절차가 있었으면 좋겠다고 대답했으며, 특히 대부분의 젊은 여성들이 스스로의 삶에 대하여 낙관적인 태도를 보였다. 그럴 만한 충분한 이유가 있다.

다른 여성들보다 평균 19년 정도 수명이 짧은 토레스 해협 군도의 원주민 여성들을 제외하면 오늘날의 호주 여성들은 어머니나 할머니 세대보다 더 오래 산다. 지난 수 십년간 남녀 모두의 수명이 증가해 왔는데 여성이 남성보다 수명이 더 길다. 지난 10년간 연방 및 주 정부의 보건 정책에 힘입어 여성의 보건 프로그램이 전국적으로 향상되었다. 과거의 의료 행위와 연구에서는 소홀히 보아넘겼지만 여성의 건강에는 특별한 문제가 많다는 인식도 보건 프로그램의 향상에 한 몫을 했다.

호주 정부는 '여성의 지위 향상을 위한 연방 사무국(Commonwealth's Office of the Status of Women)' 이나 '여성을 위한 뉴 사우스 웨일즈 정부 부처(New South Wales government's Department for Women)' 와 같은 특별 기구를 설립하여 호주 여성의 지위와 복지 향상을 꾀했으며 여러 해에 걸쳐 여성을 위한 특별 정책 및 프로그램을 실시해 왔다. 사기업보다는 정부 부처에서 여성의 지위 상승이 이루어졌는데, 이는 차별이 심했던 과거의 행태를 시정하고자 마련된 고용 촉진 정책에 힘입은 바가 크다.

여성에 대한 가정폭력과 성폭력 발생 비율의 뚜렷한 하락으로 인하여 지난 10년간 형법과 소송 절차 및 증거법이 개선되어 폭력을 취급하는 방법이 향상되었다. 성폭력 또는 폭행으로 피해를 입은 여성의 입장에서 가해자에 대한 법적인 조치를 호소하려면 아직도 법적 체계와 전통의 걸림돌이 많아서 정의롭게 처리되는 것을 방해하는 경향이 있다. 기본적인 태도는 그다지 진정으로 변화된 것이 아닌 듯하다.

호주 법개정위원회는 1994년 발행한 보고서 "법 앞의 평등: 여성을 위한 정의(Equality Before the Law : Justice for Women)"에서 여성에 대한 가정 폭력과 성폭력이 확산되고 있다고 지적했다. 그 동안 여성에 대한 가정 내 폭력은 경찰에서 '실질적인' 범죄로 여기지 않았다.

1992년 남호주의 한 판사는 강간 사건에 관하여 배심원단에게 설명하면서 아내에 대하여 남편이 '보통 이상의 거친 행동'을 취한 경우 실질적인 범죄에 해당한다고 말했다. 판사나 정책 결정자들 및 여론 주도자들이 여성에 대하여 구태의연한 생각을 가지고 있는 한 우리는 여성들의 발전만으로 만족할 수 없다.

대부분의 여성들은 어머니로서의 역할을 가치 있게 여기며, 그러한 역할이 상당 부분 제대로 평가받지 못하고 있다고 생각한다. 지난 25년간 가족의 구조는 상당히 변화되고 다양해져서 편부모 가족이 늘었고(이 경우 여성이 빈곤한 환경에서 가정을 꾸려 나가는 경우가 압도적으로 많음), 장단기 사실혼 관계가 많아졌으며, 홀로 사는 여성과 남성이 늘었다. 1996년에는 호주 가족 중 14%가 편부모였고, 85%가 여성이 가장 역할을 했으며, 70%가 한 두 명의 부양 자녀를 두고 있었다. 부모가 모두 있는 가정일지라도 59%가 맞벌이였다.

결혼한 여성이 대거 직업 전선으로 몰려들다 보니 생계비 조달은 남성의 책임이고 가사 일은 여성의 임무라는 종래의 역할 분담 개념이 깨지게 되었다. 이러한 변화의 사회적 중요성은 200년 전의 산업혁명에 견줄 수 있다. 오늘날 많은 직장 여성들은 대부분의 자질구레한 가사 일들을 다른 사람(대부분 여성)에게 맡기고 그 대가를 지불한다. 그들은 과거의 여성들보다 부엌에서 지내는 시간이 훨씬 적으며, 집안 청소나 자녀 돌보기 및 머리 손질 등의 사생활에 많은 시간을 할애한다.

여성들은 더 많은 교육을 받게 되었고 고등학교를 중퇴하는 일이 사라지게 되었다. 30년 전에는 일찍이 가내 수공업 형태의 직업을 찾아 학교를 떠나는 경우가 많았다. 오늘날에는 여성들이 12학년까지 진학하는 경우가 남성보다 훨씬 많다(1995년의 경우, 12학년까지 이수한 남성이 66.7%인 반면 여성은 78%에 달했음). 고등 교육 전반에 걸쳐 남성보다는 여성들이 더 많은 교육을 받고 있으며, 대학과 대학원 과정에서도 여성들의 수가 많다. 그러나 박사 학위 이상의 수준에서는 남성들이 더 많은 것이 현실이다.

여성들은 피임을 통하여 자신의 몸을 어느 정도 관리할 수 있었고, 1998년까지는 낙태법해석상 부득이한 임신중절에 대해서는 도덕적 비난이나 '살인자'라는 낙인이 찍히지 않게 됨으로써 여성들이 어느 정도 자유를 누릴 수 있게 되었다. 1998년 두 명의 호주인 의사가 임신 중절 수술을 했다 하여 낙태 방지법 위반으로 기소되자 이에 대항

한 싸움이 거세게 일었다. 낙태 방지법을 앞세워 교묘하게 여성의 생존권을 억압하려는 사람들이 있는 것을 보면 여성이 자신의 건강 문제를 결정할 권리마저도 자유롭게 행사하지 못하는 형편임을 알 수 있다.

서호주 형법에서는 '낙태 행위'를 중죄로 여기고 있다. 대부분의 주에서는 낙태를 불법으로 보고 있지만 판사들은 어머니의 건강과 복지를 위하여 임신 중절을 허용할 수 있다고 해석함으로써, 서호주에서만 연간 8,000명의 임산부가 낙태를 했다. 그러자 서호주 의회는 1998년 불문법을 반영하여 성문법을 개정하였다. 서호주에서는 현재 낙태를 범죄가 아닌(해당 여성의 동의를 구하지 않은 경우를 제외하고) 건강 문제에 주안점을 두고 다뤄진다.

여성의 경제적 자주권은 점점 더 신장되고 있으며 실질적인 구매력도 갖추고 있다. 1995년에는 여성의 43%가 유급 노동 인구였다. 당시 여성 노동 인구의 42.5%가 시간제 근로자로서 전일제 근무자보다 수입도 적었으며 근로자를 고려한 근무 환경에 관하여 협상할 수 있는 여지도 적었다는 한계가 있다. 57.5%만이 정규 근로자였는데 대부분 가정과 가사 일에 매달려야 하기 때문에 그 정도 수치에 머물렀던 것이다. 아직까지도 대부분의 여성들은 가정을 돌보는 일에 많은 시간을 보내고 있다. 여성 노동 인구 중에서 정규 근로자의 수가 계속 줄어들고 있는데, 자녀들을 돌볼 수 있는 적당한 방법이 모자란 까닭도 있지만 임시직 또는 계약직이 늘어난 때문이기도 하다. 점점 더 많은 여성들이 가족의 생계를 책임지는 추세다. 1985년에는 가족의 생계를 주도적으로 책임진 여성이 21%였는데 1995년에는 33%가 되었다.

1985년과 1995년 사이에 남성의 수입은 68% 증가한 데 비해 여성의 수입은 85% 증가했다. 그러나 이것은 표면적인 통계일 뿐이다. 대부분의 여성들은 여전히 같은 업계에 근무하는 남성들보다 수입이 적은데, 가정을 돌보는 일 때문에 초과 근무를 할 수 없고 성과급에서도 불리하며 시작부터도 남성에 비해 불리한 조건에서 출발하기 때문이다.

그러나 여성의 구매력은 확실히 증가했다. 호주 통계청의 1995년 자료를 보면 비록 평균 임금에 미치지 못하는 수당을 받았지만 20~24세의 독신 여성들이 전체 여성 중 가장 활발한 노동 인력 참여율을 보였다. 그 연령대에 속하는 여성들이 다른 여성들에 비해 신용 카드 소지율이 높고 귀금속을 더 많이 소유하고 있으며 퇴직 수당을 받는 경우가 많다. 25~40세 독신 여성의 27%가 자신의 주택을 소유하고 있으며, 18%가 자기 주택의 융자금을 지불하고 있다. 1990년에서 1994년 사이에 주택을 처음 구매하는 독신 여성의 수가 두 배로 늘었다. 1994년에는 주택을 구입하는 편부모 가정의 91%가 여성이 가장인 집안이었다. 개인 명의로 등록된 차량의 40%가 여성의 소유로 되어 있다. 여성이 집안 살림살이 구매를 결정하는 경우가 70%이며, 주거래 신용 카드 소유자가 남성이 50%인데 비해 여성은 47%이고, 백화점 카드 소유자는 남성이 8%인데 비해 여성은 17%이다.

1996년 호주에서는 여성이 전체의 3분의 1에 해당하는 소규모 기업을 경영하였으며, 2000년에 이르면 절반의 소기업을 여성이 경영하게 될 전망이다. 소기업을 운영하는 여성들은 사무용품 구입비로 연간 40억 달러를 지출한다.

토착민 여성이거나 비영어권 출신 여성만 아니라면 교육을 제대로 받았거나 중산층 친척을 둔 경우 여성이 경제적으로 상당한 향상을 보이고 있다. 그러나 아직도 많은 여성들에게는 저임금과 여성 기술에 대한 낮은 인식도 등의 문제가 있기 때문에 갈 길이 요원하다. 직업이 없거나 연금으로 연명하거나 혹은 편모인 여성들도 경제력은 물론이고 다른 능력을 갖추고자 노력한다.

이러한 변화는 모두 직업 전선에 뛰어드는 여성들이 많이 증가했기 때문에 나타난 결과다. 그러나 경제 관련 상품 및 서비스는 아직도 남성의 생활 형태를 위주로 구성되어 있다. 여성의 재정적 필요성은 남성들과는 다르다. 여성들은 직업을 가졌다가도 그만 두는 횟수가 잦기 때문에 재정적인 목표를 신중하게 세워서 그것을 안전하게 실행해야 한다. 여전히 여성들의 자원은 남편 또는 파트너의 수입에 일조를 할 뿐 경제적 독립은 요원한 형편이다.

여성들은 주로 보건, 교육, 오락, 여흥, 도매, 소매 분야에 종사한다. 선진국 중에서 호주의 산업 구조는 성차별이 가장 심각한 구조에 속한다. 여성들이 전문인으로 진출하는 직종에서 여성들은 가장 낮은 보수를 받고 있다.

예를 들어, 여성 의사의 경우 전문인이라기보다 약사 대우를 받는 경향이 있으며 법률 회사에서도 여성 변호사는 동등한 파트너가 아니라 사무 변호사로 취급받는 경향이 있다. 1996년에는 46명의 연방 법원 판사 중 4명(8.7%)만이 여성이었다. 53명의 가정 법원 판사 중 10명(18.9%)만이 여성이었다.

1990년대 후반에는 미용업에 종사하고자 하는 사람 중에서 남성보다 훨씬 적은 수의 여성(남성은 1,000명당 111.4명이었던 반면 여성은 1,000명당 14.9명)이 정식 사원의 대접을 받았다. 여성들은 여전히 사무원, 판매원 또는 서비스 직종에 밀집되어 있다. 1997년 클레어 버튼(Clare Burton) 박사가 대학 교수의 고용에 관해 발표한 내용에 따르면 45세 이상의 전체 교수 중 27%만이 여성이었다. 여성 교수 중 27%만이 종신 교수직에 속했으며 42%는 임시직 또는 시간제 강사를 포함한 계약직에 속했다. 종신 교수직 여성들은 남성에 비해 낮은 지위에 머물러 있었다.

교육계에서도 마찬가지 상황이었다. 여성들은 대부분 초등학교 교사였고 교장을 맡는 경우는 남성에 비해 훨씬 적은 수였다.

1996년에는 여성 고용 인구의 4%만이 관리직에 속했으며, 이들 중 87%는 육아 관련 직종에 종사했고 29%는 교육계에 종사했다. 전체 고용 인구의 10%가 관리직이었다. 공공 부문보다 실적이 좋은 민간 부문의 관리직에 더 많은 여성들이 편중되어 있는 것으로 나타났는데, 고용 촉진 기구의 발표 내용을 그대로 신뢰한다면 22%에 해당한다.

가장 우려할 만한 일은 지난 10년간 업계에서 남성과 동등한 가치의 일을 하는 여성의 업적은 무시된다는 사실이며, 근래에 들어서는 개인적인 계약 관계가 강조된다는 점이다. 인권 및 기회 균등 위원회용으로 사라 찰스워스(Sara Charlesworth)가 1997년 진행한 연구 내용을 보면 고용 체계가 사용자에게 유리하게 되어 있고, 여성은 더욱이 남성에 비해 수입이 적으며 업무에 대한 선택의 폭도 좁다.

늘 그랬던 것처럼 돈이 많은 여성들도 있다. 그러나 가장 부유한 여성들은 가족으로부터 재산을 물려받은 사람들이다. 1997년 5월 26일자 "주간 비즈니스 리뷰(Business Review Weekly)"가 선정한 '부유한 기업의 목록'에 기재되어 있는 가장 번창하는 기업들은 남성이 경영하고 있다. 177개 기업 중 154개가 남성이 지배하는 기업이다. 콘/페

50 제1장 출발점 ● ● ●

리 인터내셔널(Korn/Ferry International) 및 호주 기업 이사회 연구소(Australian Institute of Company Directors)가 지난 5년간 이사회에 대하여 조사한 바에 따르면 여성들의 경영진 진출에는 큰 변화가 없다. 전체 이사회 중 4%만이 여성 이사의 참여를 허용하고 있다. 그러나 기업들은 하나같이 말로는 여성의 진출을 확대할 계획이라고 한다. 그 날이 언제일까?

토착민 여성들은 늘 출신 지역의 영향을 받고 있다. 비록 하워드(Howard) 정부보다는 그 힘이 훨씬 미약하지만 원주민 및 토레스 해협 군도 주민 위원회(ATSIC ; Aboriginal and Torres Strait Islander Commission)는 원주민들이 스스로의 미래를 결정할 수 있는 기회를 제공한다. 1996년에는 23%의 여성들이 ATSIC의 위원으로 선출되었다. 지역 위원회 위원장으로 선출된 35명 중 7명(20%)이 여성이었다. ATSIC 이사회의 이사 18명 중 2명(11.1%)이 여성이었다. 로위차 오도너휴(Lowitja O'donoughue)가 찬사와 격려 속에 1997년까지 ATSIC의 위원장을 역임했지만 주 또는 연방 정부의 의회에는 원주민 여성 몇 명이 의원 후보에는 올랐지만 실제로 진출한 경우는 없다.

비영어권 출신 여성들은 늘 자신이 속한 사회에서 두각을 나타냈지만 주류로서 지도력을 인정받기 시작한 것은 최근 20년에 들어서면서이다. 뉴 사우스 웨일즈 리버럴 엠엘시(Leberal MLC)의 헬렌 샴호(Helen Sham-Ho), 뉴 사우스 웨일즈 옴부즈맨의 이레느 모스(Irene Moss) 그리고 전직 인종 차별 금지 위원회 위원(Race Discrimination Commissioner)이자 교수인 메어리 칼란치스(Mary Kalantzis)는 보다 광범위한 공적 생활에서 높은 명성을 얻었다. 그들의 부모는 이민자로서 ACTU의 회장인 제니 조지(Gennie George)를 비롯하여 의회 의원, 사업가, 조합원 및 전문직 종사자 등 각 방면에서 활동하고 있다.

1970년대부터 여성들은 법적인 권리를 내세워 편견과 차별 특히 직업에 대한 차별에 대항하여 싸우기 시작했다. 기업 또는 정부 조직의 규모가 클수록 여성의 권리를 보다 잘 이해하고 있었는데, 그 까닭은 높은 명성을 확보한 여성의 경우를 알고 있었기 때문이기도 하며 자신의 조직 내에 여성이 고용되어 있는 현황을 고용 촉진 위원회에 보고해야 했기 때문이다.

여성이 크게 승리한 첫 번째 사례는 1984년 드보라 워들리(Deborah Wardley)의 경우였다. 워들리는 당시 고용되어 있는 남성 조종사보다 실력이 나은 조종사로 입증되었음에도 불구하고 안셋 호주 항공사 측에서 여성이 비행기를 조종을 하면 승객들이 달가워하지 않을 것이라는 점을 내세워 그녀의 고용을 거부하자 이에 항의했다. 기회 균등 위원회는 워들리가 성차별 피해자라고 판단하고 그녀의 실력을 인정하여 고용할 것을 명했다.

1997년 수잔 던 다이어(Susan Dunn-Dyer)는 그녀가 투자 관리자로 재직하고 있던 ANZ은행에서 교묘한 성차별적 분위기 때문에 자신이 별 볼일 없는 존재로 따돌림받았음을 증명함으로써 135,000 달러의 손해 배상을 받았다. 남성 직원들은 그녀가 근무하는 부서를 '육아실'로 비아냥거리고 그녀를 이리저리 휘젓고 다니는 '암탉'으로 표현하며 계속 놀려댔다. 그러나 그녀는 비록 배상을 받기는 했지만 5년 이상을 근무하지 못했고, 그녀를 놀려대던 직원들은 그 이상의 경력을 쌓았다.

1998년 마리아 히키(Marea Hickie) 역시 헌트 앤 헌트(Hunt and Hunt)라는 법률 사무소에서 일하던 중 4개월의 출산 휴가를 마치고

 52 제1장 출발점

출근한 직후 해고당하자 이에 이의를 제기하고 복직을 요청하여 승리했다. 인권 및 기회 균등 위원회는 헌트 앤 헌트 측이 임시직 고용인이라고 해서 직장인으로서 대우하지 않아도 된다고 간주한 것은 잘못이라고 판정했다.

그러한 경우가 속속 드러나자 비교적 명백한 차별(예컨대 남성이 할 일과 여성이 할 일을 구별하는 것)은 줄어들게 되었다. 그러나 문화적 차별(여성이라는 이유로 그 사람이 지닌 장점을 보지 못하는 것) 및 간접적 차별(여성의 경력을 남성적 잣대로 측정하려는 것)은 예전과 같이 공공연히 행해지고 있다. 성공적인 사례가 널리 알려지기는 하였지만 그것은 여성의 능력에 대한 편견과 부정적인 생각이라는 빙산의 일각이 드러난 것일 뿐이며, 기회 균등 촉진 기관에 접수되는 고발은 계속 증가하고 있다. 아직은 싸움에서 이긴 것이 아니다.

1996년 7월 연방 의회의 상원과 하원 전체 의원 중 여성은 15.5%에 불과했다. 1998년 선거에서 ALP는 여성 당선자의 비율을 200% 높였다. 25명이 당선되었는데 상원에 9명, 하원에 16명이었다. 그리하여 자유당(Liberal Party)에는 2년 전의 두 배에 달하는 25명의 여성 의원(9명의 상원 의원과 16명의 하원 의원)이 있게 되었다.

1999년 7월의 의회 의석에는 56명의 여성이 포진하여 자신이 속한 지역을 대표하게 되었는데, 상원 의원이 23명(전체의 30.3%), 하원 의원이 33명(22.3%)이었다. 주와 테리토리의 정치 판도에서도 역시 변화가 있어 1987년 이후 전국적으로 9%에 달하던 여성 의원의 비율이 19%로 상승되었다. 이는 획기적인 변화이기는 하지만 아직 충분한 상황은 아니다. 적절한(동등한) 대표권을 확보하려면 여성 의원들의 수가 현재의 두 배를 넘어서야 한다.

1997년 7월 호주 신문들은 뉴욕에 있는 UN의 성차별금지위원회 규정이 무색할 정도로 호주에는 여성 차별이 심하다고 보도했다. 위원회는 호주가 여성 문제의 선도적 위치에서 쳐지는 사실에 실망을 금치 못한다고 표현하면서, 여성의 건강 및 산업 관계와 차별 철폐 법률에 관한 호주의 최근 자료에 의문을 제기했다. 여성의 건강에 관한 현황은 각 주로 이관되었는데 어떻게 정부에서 그 현황을 알 수 있느냐는 의문이었다. 직장에 근무하는 여성에 관한 상황을 모니터할 때 어떤 측정 수단을 사용했는지도 의문시되었다.

호주여성변호사협회(Australian Women Lawyers Association), YWCA 및 여성 선거 지원단(Women's Electoral Lobby) 등이 포함된 여성 단체 연합은 연방 정부의 잘못된 예산 책정 방법으로 인하여 많은 여성들이 '사회 경제적 활동의 주류로 참여하지 못하고 가사 일로 내몰렸다'고 UN 위원회에 주장했다.

위원회는 특히 여성 지위국(Office of the Status of Women)에 대한 예산을 38% 삭감한 사실과, 성차별위원회 위원의 역할을 변경한 사실에 대하여 강한 비판을 제기했으며, 고등 교육에 대한 자금 지원을 삭감하고 대부분의 교육 과정에 대하여 교육비를 인상함으로써 육아를 마치고 학업에 복귀하려는 여성들에게 경제적으로 큰 부담을 안겨 주게 된 데 대해서도 비판을 제기했다. 호주의 급여 체계는 여성에 대한 임금의 형평성을 비교적 잘 반영하고 있었는데 신노동법은 그러한 효과에 역행할 뿐만 아니라 집안 일을 겸하는 사람들을 배려하기 보다는 전통적인 남성 근로자의 편의에만 치우친다는 지적을 받았다.

UN의 성차별금지위원회는 호주의 상황에 대해 '가사 노동과 육아 프로그램 및 고용 촉진 등 남녀 평등을 실현해 나가는 호주의 점진적

성과가 정책의 변화로 인해 명백히 늦춰지고 있거나 유보되고 있다고 경고했다'고 말했다. 1997년 3월 20일자 '에이지'(Age)에는 'UN 보고서, 남녀 평등의 명백한 방향 전환에 혹평'(UN Report Slams Apparent Shift on Sex Equality)라는 제목의 기사에서 'UN의 성차별 금지위원회는 호주가 동 위원회에 가입한 몇 안 되는 나라 중 하나로서 여성의 건강에 주의를 기울이고 가정 폭력을 줄이려 하는 면을 높이 평가했지만 우리의 지도력 부족과 정책의 방향 상실에 대해서는 비판을 가했다'고 보도했다.

지금 우리 여성이 처한 환경은 어떤가? 여전히 불평등의 지대에 머물러 있다. 우리가 지금 가지고 있는 것은 하루 아침에 잃을 수 있는 것이다. 정부의 정책은 여성에게 불리한 방향으로 변경될 수 있기 때문에, 정부가 여성의 목소리를 듣고 그것을 중대 사안으로 여기도록 하는 것이 핵심적인 과제다.

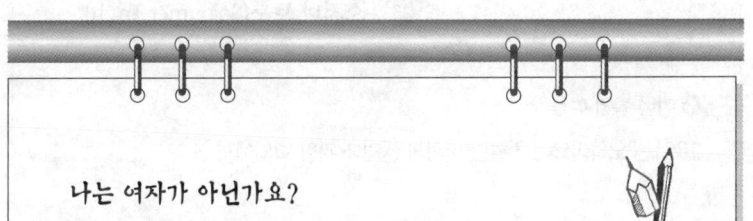

나는 여자가 아닌가요?

저기 서 있는 남자가 말하네요.
여자는 약하니 마차 타는 것을 도와주어야 한다고...
그러나, 마차 타는 것을 도와준 사람도
진흙탕 건너는 것을 도와준 사람도
좋은 위치로 이끌어준 사람도 아무도 없네요.

나는 여자가 아닌가요?
나는 아이를 열 셋 낳았는데
거의 다 노예로 팔려갔어요.
저기 서 있는 검은 남자가 말하네요.
여자는 남자만큼 권리를 가질 수 없다고…

하느님이 만드신 저 여자가
혼자서 세상을 뒤집을 만큼
강했다면
그런 여자들이 힘을 합하면
세상을 다시 뒤집을 힘이 반드시 있겠지요.
지금은 여성이 힘을 합할 때이고
남성은 더욱이 도움을 주어야 할 때지요.

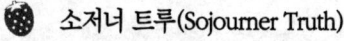 소저너 트루(Sojourner Truth)

○ 미국 흑인 여성
1851년 오하이오에서 열린 여성의 권리에 관한 회의에서 낭송

원주민인 에바 존슨(Eva Johnson)은 '존재할 권리'(Right to Be)라는 제목으로 비슷한 내용의 시를 쓰면서 이렇게 끝을 맺었다.

그래요, 나는 여자로서 나에게 모자란 것이 많다는 것을 알아요.
쉬지 않고 배워서 결국 기술을 익히고 말 거예요.

이것만이 나를 강하게 지탱해 주는 나만의 생각이죠.
연대를 지향하는 우리의 믿음이 바로 우리가 옳다는 증거죠.

나는 여러 사람의 손이 거쳐가는 장미가 되고 싶지 않아요.
나는 잡지의 누드 사진 주인공이 되고 싶지 않아요.
나는 피부가 검은 여자로서 지금 그대로 자유롭고 싶어요.
힘을 지니고 당당히 나아가는 것이 자유를 찾는 유일한 길이예요.

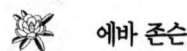 에바 존슨

메리 월스톤크라프트(Mary Wollstonecraft)와 마찬가지로 여성들은 남성을 능가하는 힘을 지니려 하는 것이 아니며, 다만, 여성 스스로를 능가할 수 있는 힘을 원하는 것이다. 그것이 우리의 자녀들과 우리의 민주주의와 우리의 국가를 강하게 만드는 길이다.

CHAPTER

강한 여성이 되기 위한 기본 조건

The Women's Power Handbook

강한 여성이 되기 위한 기본 조건

심리분석학의 시조인 프로이드는 마리 보나파르트(Marie Bonaparte)에게 보내는 편지에 이런 내용을 썼다. "지금껏 아무도 풀지 못했고 30년을 연구해온 나 또한 아직 풀지 못한 문제는 여성이 원하는 것은 도대체 무엇이냐 하는 문제다." 프로이드는 여성들에게 질문을 하고 여러 사람으로부터 대답을 들었을 것이다. 우리는 인간으로서의 개성을 개발하기 위하여 우리가 지니고 있는 잠재력을 발휘하고 싶다. 프로이드는 여성의 시각으로 세상을 바라보지 않았기 때문에 이 점을 알 수가 없었던 것이다. 그는 자신의 생각에 갇혀서 그 시대의 여성과 우리 시대의 여성은 볼 수 없었다.

여성의 경험이 정치적 세계와 연결되지 않는다면 여성은 힘을 발휘할 수 없다. 여성이 앞서 언급한 세 가지 기본적인 면, 즉 자신을 극복할 수 있는 힘, 다른 사람에게 영향을 미칠 수 있는 힘, 연대를 통하여 집단의 일원으로 행동할 수 있는 힘을 갖추지 못한다면 원하는 것을 성취할 수 없다. 여성이 개인으로서의 힘을 깨닫고 이룰 수 있는 모든 것을 이루려면 뒷받침되는 환경이 갖춰져야 한다. 물론 출발은 우리 자신으로부터 이루어지지만 주변 환경의 도움이 반드시 필요하다. 그러한 환경적인 요소가 없다면 개인적인 결심은 결국 이 세상에 아무런 변화도 주지 못한다.

여성에게 필요한 환경적 요인은 다음과 같은 것들이 있다.

1 독·립·적·이·고·안·정·적·인·적·정·수·준·의·수·입

대부분의 여성들에게는 적정 수준의 급여를 받을 수 있는 직업(그러나 우리는 일하기 위해 사는 것이 아니라 살기 위한 일자리를 원한다), 공정한 과세 체계, 퇴직 수당, 보험이 필요하며, 자신의 재산을 소유할 권리와 결혼 후 취득한 공동 재산을 동등하게 분할할 권리 등을 비롯한 기타 재정적 안정이 필요하다. 이는 여성이 남편의 수입이나 개인 소득에 의존하지 않는다는 것을 의미한다.

2 양·호·한·건·강·상·태

근래에 이르기까지 여성에게는 특별한 건강 관리가 필요하다는 사실이 의학계에서 간과되어 의학도에 대한 교육 내용이나 의학 연구에서도 소홀히 다뤄져 왔다. 여성은 우리 몸의 작용에 관하여 알아야 할 필요가 있고 나이가 들어감에 따라 호르몬과 기타 요소가 우리의 몸과 마음에 어떤 변화를 일으키는지 알아야 할 필요가 있다. 여성의 이야기를 귀담아 듣고 여성이 알아야 할 의학적 정보를 알려주는 사람

62 제2장 강한 여성이 되기 위한 기본 조건

이 필요하다.

　우리는 의학적인 결정에 참여할 수 있을 만큼 충분한 정보를 알고 있어야 하며 여성의 활동과 생활 형태를 고려하고 그것을 중요하게 여기는 의료 방안이 필요하다. 일하는 여성 그리고 지역 사회에서 활동하고자 하는 여성은 건강 상태가 양호해야 한다. 우리는 성적인 매력을 가꾸는 일에만 치중할 것이 아니라 음식을 적당히 섭취하고 규칙적으로 운동을 함으로써 심신의 건강을 유지하고 그 건강을 기반으로 가정과 사회를 꾸려 나가야 한다.

3 자·신·의·몸·관·리

　여기에서 가장 중요하고 우선적인 것은 아이를 가질 것인지의 여부와 그 시기를 결정하는 결정권이다. 모든 여성은 자신의 생식 작용과 피임에 관해서 알아야 한다. 남성의 절제를 구할 필요가 없이 피임이라는 방법을 활용하여 여성의 권리를 추구하는 운동이 서구 세계에서 일어나 전세계로 파급되는 현상은 돌발적인 상황이 아니다. 피임약은 모든 여성의 삶을 변화시켰다. 자신의 신체 조건을 스스로 관리함으로써 훨씬 더 자유로울 수 있게 된 것이다.

4 공·동·책·임·과·육·아·돕·기

　자녀들의 삶에 있어서 아버지의 역할은 중요하기 때문에 자녀들을 동등하게 대해야 한다. 1980년대에는 사회 활동, 남편, 자녀, 여흥과 스포츠 또는 운동할 시간, 일류 요리사급 요리 실력 등을 모두 갖춘

강한 여성이 되기 위한 기본 조건　63

'슈퍼 우먼'을 기대하는 분위기가 있었다. 그러나 지난 10년간 자녀를 가진 여성들이 시간제 직업에 종사하는 경우가 늘어나게 되면서 불가피하게 수입 뿐만 아니라 경력 향상에도 영향을 받게 되었다. 보모 또는 일할 수 없는 나이 많은 여성 뿐만 아니라 모든 사람이 공동으로 육아의 책임을 공유하지 않는 한 여성이 남성과 똑같은 조건으로 사회에서 경쟁할 수 없다는 것은 삼척동자도 알 수 있는 사실이다.

5 정·보·와·교·육·의·기·회

여성을 나약하게 만드는 확실한 길은 교육의 기회를 공공연히 제한하거나 거부하는 것이다. 그러나 그것은 역효과를 초래한다. 국제적인 차원의 연구 결과에 따르면 여성에 대한 교육과 여성이 잉태하는 아이들의 수적 감소는 직접적인 관계가 있으며 그 결과 가족의 풍요가 증가한다. 교육을 받은 여성은 정보를 이용하여 자신의 이익을 꾀하고 가족의 복리를 위하여 그 정보를 이용할 줄 안다. 여성들에게 수준 높은 교육의 기회가 많이 주어질수록 사회는 그만큼 향상된다.

6 법·적·으·로·보·장·받·는·평·등·권

과거로부터 내려온 법을 살펴보면 여성을 배려하는 내용이 많이 들어 있으며 심지어 그러한 면을 '신성한' 법으로 표현하기도 한다. 호주에서는 1970년대의 주 성차별 금지법과 1984년에 통과된 연방의 성차별 금지법에 의하여 최근에 와서야 여성에 대한 차별이 금지되었다.

64 제2장 강한 여성이 되기 위한 기본 조건

여성들은 참으로 오랜 싸움을 통하여 스스로의 재산을 획득하고 관리할 권리와 대학에 들어가 학위를 따는 등 교육을 받을 권리, 그리고 평등한 상태에서 직업을 가지고 사업을 할 권리를 획득하게 되었다. 차별 금지법은 낡은 관념과 관행을 바꾸는 데 매우 효과적이었다. 권리가 보장되지 않거나 위협받거나 축소될 경우 이를 시정하는 기능이 있기 때문이다. 차별 방지법은 필요하기는 하지만 그것으로 충분하지는 않다. 여성들이 나서서 스스로의 권리를 주장하고 그 권리가 공적인 삶 속에서 제대로 확립되도록 하는 과제가 남아 있다.

7 우·리·만·의·공·간

버지니아 울프가 '자신만의 공간'이라고 표현했듯이 사람에 따라서는 가족과도 떨어져 자신만의 필요성을 채우기 위한 독립된 공간이 필요하다.

이와는 달리 조안과 같은 사람들은 여럿이 어울려 일하면서 서로 확신을 심어 주고 분위기를 일신하는 것을 좋아한다. 모이라는 글을 쓰는 일이 사회 활동과는 동떨어진 것으로서 혼자 있는 것이 글 쓰기에 적합한 환경이라는 점도 알게 되었지만, 때때로 사회 활동을 통하여 스스로 자극을 받음으로써 새로운 생각을 할 필요도 있다는 점도 깨닫게 되었다. 그러나 정작 중요한 것은 여성의 관심사와 활동을 존중함으로써 얻게 되는 사회적이고 감정적인 공간이다.

색다른 접근을 통하여 색다른 필요성을 충족시키는 것도 좋은 것이다. 여성들이 많은 만큼 그 필요성도 다양하다. 우리가 중요하게 생각하는 점은 여성 스스로 필요한 것이 무엇인지 자각하고 찾아 나서야

강한 여성이 되기 위한 기본 조건

한다는 것이다. 우리는 스스로 연대하여 정보를 공유하고 서로 지원하며 함께 행동해야 한다.

우리는 필요한 만큼의 자산을 소유해야 한다. 그렇지 못하면 어떤 형태의 권력에서든지 평등을 누릴 수 없다.

사·례·연·구

케이트 런디(Kate Lundy)

케이트 런디는 건설 회사와 노조 활동 경력을 거쳐 28세의 나이로 ACT 상원의원에 당선되었다. 1997년 그녀는 2년도 채 안된 의회 활동 후 ALP 그림자 내각의 스포츠 및 관광 담당 정무 장관으로 간부석에 앉았다. 그녀는 "토킹 업(Talking Up)"이란 제목의 책에서 이렇게 썼다.

나는 페미니즘을 내 나름대로 해석하고 발전시켰는데 그것이 자신감을 얻는 데 일조를 했다. 나는 육체 노동과 어머니로서의 일을 하면서 정치적 경력을 쌓았다. 예전에는 내가 호주 의회에서 대표권을 주장하리라고 생각한 적이 없다.

나는 변호사도 아니고 학식이 많은 것도 아니며 사업 경력이 있는 것도 아니다. 나의 공식적인 자격증은 10학년(고1에 해당) 이수증, 비계(높은 곳에서 공사를 할 때 디디고 서도록 장나무와 널을 다리처럼 걸쳐 놓은 임시 장치) 면허증, 호이스트 면허증 뿐이다. 나는 가정과 일의 균형을 맞추고자 노력했고, 그 노력으로 인해 나는 성장할 수 있었다.

내 인생의 경험은 내가 현재 맡고 있는 일과 관계가 있다고 확신한다. 그러나 늘 그랬던 것은 아니다. 연방 의회 선거를 앞두고 내가 도대체 왜 이 일을 하고 있는지 자문해 본 적도 있다.

시간이 지나자 자연스럽게 그 해답을 알게 되었다. 나의 경험과 정치적 견해 또한 다른 사람의 의견이나 마찬가지로 쓸모가 있다는 사실을 깨달았던 것이다. 다양성이 있기 때문에 호주 사회는 건전할 수 있다. 우리 의회가 진정 대표성을 가지려면 그 다양성이 반영되어야 한다. 고등 교육을 마치지 못하고 두 자녀를 키우고 있는 여성 노동자가 당선된다면 우리의 민주주의 체제가 제대로 운영되고 있다는 증거라는 결론을 내리게 되었다. ♣

능력이 어떻든 정치 활동을 하려면 힘이 있어야 한다.

성공하는 여성의 10가지 재산

The women's Power

1 뚜렷한 목적의식

무슨 일에서든지 자신이 하고자 하는 일이 무엇인지 그리고 그것을 제대로 성취해 나가고 있는지의 여부와 얼마나 성취했는지 판단할 수 있는 수단이 없다면 성공하기 어렵다. 아무런 목적도 없이 그럭저럭 해 나가다 보면 변화가 없다. 흐지부지될 뿐이다.

추진력을 갖추려면 목적과 목표 그리고 그에 따른 보상이 있어야 한다. 청소년기의 여성은 남성에 비해 큰 일을 성취하겠다는 꿈이 비교적 모자란 것이 보통인데, 큰 꿈이야말로 우리의 미래를 건설할 수 있는 토대가 된다. 여성 중에서도 아름다운 신부를 꿈꾸는 이도 있고 사회 경력을 쌓고 싶어하는 이도 있다. 그 두 가지를 동시에 추구하라고 용기를 북돋아 주는 부모는 아주 드물다.

자신만의 비전을 찾고 그것을 성취하기 위한 계획을 세워야 한다. 지금 꿈꾸고 있는 내용이나 예전부터 꿈꾸던 내용을 목록으로 정리해 보자(모이라는 유명한 의사가 되어 미개한 이방인들이 몹쓸 병에 걸리지 않도록 보호해 주고 전설에나 나올 듯한 외딴 지역에서 전쟁 때문에 상처 입은 사람들을 치료해 주고 싶다는 꿈을 지녀 왔다). 그런 꿈을 글로 정리한다. 그 꿈이 여전히 필요한지 판단해 본다. 더 이상 필요치 않다면 지워 버린다.

다음으로 그 꿈을 실현하기 위해 필요한 단계를 그려 본다. 현실적인 가능성을 염두에 두고 그려 보아야 한다(모이라는 의사가 되어 미개

 제2장 강한 여성이 되기 위한 기본 조건

지로 파견되기를 바라는 꿈은 접었다). 현재의 상황에서 출발한다. 새로운 직업을 원할 수도 있고, 아이들을 좋은 학교에 보내고 싶은 목표도 있을 수 있으며, 시민 또는 주민으로서 자신의 이야기를 귀담아 들어줄 지방 정부를 원할 수도 있고, 인간 관계를 좀더 개선하고자 하는 욕심이 있을 수도 있다. 무슨 내용이든 관계없다. 큰 목표만을 막연히 기다리지 말고 현재 변화시킬 수 있는 작은 일부터 시작한다.

자신의 목표와 핵심 과제를 명확히 해야 한다. 많은 계획과 꿈이 있겠지만 작은 것부터 시작한다. 목표가 지나치게 크면 부담이 된다. 성취가능성이 가장 높고 만족도가 큰 일부터 시작한다. 한 번에 한 걸음씩 전진하면서 비록 작은 일을 성취해도 그것을 자축하고 중간 목표를 하나 하나 이룰 때마다 자신을 격려한다. 작은 일을 하나 하나 성취할 때마다 더 큰 동기가 부여되고 힘이 솟을 것이며 큰 변화를 달성할 수 있는 능력이 축적될 것이다.

우리 두 사람 중 누구도 애초부터 권력을 위하여 권력을 추구지 않았다. 우리는 목적이 있었고 변화를 꾀할 수 있다는 충분한 확신이 있었으며 그 내용을 실천에 옮겼다. 불필요한 일에 마음을 빼앗겨서는 안된다. 장관을 설득하여 무슨 일을 성취해야 한다면 이미 그 일의 필요성을 확실히 알고 있는 청중들을 설득하려 애쓸 필요가 없다. 꼭 풀지 않아도 되는 문제를 풀려고 애쓰는 일이 없어야 한다. 프랑스 혁명의 와중에서 단두대로 끌려온 세 명의 귀족에 관한 일화가 있다.

첫 번째 남자가 단두대에 목을 넣는 신세가 되었는데, 휙 하고 내려오던 칼날이 돌연 멈춰 섰기 때문에 머리가 달아나지 않게 되었다. 군중들이 "기적이다!" 하고 웅성이는 가운데 그는 자유의 몸이 되었다.

신은 그를 죽이고 싶지 않았던 것이다.

두 번째 남자가 끌려와 엎드린 자세로 묶였고 처형 집행자가 칼날을 내렸다. 획! 그런데 이번에도 칼날은 죄인의 목을 자르지 않고 멈춰 섰다. 이게 무슨 운명의 여신인가? 하는 생각으로 군중들은 술렁이기 시작했다. 그 역시 풀려났다.

세 번째는 귀족 여성이었다. 그녀는 실낱같은 희망을 지니고 단두대 앞에 섰다. 이 때까지도 군중들은 술렁이고 있었다. 단두대 앞에 선 귀족 여성은 신의 가호가 있기를 비는 마음으로 하늘을 응시하다가 갑자기 "잠깐만요" 하고 사형 집행자에게 말했다. 그녀는 서슬 퍼렇게 빛나고 있는 칼날을 가리키며 이렇게 말했다. "저 칼날에 문제가 있군요."

2 확신

공과 사를 막론하고 일을 성공적으로 이끄는 여성이 되려면 변화를 꾀할 수 있는 능력이 있다는 자기 확신과 성공할 능력이 있다는 자신감이 필요하다. 자신의 판단을 신뢰할 수 있는 확신이 필요하며, 위험도 감수할 줄 아는 태도와 장애를 극복하겠다는 자세가 필요하다. 또한 자신의 경험에 대한 믿음이 필요하며 야망과 욕망 또한 중요하다.

확신을 가질 수 있는 가장 좋은 방법은 준비하는 것이다. 사실을 알고 전략에 관해 생각하고 대화하며 계획을 세우는 것이다. 승리는 대부분 거저 주어지지 않으며 목적을 향하여 꼼꼼하게 한 마음으로 일하는 사람에게 주어진다. 준비를 철저히 하고 다른 사람과 연대할 때 자신이 원하는 일을 추진할 수 있다는 확신은 더욱 굳어지며, 그 확신의 터 위에서 미래를 계획할 수 있다.

70 제2장 강한 여성이 되기 위한 기본 조건

목표를 세우면 추진력이 생긴다. 다음으로는 그 추진력을 유지하고 전환시킬 에너지가 필요하다. 그 에너지는 성공에서 비롯되며, 스파크만 있다면 그 연료에 불이 붙는다. 확신이 있을 때 리더십에 힘이 실린다. 우리는 누구나 잠재력을 지니고 있지만 그것을 깨닫는 사람들은 몇 안된다. 자신에게 권력을 지닐 만한 '능력'과 '권리'와 '가치'가 있다는 점을 먼저 믿어야 한다. 그래야만 우리가 이 책에서 제시하는 조언을 유용하게 활용할 수 있다.

성공한 여성 중에는 부모의 덕을 본 사람들이 많다. 부모의 덕으로 인하여 야망과 정치적 활동성과 창조적인 주장과 여성다움을 기를 수 있었고, 능력을 인정받을 수 있었던 여성들이 성공한 경우가 많다. 그러나 어린 시절부터 그런 복을 타고나지 못한 우리는 어떻게 자신의 능력을 확신할 수 있을까?

우리가 믿고 가치롭게 여기는 것을 이루기 위하여 확신을 갖고 나설 수 있는 근거를 어디에서 찾아야 할까? 사람들의 태도가 냉담하고 심지어 적대적이기까지 하다면, 그리하여 페미니스트는 설 자리가 없고 우리의 올바른 행동이 제대로 대접받지 못한다면 과연 어떻겠는가? 1969년 여성에 대한 평등한 급여 실현을 위한 첫 번째 대법원 소송에서 글렌 토마세티(Glen Tomasetti)는 노래말을 작사했다. 그 합창곡의 노래말은 이렇다.

> 너무 친절하지 말아요, 여성들이여. 너무 친절하지 말아요.
> 조금은 싸워야 해요, 여성들이여. 조금은 싸워야 해요.
> 해고당했을 때는 두려워 말고 싸워야 해요.
> 오직 자신의 가치를 생각하고 뒤를 돌아보지 말아요.

성공하는 여성의 10가지 재산

확신은 남성적인 무기로서 성공을 누리고 영향력을 끼치는 데도 필요하다. 조안은 빅토리아 주지사가 될 때 그 어느 때보다도 뚜렷한 확신이 필요했다. 그녀는 거의 매일 아침 잠자리에서 일어나면 어깨에 힘을 주고 자신에게 다짐했다. "나는 할 수 있어. 나는 해 낼거야." 할 수 있다는 다짐과 해 내겠다는 다짐 모두가 필요하다. 첫 번째 다짐을 아는 여성들은 많은데 두 번째를 다짐하고 실천하는 경우는 극히 드물다. 조안은 자신의 내면을 향하여 확신을 심어 주었던 것이다. 우리 또한 그러한 자세가 필요하다.

모이라가 초등학교 졸업반이 되어 고별 음악회에 가게 되었을 때 그녀의 아버지는 잠시 시간을 내어 선물을 전달하는 의식을 마련했다. 모이라의 부모는 그녀에게 처음으로 카메라를 선물했는데, 그 때 아버지는 이렇게 말했다.

"엄마와 아빠는 너를 아주 자랑스럽게 생각한다. 그리고 네가 최선을 다했다는 것을 알고 있다."

모이라는 중학교에서 우등생이 되려고 생각했었는데, 부모는 그녀가 마음에 품고 있는 상을 타지 못할 수도 있음을 염두에 두고 따로 선물을 주었다는 것을 나중에야 깨닫게 되었다. 그녀는 그 날 저녁 자신이 원하던 상을 타지 못하게 되어도 상관 없다는 홀가분한 마음으로 고별 음악회에 참석할 수 있었다.

좋았던 기억을 회상하거나 자신을 귀중하게 여겨 가치를 부여함으로써 스스로를 격려하는 태도도 필요하다. 이것을 실천하기는 어렵지 않다. 더운 물에 오래 목욕을 하거나 편안하게 마사지를 받거나 비 오는 밤 모닥불 앞에 앉아 있어 보라. 무엇이든 기분 전환이 되는 행동을 해 보라. 때에 따라서는 자신의 말을 귀담아 들어 주는 사람에게 이야기를 하는 것으로 족한 경우도 있다.

오래 전에 모이라는 그녀의 말을 잘 들어 주는 사람에게 이야기를 하다가 좋은 조언을 들은 적도 있다. 그녀는 요양이 필요하여 오래 고향을 떠나 있다가 돌아온 적이 있는데, 한 친구와 그 가족들이 그녀를 특별히 따뜻하게 맞아 주는 것이었다. 어느 친구는 그 때의 감정을 잘 '갈무리' 해 두라고 말해 주었다. 그녀는 시간이 있을 때마다 눈을 감고 조용히 그 때의 추억으로 돌아가 편안한 마음을 느끼곤 한다. 힘이 들 때는 그런 방법이 정말 유용하다.

자신이 생기면 의욕이 생기고 원하는 일은 무엇이든지 성취할 수 있다는 믿음이 생기게 된다. 자신감을 갖고 목적의식에 투철하면 무엇이 가능하고 무엇이 불가능한지 정확하게 판단할 수 있으며 일을 성취하는 데 어떤 자원이 필요한지도 알 수 있다.

그러한 믿음을 찾아서 자신의 능력으로 개발하려면 지원이 필요하다. 혼자서는 아무 것도 해낼 수 없다. 친구와 동료 그리고 가족 중에서 누가 자신에게 호감을 갖고 있는지 파악해야 한다. 자신에게 호감을 갖고 있는 사람들이 주변에 많이 있도록 해야 한다. 물론 말하기 곤란한 직언(직언도 어느 정도는 필요하다)을 회피하고 무조건 좋은 말만 되풀이하는 '예스맨' 만 있어서는 안된다. 자신을 옹호하는 사람들이 많으면 최선의 목표를 달성하는 데 도움이 된다.

내가 무슨 말을 하더라도 의문이나 판단을 하지 않고 용기를 북돋아 주고 응원하고 지지해 줄 수 있는 사람들을 많이 두고, 그들이 하는 이야기를 귀담아 들을 필요도 있다. 그리고 중요한 일이 있을 때마다 도움이 되는 판단이나 의견을 제시해 주는 부류의 사람들을 두고, 그들의 말도 들을 필요가 있다. 그 사람들과 한 울타리 안에 있는 관계인지 아니면 일방적인 관계인지 때로는 자문해 보는 것도 중요하다.

3 성실한 자세

성공을 위하여 거짓말을 하거나 사람을 속이면 안된다. 자신이 설혹 승리한다 하더라도 권력은 한 사람에게 오래 머물지 않는다는 점을 명심해야 한다. 다른 사람을 희생시키며 이룬 성공은 결국 자신의 희생을 불러온다.

올바른 방법으로 권력을 획득하고 유지하며 그것을 절대 남용하지 않는 것이 우리가 할 수 있는 일이다. 자신을 하나의 개인으로서 귀하게 여기는 것도 중요하지만 다른 사람들을 귀하게 여길 줄도 알아야 한다. 우리는 스스로의 가치를 명확하게 인식하고 공과

사를 분명히 하는 태도로 우리의 행동을 끊임없이 돌이켜 보고 스스로를 통제할 필요가 있다. 공적인 활동에서 사람들이 늘 동의해 주지 않더라도 그 사람들이 나의 입장을 확실히 알고 성실함을 인정하며 나의 원칙을 이해해 주도록 하는 것이 중요하다.

미국의 훌륭한 민주적 지도자인 벨라 압죽(Bella Abzug)은 어느 연설에서 자신은 여성이 지니고 있는 고통과 연민이 바로 변화를 위한 힘이라는 점을 깨달았다고 말한 적이 있다. 우리는 누구나 고유한 가치를 지니고 있다. 그러한 가치를 나열해 보고 늘 마음에 간직하며 필요에 따라 추가한다. 정기적으로 그 내용을 되새겨 본다. 그리고 항상 근원적 동기를 되돌아 본다.

우리가 가진 가치에 관하여 끊임없이 질문을 던지고 활동 속에 적용해 나가면 그 활동 영역만큼 구조적 변화를 일으킬 수 있다. 아일랜드의 대통령을 지낸 메리 로빈슨(Mary Robinson)은 이렇게 말했다.

"여성이 지도적 위치를 차지할수록 지도자상이 변화되고, 여성이 조직을 갖출수록 조직의 양상이 변화된다." 여성을 문제 덩어리가 아니라 자산으로 여기는 것이 가장 중요한 가치 중 하나다.

자신이 귀중하게 여기는 것을 나열해 보고 그대로 살아 보라. 늘 성실해야 한다. 그것이 가장 중요한 자산이다.

내가 믿는 것

내가 귀중하게 여기고 거울로 삼아 나를 비춰 보는 것들은 이런 것이다.

✽ 여성은 남성 못지 않게 중요하다.
✽ 여성에게는 자신의 삶을 결정할 권리가 있다.
✽ 여성의 경험은 중요하며 귀하게 여겨져야 한다.
✽ 여성은 스스로의 경험을 자유롭게 표출하고 공유할 줄 알아야 한다.
✽ 여성의 지식과 경험은 모든 차원의 의사 결정에 반영되어야 한다.
✽ 여성도 공평하게 사회 기본 시설의 혜택을 받아서 교육과 훈련, 고용, 안전, 건강, 가족, 자원 및 대표권의 기회를 동등하고 평등하게 가져야 한다.

조안

4 공동체 및 팀 중심

성공하는 여성 그리고 좋은 지도자는 팀 플레이를 잘 한다. 자신이 공동체의 일원이라는 점을 잊지 않는다. 어느 여성도 혼자 힘으로 성공한 적이 없다. 최소한 어머니 혹은 딸이나 아내로서의 역할이 있었고 지원자가 있었기에 성공할 수 있었던 것이다.

여성은 대인관계를 넓힐 필요가 있으며, 성공을 함께 나누고 여러 사람들의 힘을 모아서 다수의 이익을 위한 해결책을 이끌어낼 줄 알아야 한다. 여러 사람이 함께 일하도록 이끄는 능력은 여성이 가지고 있는 월등히 나은 점 중 하나다. 여성은 의견의 일치를 이끌어내어 의사 결정에 합의하고 아이디어와 전략과 통찰을 서로 나누도록 유도하는 일을 잘 해낸다. 그러한 능력이 개인과 사회를 연결하는 접점이 된다.

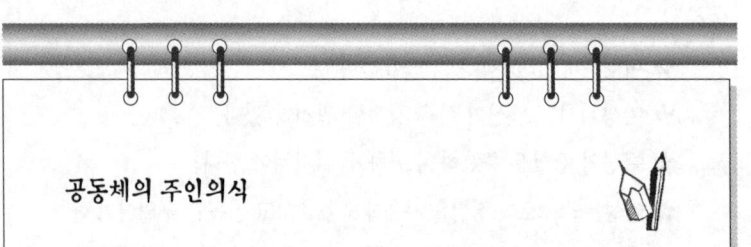

공동체의 주인의식

가장 뿌듯한 성공은 내가 빅토리아 기회 균등 위원회 위원이던 시절에 이루어졌다. 우리는 원주민들과 의미 있는 접촉을 가지려는 의도가 전혀 없었으며 그들이 인종 또는 기타의 차별에 대해 아무런 불만이 없다는 사실에 대해 그저 그러려니 하고 생각했었다.

나는 쿠리(Koori)족 사람 세 명을 고용하고 있었는데, 그들이 생각하는 바를 듣고 그들 나름대로 전략을 실현할 수 있는 사실상의 권한도 주었다. 그들은 사회 단체들을 정기적으로 방문하고 관계를 수립하더니, 차별 방지법 뿐만 아니라 원주민 상호 협력을 담당하는 지도자의 의무와 같은 기타 사항에 대해서 정보를 제공하고 교육도 실시하며, 불만 사항을 문서화하고 분쟁을 조사하고 조정하는 등의 활동을 하기 시작했다. 그 활동은 성공하여 국가적인 모범 사례가 되었는데, 내가 지시한 것이 아니고 쿠리 족 직원들이 자발적으로 그들의 공동체를 교육시키며 이루어낸 일이기 때문에 더욱 가치 있는 사례였다.

 모이라

5 정보

성공하는 여성이 되려면 자신이 서 있는 자리를 확실히 이해하고 능력을 최대한 발휘해야 한다. 다음과 같은 물음을 스스로 제기하고 그에 대한 답을 찾아야 한다. 나의 장래를 밝혀 줄 사람은 누구이며 걸림돌이 될 사람은 누구인가? 어떻게, 누구를 통하여, 어떤 방법으로 그들에게 영향을 미칠 수 있는가? 내가 가진 권리는 무엇인가? 내가 취할 수 있는 수단은 무엇인가? 승리한 선배 또는 패배한 선배들로부터 배울 수 있는 교훈은 무엇인가?

무관하거나 대수롭지 않게 보이는 요소로부터도 필요한 정보를 추출하여 성공을 향한 길에 타산지석으로 삼을 수 있는 태도가 필요하다. 자신이 알고 있는 정보가 유효한 것인지 때때로 점검해 보고 자신이 제대로 알고 있는지도 검증해 보아야 한다. 이미 유효성을 잃은 정보를 내세우거나 사실을 제대로 알지 못함으로써 남들에게 바보 취급을 당할 수는 없는 일 아닌가? 회의, 약속, 편지, 전화, 약정 등의 내용 및 계획을 시간 순으로 기록해 두어야 한다. 그래야만 설혹 다른 사람이 왜곡되거나 거짓된 말을 하더라도 그것을 수습할 수 있게 된다.

6 균형과 상식

대부분의 여성들은 본능적으로 직장, 가정, 개인의 만족 및 공동체의 선 가운데서 균형을 맞추려고 노력한다. 상식은 보통 사람들의 지혜다. 상식은 또한 사물에 대한 인습적인 관념을 깨려고 도전하는 사람들을 깎아 내리는 수단으로 남용되는 경우도 많다. 여성은 너무 약하고 여려서 의사, 변호사, 기술자나 정치가가 될 수 없고 회사를 운영할 수 없다는 것은 '상식'이라고 남성들은 말해왔다. 그러나 여성들이 주장하는 상식은 여성도 누구나 판단할 수 있고 배울 수 있으며 배운 지식을 어느 상황에든지 적용할 수 있다는 것이다.

호주의 대표적인 여성 사업가인 자넷 홈스(Janet Holmes)의 경우를 보라. 남편의 사업을 다시 일으켜서 2억 6000만 달러 규모의 기업으로 성장시키지 않았는가?

머리와 가슴으로 호소하는 논리력 또한 중요하다. 감정을 배제하고 현실을 기반으로 따지는 논리적인 자세도 중요하지만 가슴 깊은 곳에서 우러나오는 감정이 논리적인 결론과 상충될 때는 그 두 가지 생각을 파트너로 여겨서 균형을 찾아야 한다. 논리적 결론과 감정적 느낌은 동반자와 같은 관계다. 좋은 결정을 내리려면 언어만 필요한 것이 아니고 음악도 필요하다.

7 자기 인식과 자기 훈련

능력 있는 여성은 지도자 역할도 잘 한다. 좋은 지도자는 일관성이 있고 신뢰할 수 있으며 자신이 말한 바를 실행하고자 노력하고 후속 조치도 적절하게 취하며 시간을 적절하게 관리한다.

시간 관념은 특히 중요하다. 회의 시간에 상습적으로 지각하고 중요한 모임을 잊는 경우가 많고 마감 시간을 넘기기 일쑤인 사람은 신뢰를 잃게 된다.

감정 다스리기

나는 스스로의 장점과 단점을 알고 있다. 예를 들어, 나는 참을성이 없어 쉽게 화를 내는데 허튼 소리를 들을 때는 특히 참지 못한다. 선천적으로 큰 소리를 너무 잘 내는 경향이 있다. 그 또한 결국 나 자신의 일부분이므로 화를 잘 내는 기질을 애써 죽이고 싶지는 않지만, 그러한 성격을 나타낼 수 있는 때와 장소를 선택할 수는 있다.

나는 분노의 감정을 알아차리고 나의 목적을 달성하기 위해 적절히 이용하는 방법을 배워 왔다. 또한 분을 참지 못하고 원하는 대로 다스리지 못했을 때는 반성할 줄도 안다.

모이라

> **지각생 조안 커너**
>
> 나는 일관성도 있고 신뢰성도 있으며 후속 조치를 잘 하지만 시간을 잘 관리하지는 못한다. 연설문이나 보고서 또는 책의 원고도 언제나 마감이 임박해서야 쓰곤 한다. 회의에 늦는 경우도 많으며(비록 비행기 시간에는 늦은 적이 없지만) 학생 시절부터 막바지에 너무 무리하는 경향도 많았다. 이것이 나의 단점으로서 어떤 친구들은 지금도 나를 지각생 조안 커너라고 부른다. 자업자득(自業自得)이다.
>
> 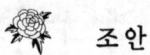 조안

8 상상력

상상력은 미래의 모습과 그 속에서 자신의 위치를 인식하는 것을 말한다. 무슨 일이든 미래를 내다보고 결정하면 보다 효과적이다. 멀리 내다보고 동맹 관계에 있는 사람들과 마음을 맞추어 일해 나간다면 미래에 아무런 갈등도 없게 된다. 상상력이 있기 때문에 우리는 다른 사람의 입장에 서서 생각해 보고 옳은 결정을 내릴 수 있다. 상상력을 통해서 우리는 완벽한 상태를 가정해 보고 어느 것이 실효성 있는 것인지 판단할 수 있다.

9 유머 감각

하늘이 무너져도 솟아날 구멍은 있다. 무엇보다도 효과적인 치유책은 호탕하게 웃어 넘기는 것이다. 매일 한 건씩 웃을 일을 찾는다. 자

신의 일에 대해서도 객관적으로 보고 웃을 줄 알아야 하며 역경 속에서도 웃음을 잃지 않아야 한다. 웃을 일이 없는 사람에게는 울 일만 있는 법이며 그러한 사람에게는 복이 오지 않는다. 자신의 일을 즐길 줄 알아야 한다. 하는 일이 너무 고달프기만 하고 즐거움이 전혀 없다면 뭔가 잘못하고 있는 것이다.

10 인간성

때로는 자신을 다른 사람보다 중요한 존재로 여기고 실수를 잘 하지 않는 사람이라고 애써 생각할 때가 있다. 그러나 실상은 그렇지 않다. 누구나 실수가 있고 때로는 일이 꼬이는 경우가 있으며 그 때마다 일을 수습해야 할 필요가 있다. 진정으로 능력 있는 여성은 실수와 과오를 되돌아 보고 교훈으로 삼아서 다시 전진한다. 실수에도 좌절하지 않고 다시 일어선다. 과오를 딛고 일어서서 전화위복의 기회로 삼는 일에는 남성보다는 여성이 더 강하다. 여성들이 그런 면에 강한 것은 냉정하기 때문이 아니라 그 상황을 '다루는' 능력이 남성보다 월등하기 때문이다. 여성들은 가슴 속에 아픔을 묻어 두지 않고 의사를 찾는 반면, 남성들은 웬만한 아픔은 대수롭지 않게 여기고 무시하다가 결국 길바닥에 쓰러져 버리는 경향이 많다.

때로는 다른 모델을 모방하기도 하고 아무 것도 아닌 것에서 의미를 찾고 용서할 줄 알고 희망을 잃지 않는 탄력성을 갖추어야 한다. 우리는 실수하는 경우가 많다. 그 때마다 실수를 인정하고 당당하게 맞서서 딛고 일어서야 한다. 우리는 다른 사람들로 인해 실망하는 경우도 있고 다른 사람들에게 실망을 안겨 주는 경우도 있다. 어느 경우든지 당당히 나서서 수습해야 한다. 절망은 금물이다.

자신이 지니고 있는 친밀한 인간성을 발현하여 그와 같은 감정으로 다른 사람들을 대하도록 한다. 평등을 주장하는 것은 궁극적으로 모두의 이익을 위한 것이다. 애들레이드에 있는 원주민 학교(Aboriginal Community College)의 교장인 릴리안 홀트(Lillian Holt)는 1995년 열린 연방 자문위원회 100주년 기념식 연설에서 다음과 같이 말했다.

"이 나라에서 민족적 전통을 강조하는 것은 집단적 치유와 관련이 있다고 믿습니다. 우리 모두는 그 결과에서 교훈을 얻을 수 있습니다. 민족적 전통을 강조하는 것은 백인을 반대하는 것이 아니라 적극적인 인간애를 표현하는 것입니다. 이 나라에서 저와 같은 사람을 원주민이라고 깎아 내리는 그 요소 때문에 흑인과 백인을 가릴 것 없이 호주 전체가 폄하되는 것입니다."

호주의 여성들이 이 메시지를 받아들이고 실천한다면 우리는 더 나은 나라를 건설할 수 있을 것이다.

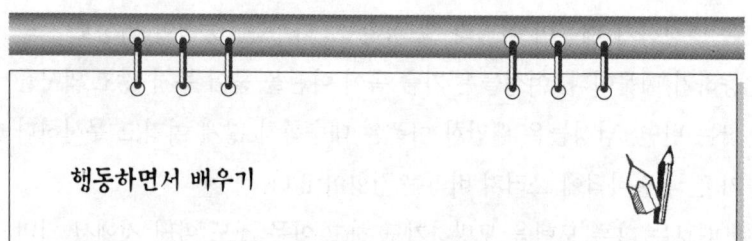

행동하면서 배우기

나는 애초부터 권력을 꿈꾸었던 것이 아니다. 그저 내 아이를 가르쳐 줄 좋은 선생님과 교실을 찾아 나섰던 것 뿐인데 그것이 나에게 커다란 변화의 계기가 될 줄은 몰랐다. 내가 처음으로 한 일은 내가 원하는 변화를 이루어 줄 수 있는 힘이 있다고 생각되는 사람들을 찾아간 것이었다. 그것이 효과를 거두지 못하게 되자 우리는 스스로 힘을 규합하였지만 그것이 진정으로 내가 생각했던 일은 아니었다. 그런데 어느새 사람들은 나를 학부모 운동의 실력자라고 부르게 되었고 그 때부터 나는 스스로 이렇게 생각하게 되었다. '실력자? 어머 놀라워라! 내가 어느덧 실력 발휘를 하게 되었네!'

 조안

장인 정신

조안과 나에게는 사람들 앞에 특별히 나서지 않는데도 불구하고 일종의 권력을 자연스럽게 획득하게 되는 무언가가 있다.

내가 인권 문제에 개입하게 된 것은 '70년대와 '80년대에 변호사를 반기지 않는 아동 법정에 드나드는 등 학부모 및 아동과 더불어 일하면서부터이다. 그런데 어느새 사람들은 나를 '아동 운동의 원조'라고 부르는 것이었다. 나는 그저 자신을 확실하게 표현할 수 없는 아동들을 대변해 준 것 뿐이라고 생각했다. 그 이후로 사람들은 나에게 이야기를 청했고 단체에 가입하고 여러 가지 활동에 참여할 것을 권유했다. 그러나 이 모든 결과는 내가 그 상황에 있었을 뿐만 아니라 내가 믿는 바를 행동으로 옮겼기 때문에 이루어진 것이다.

 모이라

동지 만들기

효과적이고 지속적인 변화를 이끌어 내려면 지원을 아끼지 않는 동지가 있어야 한다. 동지를 얻기 위해서는 다른 사람들의 말을 귀담아 듣고 자신의 가치관과 시각을 사람들에게 알리고 협상을 할 줄 알아야 하며 상생의 해결책을 구사할 줄 알아야 한다. 소수의 사람들만으로도 변화를 도모하여 성취할 수는 있지만 지속적인 변화가 되기 위해서는 상호 교류와 협상과 공동의 헌신과 이익의 공유가 필요하다.

사·례·연·구

조안 커너와 토지 보호 활동

1970년대에 시골 학교를 방문하여 학부모들을 상대로 농촌의 교육 수준에 관해 이야기한 적이 있는데, 그 때 농촌 지역의 사람들에게 필요한 것이 무엇인지 그리고 그들이 땅에 그토록 애정을 쏟는 이유가 무엇인지 이해하게 되었다. 그 당시만 해도 나를 비롯하여 나와 함께 지냈던 가족들도 거의 모두 비옥한 토양이 위협을 받으리라고는 생각치 못하고 있었다. 서서히 침투해 들어오는 염분, 토양의 분해 및 물침식 작용의 위험이 있는 줄 몰랐던 것이다.

1985년 산림, 토지 및 자연 보호부 장관의 자격으로 머레이 강(Murray River)을 처음 찾았을 때 나는 재빨리 생각을 바꾸었다. 우선 농작물 생산의 감소량에 관한 상황을 듣고 황폐화 된 현장을 직접 둘러 보았다. 나를 포함한 장관 일행은 버스를 타고 현장을 둘러보며 곳곳에서 상황 설명을 들었다. 방문하는 곳마다 현지 관리자가 토지의 황폐화가 얼마나 심각한지 설명하고, 그 지역의 오염된 물을 머레이 강으로 배출하도록 허용만 해 준다면 문제를 해결할 길이 있다고 덧붙였다. 야생 동물 관리자 한 사람만이 위험 부담을 안고 대안을 제시했다. 그 지역의 물을 거대한 집수구로 모아야 한다는 주장이었다.

그리고 나서 현지의 농민들과 대화를 나누면서 무엇이 중요한 문제인지 논의하였다. 나는 토양 보존과 농지 보호에 관해서 잘 알지는 못했지만, 한 지역의 염분을 제거하기 위해 소금기를 강으로 배출한다면 다른 지역이 또 오염되기 때문에 결코 바람직한 해결책이 아니라는 점은 확실히 알 수 있었다. 또한 학부모 클럽에서 활동하면서 시골 지역을 방문했던 경험이 있기 때문에 토지의 진정한 관리인은 농사를 짓는 농군 내외들이라는 점을 알고 있었다. 따라서 토지 향상을 위한 해결책을 결정하는 데 그들이 참여하지 않는 한 일이 제대로 진행될 수 없는 상황이었다. 그래서 나는 새로운 방법을 생각하고 있거나 나의 생각과 일치하는 계획을 가지고 있을 법한 농민들과 접촉했다. 1986년 초 나는 산림, 토지 및 자연 보호부에 요청하여 새로운 토지 보호 방안을 채택해 줄 것을 요청했다. 조건은 다음과 같은 것이었다.

- 개인의 이익보다는 지역 사회의 이익에 중점을 둘 것
- 갈대에서 들개에 이르는 야생의 생태계를 보호하는 종합적인 방식을 채택할 것

- 관심을 가지고 전체 농지 및 전체 집수구를 보호하는 차원에서 추진할 것
- 농민들과 지역 주민 모두에게 문제를 확실히 알리고 해결책을 공유할 것
- 장기적인 안목으로 보아 지속 가능한 농업이 되도록 할 것
- 의사 결정권자가 아닌 전문가의 견해를 듣고 반영할 것

이러한 원칙에 입각하여 수립한 프로그램을 랜드캐어(Landcare)라고 불렀다. 내각에서는 랜드캐어 프로그램에 소요되는 자금을 모금하는 데 동의했다. 나는 매우 기뻤지만 세 가지가 더 필요했다. 첫 번째는 빅토리아 농민 연맹(Victorian Farmers Federation)과의 동반자 관계 수립이었다. 다행히 히더 미첼(Heather Mitchell)이 당시 농민 연맹의 회장을 역임하고 있어서 일은 쉽게 풀렸다. 그녀는 정치보다는 해야 할 일을 중요시하기 때문에 환경을 중요하게 여기고 있는 사회주의 좌파 장관과 협력하여 일하는 데 전혀 문제가 없었던 것이다. 두 번째로 필요한 것은 내각의 동의와 자금 지원이었다. 그 문제 역시 결국 해결되었다. 세 번째는 주 전체에 이 프로그램을 확산시킬 연결망이었다.

첫 번째 그룹은 그 해에 위메라(Wimmera)에 설치되어 랜드캐어 프로그램이 단순한 추가 프로그램이 아니라 생산성을 더 높이고 장기적인 안목을 반영하고 있는 것이라는 인식을 확산시켰다.

국가적인 차원에서는 호주 보호 재단(Australian Conservation Foundation)의 필립 토인(Philip Toyne)과 전국 농민 연맹의 릭 파알리(Rick Farley)가 빅토리아 '히더 앤 조안(Heather and Joan)' 쇼를 개최하여 연방 장관 피터 쿡(Peter Cook)과 더불어 토론하면서 토양의 침식이 가장 큰 환경 문제이며 이에 관하여 연방 정부 위원

회가 참여해야 할 뿐만 아니라 더 많은 자금 지원이 필요하다는 점을 역설하였다. 그들은 대화를 통하여 설득하고 홍보, 출판, 인맥을 통한 알리기, 협상 등의 방법을 동원하여 적극적인 인식 제고에 나섬으로써 1989년 마침내 호크(Hawke) 총리가 3억 4000만 달러를 지원받는 10년간의 랜드캐어(Decade of Landcare) 계획을 발표하게 되었다. 언론에서는 파알리와 토니의 협력, 즉 전국 농민 연맹과 호주 보호 재단의 협력을 대서특필하였다. 호주의 토지 보존 계획이 당파를 초월한 협력으로 본격적인 궤도에 오른 것이다.

랜드캐어 프로그램에서 보는 바와 같이 주요 정당이 협력하면 진정한 변화를 이룰 수 있다. 랜드캐어 계획은 호주의 정치, 사회, 경제 및 환경 문화에서 빼놓을 수 없는 사례가 되었다. 나는 그 사실에 대하여 긍지를 지니고 있다. ♣

히더 미첼(Heather Mtchell)과 조안 커너의 성공 사례는 의견이 같은 사람들을 규합하는 것이 세력의 기반을 확장하여 변화를 이루는 데 효과적이라는 점을 보여 준다. 사회 활동의 경우를 생각해 보자. 빠른 시간에 여러 사람들의 의견을 수집하기는 극히 어렵겠지만 쉬운 방법이 있다. 텔레폰 트리(telephone tree), 즉 조직적인 전화 연락망을 활용하는 것이다. 그러기 위해서는 기본적인 조직 체계가 필요하다. 사람들의 의견을 수집해야 할 경우, 한 사람당 3~5명을 할당하여 전화를 한다. 전화 연락을 받은 사람들은 또 다시 자신에게 할당된 명단을 보고 그들에게 전화한다. 사안이 중대할수록 전화 연락은 정글의 북소리보다 빠르게 퍼져 나갈 것이다. 전화 연락망의 마지막 통화자는 최초로 전화한 사람에게 응답 전화를 걸어 연락이 완료되었음을 통보한다.

다른 연락망으로는 컴퓨터를 활용하는 방안이 있다. 인터넷을 통하여 메시지를 주고 받으면 매우 신속하게 정보를 교환할 수 있다. 여러 사람의 전자 우편 주소로 송신 목록을 만들어 일괄 송신하면 수신자는 그 내용을 다시 자신의 목록에 있는 수신자들에게 송신한다. 되도록이면 첨단 기술을 활용하여 늘 새로운 아이디어를 손쉽게 접할 수 있도록 한다. 과거에는 정치인들이 자신의 의견을 널리 알리기 위하여 궤짝 위에 올라 서서 목청을 돋구기도 하고 기차를 타고 외딴 마을까지 직접 간 적도 있다. 그러나 지금은 메시지를 전달하는 빠르고 정확한 방법이 있다. 전통적인 원칙을 실천하되 새로운 방법을 응용하여 정확한 정보를 빠르게 주고 받는 것이 중요하다.

사람들의 지지를 얻을 때 중요한 사항은 개인은 정치적이라는 시각을 갖는 것이다. 여성이라는 이유 하나만으로 고립된 존재가 되어서는 안되며 희생자가 되어서도 안된다. 사람들이 어떻게 말하든 그에 굴하거나 기가 꺾여서는 안된다. 반대자들은 우리가 여성이라는 점을 부각시켜 그들의 주장이 우월하다는 인상을 주고자 하는 경우도 있다. 그러한 의도에 기가 죽는다면 아무 일도 할 수 없게 된다. 그렇다고 성을 전환할 수는 없는 일 아닌가? 성을 바꾸느니 차라리 그러한 각오를 가지고 무슨 일인들 도전하면 안 될 까닭이 있겠는가? 여성이라는 이유를 내세워 자신을 비판하도록 방치해 두면 운신의 폭이 그만큼 좁아진다.

자신이 여성이라는 점을 스스로 인정하면서도 자신감을 갖는 훈련을 하는 것도 필요하다. 우리도 그러한 과정을 거쳤다. 우리 두 사람 중 누구도 남성적인 시각에서 보는 미모는 갖추지 못하고 있지만 외모 때문에 자신감을 잃은 적은 없다. 우리의 외모를 풍자하는 내용에도 우리는 개의치 않는다. 정치 만평에서는 조안을 '점박이 주지사'라고 수 년간 풍자했고, 모이라에게는 1998년 헙법 제정 회의가 진행되는 기간에 핑크색 자두, 험상궂은 공룡가라는 별명이 붙어 다녔다. 그러한 인신 공격은 정치적인 것이다. 사기를 저하시켜 할 말을 못하게 하거나 어리석게 보이도록 하여 당사자가 무슨 말을 해도 그 무게가 떨어지도록 하려는 의도가 숨어 있는 것이다. 그러한 인신 공격에 주눅들지 말아야 한다. 오히려 그것을 역이용한다.

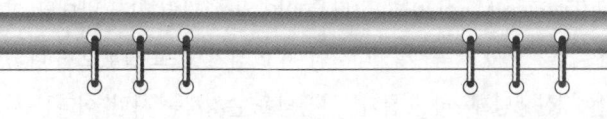

"이 멍청한 여자야"

    1989년 5월 10일 빅토리아 의회에서 있었던 일이다. 나는 교육부 장관이었고 제프 케넷(Jeff Kennett)은 상대 정당의 지도자였다. 우리는 정부 교육 정책을 두고 옥신각신하고 있었다. 테이블 맞은 편에 앉아 있던 제프는 질문 시간에 아주 작은 목소리로 재빨리 이렇게 말하곤 했다.
    "이 멍청한 여자야. 당신은 멍청이야." (이 말을 할 때 그는 마이크에서 떨어지곤 했기 때문에 의사록에는 기록되어 있지 않다.)
    나를 의기소침하게 만들고자 하는 의도였다. 나는 역으로 그의 무례한 태도를 문제 삼기로 했다. 나는 의장에게 케넷 씨를 퇴장시켜 줄 것을 요청하면서 의사록에 이렇게 기록되도록 했다. "케넷 씨는 의회에서 극단적인 성 차별적 발언을 했습니다. 지금 보니 소속 정당이 여성을 어떻게 평가하고 있는지 알겠군요."

케넷 씨는 퇴장당하지는 않았다.

'헤럴드 선(Herald Sun)' 및 '에이지(Age)' 등을 비롯한 빅토리아의 주요 언론에서 이 문제를 다루었고 이 일과 관련하여 수많은 이야기가 난무했다. 여성은 모자라기 때문에 정치 일선에 나설 수 없다는 점을 제프가 부각시키려 했다는 점을 나는 분명히 밝혔다. 노동당에 속해 있던 다른 여성 의원들은 케넷 씨 쪽의 성차별 행위는 성토 대상이 되어 마땅하다고 말했다. '에이지'의 정치부 출입 기자인 대미엔 머피(Damien Murphy)는 또 다른 이야기를 피력했다. 반대당 의원들이 나를 '공사 감독' 및 '내각의 최고 남자'라고 말했으며 나의 사무실에 '선생님께'라는 글과 '선생님을 존경하는 사람'이라는 서명이 있는 메모와 더불어 사과 하나가 남겨져 있었다는 이야기를 보도한 것이다. 1989년 5월 11일 그 기자는 또한 후에 빅토리아 재무부 장관이 된 알란 스톡데일(Alan Stockdale)이 ALP 여성 의원이라 불리는 무대의 첫 계단에 선 나의 옷차림을 보고 '둥글둥글하다'고 했던 이야기를 전했다.

물론 제프는 의회 밖에서 자신이 성차별주의자라는 사실을 부정하려고 진땀을 뺐지만 그럴수록 자신이 성차별주의자라는 사실만 드러나게 되었다. 그는 '에이지'에 이런 이야기를 했다.

"자유당은 여성 의원을 영입하는 데 어려움이 있었습니다. 제가 보기에 우리 당의 여성 의원들은 집에서 아이 돌보는 일에 많은 시간을 보내거든요."

그러면서 그는 나의 성별이 아니라 지능에 관하여 언급하면서 이런 말을 했다.

"그녀가 그만한 일로 마음 상했다면 다른 일을 생각해 봐야 하지 않을까요?"

내가 여자로 태어난 것이 어떻게 그의 탓이 될 수 있느냐고 항변하면서 그는 '헤럴드 선'에 이렇게 말했다.

"그녀가 어떻게 된 것 아닌가요? 누가 뭐라 해도 그녀는 정치인입니다. 집에서 애를 보고 싶으면 그렇게 하면 됩니다. 그러나 정치를 하려면 칭얼대지 말고 정치에 전념하면 될 것 아닙니까?"

언론은 진정으로 나의 편을 들어 주었다.

그 이후 제프의 지도력은 상당한 압력을 받게 되었고, 얼마 지나지 않아 그 정당의 지도자는 알란 브라운(Alan Brown)으로 교체되었다.

 조안

이 책을 쓰면서 우리는 가까운 여성 친구들과 더불어 우리가 지금까지 받은 것 중에서 가장 보람 있게 생각되는 것은 무엇일까 하고 생각해 보았다. 조안은 주지사를 그만 둔 직후 한 여성이 다가와 "훌륭한 업적을 보여 주셔서 고맙습니다. 이제 제 딸도 주지사가 될 수 있다는 꿈을 갖게 되었어요."라고 말하는 것을 들었을 때 가장 보람을 느꼈다고 대답했다.

1965년 또 다른 형태의 보람을 느낄 수 있었다. 조안이 정부의 어느 부처에 전화를 걸었는데 당사자가 전화를 받기까지 기다리는 동안 한 사무원이 다른 사람에게 말하는 내용을 우연히 듣게 되었다(당시에는 전화기에 '대기' 버튼이 없었음). "또 그 '지독한' 여자야? 대체 뭐라고 말하지?" 조안은 '그 지독한 여자'라는 말을 최대의 보람으로 여긴다. 그 말은 곧 자신이 뭔가 영향력이 있다는 증거다.

에바 콕스(Eva Cox)는 문제아라고 불리는 것이 최대의 보람이라고 즐겨 말했다. 벨라 압죽은 따지기를 좋아하고 공격적이며 상대하기 어려운 여자라는 말을 들었지만, 사람들이 말은 그렇게 하면서도 자신이 진지한 사람이라는 점은 인정했다고 말한 적이 있다. 듣기 좋은 말이 걸림돌이 되는 경우도 있다.

1985년에 모이라 레이너의 동료 변호사 중 한 명이 모이라라는 여성 변호사라기보다는 장군처럼 보인다고 말한 적이 있다. 그 사람이 말한 의도는 모이라를 동등한 전문가로 인정한다는 뜻이었는데 결과적으로 모이라에게는 그것이 장애물이 되었다.

호주 고등 법원에 소속된 유일한 여성인 메리 거드런(Mary Gaudron)은 1997년 호주 여성 변호사 협회 출범식에서 여성 변호사들이 전문인으로서의 대접을 제대로 받지 못하고 남성 변호사들이 보다 경쟁적으로 발전하지 못하는 까닭에 관하여 다음과 같이 말했다.

"여성들이 동료 남성들과 차별성을 나타내지 못하고 당당하게 진정한 여성 변호사로서의 몫을 다하지 못하기 때문입니다. 변화를 추구한다는 것 즉, 영국의 남성 귀족을 중심으로 이튼(Eton)의 경기장으로부터 유래된 규정을 근간으로 하는(그렇지 않은 경우가 많음) 법 조문을 변경하려 한다는 것은 곧 추방을 자초하거나 윤리 위원회의 주목을 받게 되는 것을 의미했습니다. 여성은 다르고 여성이 필요로 하는 것도 다르다고 자신 있게 주장하는 것은 곧 여성의 무능력을 드러내는 것으로 인식되었습니다. 법의 편중성에 이의를 제기하면 윗 사람의 눈에 나서 전문직의 발탁에서 누락되는 것으로 생각했습니다. 그리하여 우리들 중 많은 사람들이 이름 뿐인 직책에 만족하는 경향이 많았습니다. 우리는 그것을 평등이라 생각했기 때문에 누군가가 '평등을 추구하는 여성들은 야망이 없다'고 한 것도 틀린 말은 아닙니다."

 힘 있는 사람들이 푸대접하고 모욕해도 그것을 칭찬으로 여기고 대범하게 받아 넘길 줄 알았던 강한 여성들의 이야기를 잘 새겨볼 필요가 있다. 그러한 사례 속에 교훈이 있다. 때로는 모욕을 당하는 것이 의외로 복이 될 수 있다. 그로 인하여 별 관심이 없던 사람들이 우리에게 관심을 갖게 될 수도 있다.
 조안이 의회에서 제프 케넷(Jeff Kennett)의 행위에 의연하게 대처한 결과 오히려 그녀가 이끄는 단체가 입지를 강화하게 되었고 제프에게는 손실이 따르게 되었다. 방해물을 전화위복의 기회로 삼는 것을 핵심 전략 중 하나로 이용할 것을 여성들에게 적극 권장한다.
 우리가 주장하는 메시지는 페미니스트적 시각을 귀중하게 여기고 여성으로서 당당하게 살아가기 위한 전략을 세우라는 것이다. 여성의 경험은 중요한 것이며 또한 중요하게 여겨야 한다. 여성은 스스로 선택할 권리가 있으며 자신에게 충실할 권리가 있다. 그러한 권리를 찾아서 활용해야 한다. 그만한 대가가 있을 것이다.

CHAPTER

개인적인 전략

The Women's Power Handbook

개인적인 전략

다음 세 가지 원칙을 유념하여 이 장에 나와 있는 내용을 읽기 바란다.

1 준·비·를·철·저·히·한·다

어떠한 변화가 되었든 저항에 부딪치게 되는데, 이에 맞서 싸우면 극복할 수 있는 경우가 많다.

2 자·신·을·인·정·한·다

사람은 현재로서 완벽하지 않을 수 있지만 완벽해질 수 있는 가능성은 있다. 우리는 자신이 무엇을 하고 있는지, 누구와 함께 있는지, 하고자 하는 일이 무엇인지, 하지 않으려 하는 일이 무엇인지 스스로 알고 있다. 그러한 자아의 양상은 우리가 세상과 얼마나 잘 어울려 사는지에 영향을 미치며, 우리가 나름대로 얼마나 성공한 삶을 살아갈 수 있는지 하는 문제에도 영향을 미친다.

권력을 갖고자 하는 이유는 변화, 진정한 변화 뿐만 아니라 되도록 빠른 변화를 추구하기 때문이다. 그러나 우선 자신을 받아들여야 한다. 자신이 믿는 바에 대하여 확신을 가져야 하며 변화를 이룰 수 있는 능력이 있다는 확신을 가져야 한다. 그것이 다른 사람을 설득하는 힘이다. 자신이 믿고 귀하게 여기는 것에 대하여 확신을 가져야 한다. 누구나 자신만의 고유한 특성을 가질 권리가 있다. 어느 누가 나의 자아를 결정할 수 있으며, 나 또한 어느 누구의 자아를 결정할 수 있는가?

자아를 형성하는 데 다른 사람의 결재를 받아야 하는가? 그렇다면 나는 나약하기 짝이 없는 존재가 되고 말 것이다.

자기 자신을 이해하고 받아들이지 않는다면 어느 누구도 나를 즐겁게 할 수 없고 누구든지 불쾌하게 여겨질 뿐이다. 자아에게 힘을 북돋아 주는 가장 쉬운 방법 중 하나는 스스로를 인정하고 칭찬하며 격려하는 것이다. 그것을 연습해야 한다.

3 받·으·려·고·만·하·지·말·고·주·는·것·도·필·요·하·다

사람들은 모두 독특한 면이 있어 나름대로 쓰임새가 있기 때문에 존중받을 만한 가치가 있다. 사람들을 존중할 줄 알면 사람들 또한 나를 존중하게 된다.

자신감의 조성

The women's Power

　자신감을 얻기 위해서는 시간과 생각과 정력을 아끼지 말고 투자해야 한다.

✤ 자신이 귀하게 생각하는 것이 무엇인지를 알고 늘 성실하게 행동한다.
✤ 거짓된 겸손은 버리고 칭찬은 받아들인다.
✤ 자신의 꾀하는 일이 잘 이루어졌을 때는 얼른 그것을 깨닫고 지나친 추가 노력을 기울이지 않는다.
✤ 자신을 인식하고 자신의 장점과 단점을 잘 파악하여 단점을 버리도록 노력한다.
✤ 변화를 위한 모험을 한다.
✤ 두려움을 극복하고, 오히려 즐길 줄 알아야 한다.
✤ 공식적으로든 개인적으로든 스스로를 귀하게 여긴다. 그렇다고 자신의 단점이나 약점을 덮어 두거나 이기적인 인간이 되라는 뜻은 아니다.
✤ 나날의 프로그램을 세우고 '건설적인' 비평을 가한다.
✤ 늘 애정을 갖고 바른 말을 해 주는 사람들과 가까이 지낸다.
✤ 스스로를 나쁜 사람이고 가치 없는 사람이라고 판단하는 내적인 요인이 무엇인지 분별할 줄 알고, 나쁜 반응을 유발하는 직접 또는 간접적인 동기가 무엇인지 가릴 줄 알아야 한다. 스스로를 폄하하는 내

적 요인을 인식하게 되면 그 요인을 억누르지 않으면서도 극복할 수 있다.

✤ 외적인 이미지를 갈고 닦아야 한다. 사람들은 우선 외모를 보고 사람을 판단한다는 점을 기억하라. 사람들에게 자신에 차 있는 모습으로 비치면 실제로 그렇게 된다.

✤ 적극적인 사람들을 찾는다.

✤ 남을 존경하고 자신도 존경받을 줄 알아야 한다.

✤ 무엇보다도 꿈을 잃지 말아야 한다. 무엇이 되고 싶은가? 어떻게 세상을 바꿀 것인가? 구체적으로 그려 본다.

자신에게 충실한다

사람들은 비록 외모를 보고 평가하지만 자신을 가장 잘 아는 것은 역시 자기 자신이다. 자신이 알고 있는 이미지가 가장 진실한 것이다.

영국의 북아일랜드성 장관 모 몰럼(Mo Mowlam)은 신선한 공기라는 이미지로 대표된다. 1997년 영국에서 실시된 투표에서 그녀는 수상인 토니 블레어보다 더 많은 인기를 끌었다. 모 몰럼 자신이 그리는 대로 이루어진 결과라고 말했다. 그녀는 또한 옷차림과 행동을 내키는 대로 한다. 처음에는 많은 비판을 받았다.

1997년 선거운동 기간에는 여러 타블로이드판 신문에서 그녀가 체중이 늘고 '매력적인' 상태가 망가져 정숙하지 않게 보인다고 공격하기도 했다.

그녀가 자신이 악성 뇌종양을 앓고 있다고 밝히자 그 신문들은 어리둥절했다. 종양을 치료하다 보니 체중이 늘었고 머리가 빠져 가발을 썼기 때문에 머리 모양이 볼품 없었던 것이다.

선거 직후 모는 언론인들과 더불어 회의하는 도중 너무 더워서 피부가 따갑다며 가발을 벗어 버려 회의에 참석한 사람들이 경탄한 적도 있다.

그녀는 대머리를 드러낸 채 인터뷰를 진행했다.

모 장관은 정치 생활 내내 그러한 자세로 일관했다. 아일랜드 평화 회담 도중 개신교 수감자들이 '협상 중단'이라는 최후 통첩을 보내온 적이 있다.

그녀는 감옥을 방문하여 협상 대상자들과 마주 하고 앉았는데, 경험이 많은 교도관들에 의하면 그들은 세계에서도 가장 다루기 힘든 상대에 속했다. 그녀는 "당신들이 바라는 것은 얻을 수 있는 것"이라고 말하면서 그들을 설득하여 그들이 요구하는 것을 철회하도록 하고, 협상 대표가 다시 회담에 참석하도록 했다.

그 후에도 그녀는 강한 여성이라는 이미지에 결코 손색 없는 활동을 계속했다.

규칙 재정비

The women's
Power

어느 그룹이든지 그 나름의 습관과 문화와 관행과 불문율이 있어 그에 따라 리더십과 권위도 달라진다.

알리스테어 만트(Alistair Mant)는 "인텔리전트 리더십(Intelligent Leadership)"라는 책에서 일본인 과학자들이 연구하고 있는 원숭이 집단의 젊은 구성원인 이모(Imo)의 이야기를 소개한다.

과학자들은 원숭이들이 어떻게 사회적으로 상호 교류하고 학습하는지를 연구하고 있었다. 평소의 식생활을 방해하지 않으면서 원숭이들에게 색다른 방법으로 먹이를 제공하고 그것을 어떻게 처리하는지 관찰하는 방식으로 연구하는 것이었다.

18개월밖에 안된 이모는 감자에 묻은 모래를 씻어서 맛있게 먹는 모습을 최초로 보여 준 원숭이였다. 다른 원숭이들은 모두 땅에 떨어져 있는 곡식의 낱알들을 하나하나 주워 먹느라 분주했는데, 이모는 모래와 섞여 있는 곡식 한 줌을 물에 던져 물 위에 뜨는 곡식들을 가려 먹는 슬기로움을 보여 주었다.

얼마 지나지 않아 다른 원숭이들이 이모의 행위를 모방했다. 이모의 어미도 곧 그를 따라 했다. 아주 천천히 주로 어린 원숭이들 사이에서 그리고 가족 원숭이들 사이에서 그런 행동이 퍼져 나갔다. 먼저 어린 원숭이들이 그런 행동을 시작하고 그의 어미들이 따라 했으며 어미는 또 새끼 원숭이들에게 그 방법을 전수해 주었다. 그러나 서열에서 가장 높은 자리를 차지하는 수컷 원숭이들은 그런 행동을 결코 따라 하지 않았다. 그들은 젊은 원숭이들과 어울리는 일이 없었다.

그러나 최고 서열에 있는 수컷 원숭이를 꾀어 새롭고 맛있는 먹이를 먹도록 해 보았더니, 최고 서열의 암컷 원숭이가 수컷 원숭이의 먹는 방식을 금방 모방했고 네 시간 내에 전체 원숭이 집단이 같은 방법으로 새로운 먹이를 먹게 되었다. 왜 그랬을까? 모두가 지도자를 주시하기 때문이다. 이모에게는 아무도 주의를 기울이지 않는다.

만트는 이 이야기에서 세 가지 교훈을 발견한다.

첫째, 그룹 내에서 젊은 구성원이나 하위 구성원이 실용적인 방법을 잘 찾아낸다. 그들은 커다란 윤곽보다는 세세하고 직접적인 일을 볼 줄 알기 때문이다. 여기에 커다란 교훈이 있다. 우리는 그러한 교훈을 배워야 한다.

둘째, 놀라운 재능이 어느 곳에서 발견될지 아무도 예측할 수 없다. 지혜롭고 혁신적인 사람들이 두각을 나타내면 그들을 최고 위치에 두어 공동체 구성원 모두가 그들의 이상과 에너지를 본받도록 하는 것이 중요하다.

셋째, 때로는 명백한 것이 드러나지 않는다. 만트는 간부급 직원들을 대상으로 이모의 이야기를 들려주고 이모의 탁월한 아이디어가 왜 그렇게 천천히 채택되었는지 규명해 보라고 하였을 때 이모가 어렸기 때문이라는 대답이 나오기까지는 오랜 시간이 걸리지 않았다는 점을 강조한다. 이모가 암컷이었기 때문이라는 대답이 나오기까지는 오랜 시간이 걸렸다. 이모는 최고 서열에 있는 수컷이나 평범한 원숭이들과는 달리 거의 주목을 받지 못하고 있었다는 사실이 중요하다.
　그가 지적하듯이 "적절한 호응이 따르지 않는 위치에서 슬기로움이 발휘되는 것은 별 소용이 없다. 재능이 무시되는 것은 여성이라는 이유 말고도 여러 가지가 있지만 조직 내에서 재능이 빛을 보지 못하는 원인 중 가장 큰 것은 바로 여성이라는 이유 때문이다."
　이모의 이야기에서 얻을 수 있는 네 번째이자 가장 중요한 교훈은 여성의 입장에서는 주목을 받기까지 많은 노력을 기울여야 한다는 사실이다. 열심히 노력하고 창조성을 발휘하며 열정을 다해 노력한다고 해서 반드시 인정받고 보상을 받을 것이라는 기대를 해서는 안된다. 최고 위치에 서지 않고는 세상을 변화시킬 수 없다!
　어떻게 최고 위치를 차지하고 어떻게 효과적으로 그 위치를 유지할 것인가? 규칙이 어떻게 되어 있는지를 파악하고 그 규칙이 자신에게 유리한지 판단하는 일부터 시작한다. 규칙이 자신에게 적합하지 않을 경우 자신에게 유리한 규칙을 기록해 본다. 성공하는 여성은 자신 뿐만 아니라 다른 여성들의 경험을 바탕으로 자기만의 규칙을 정한다.

사·례·연·구

리사 벨리어(Lisa Bellear)

리사 벨리어는 원주민 시인이자 사진 작가로서 사회 활동에 전념하여 학술 및 공동체 생활에서 탁월한 성과를 남겼다. 그녀는 자신만의 개념을 가지고 자신이 속한 사회의 주민과 모든 젊은 여성을 위하여 권력을 주장함으로써 훌륭한 선례를 남긴 여성의 본보기다. 그녀의 성공 전략을 정리해 보았다.

- 자신이 무엇을 다루고 있는지 알아야 한다. 정책에 관한 문제라면 관련 정보를 찾아서 읽어야 한다. 필요하다면 자문을 구한다.
- 자신을 지원해 줄 사람을 확보하고 주변에 도움을 주고 받을 사람들을 둔다. 그들이 힘들어 할 때는 카드를 보낸다. 그들이 어떻게 느끼는지 알아 본다.
- 믿을 수 있는 사람과 이야기를 하고, 상처를 입었을 때는 그들에게 치료를 부탁한다. 스승을 찾는다. 스승은 어느 곳에나 있다. 나의 스승 중에 고인이 되신 디니 오헌(Dinny O'Hearn)이란 분이 있었는데, 내가 학생이었을 당시 그 분은 내가 든든한 기반을 확보해야 한다고 말씀해 주셨다.
- 역할 모델을 찾고 그 모델이 그 자리에 있기까지 어떤 노력을 기울였는지 알아 본다. 그 모델의 여러 가지 활동 방식을 보고 배우며 연설하는 기회가 있으면 참석하여 들어 본다.
- 역할 모델이 되거나 멘터가 된다. 특히 젊은 세대의 모범이 된다.
- 성취한 일이 있으면 그 때마다 축하 행사를 벌인다. 축하 행사라고 하여 거창할 필요는 없다. 함께 모여 차 한 잔씩 나누는 것으로도 족하다.
- 스스로를 칭찬하라. 사회 활동가들은 이 방법을 사용한다. 아무도 칭찬하는 이가 없을지라도 스스로 칭찬한다.
- 유리로 만들어진 천장처럼 보이지 않는 장애물이 있을 수 있으나 그

것은 그리 높지 않으므로 조금만 힘을 들이면 얼마든지 깰 수 있다.
- 먼저 통제할 수 있는 일을 한다. 편지를 쓴다. 그러면 자신이 다루는 문제를 명확하게 알 수 있다. 문제를 다른 사람과 함께 풀어야 할 상황이라면 그 사람에게 개인적으로 편지를 써서 의논한다. 편지를 쓸 때는 받는 사람이 당황하지 않도록 자초지종을 설명해야 하며 자유로운 선택을 할 수 있도록 부담을 주지 않는 내용으로 꾸며야 한다.
- 유용한 내용 또는 창의성을 충족시킬 수 있는 내용으로 칼럼, 시, 이야기 등을 발표하거나 출판하도록 노력한다. 출판을 목적으로 소식지를 발행하는 단체도 많다. 여러 가지 방법으로 출판 자료를 모을 수 있을 것이다.
- 스트레스를 받지 말아야 한다. 보고서를 쓸 일이 있다면 그 일에 대하여 거부감을 갖고 피하지 말고 즐거운 마음으로 써 보자.
- 안정을 취하는 방법을 모색한다. 안정은 자유를 느끼게 한다. 지나치게 많은 모임이나 회의에 참여하지 않는 것도 안정을 위해 필요한 일이다. 우선 순위를 정하여 가장 필요한 모임 또는 회의에 참석하도록 한다.
- 마음이 상하거나 슬픈 일이 있을 경우 그것을 해소할 장소를 찾는다. 사람은 때로 울 필요도 있다. 그러나 다른 사람이 이를 악용하지 못하도록 안전한 장소를 택해야 한다. 스트레스가 쌓였다고 해서 택시 운전사에게 하소연하는 일은 없어야 한다.
- 때로는 악동 기질도 필요하다.
- 늘 사회에 도움이 되도록 하고 그러한 태도를 이어간다. ♣

106 제3장 개인적인 전략

사·례·연·구

페이 말레스(Fay Marles)

빅토리아에서는 페이 말레스를 모르는 사람이 없다. 십 년이 넘도록 사회 활동을 하면서 주요 공직에 재임한 경력이 있기 때문이다. 페이는 25세 때 멜번 대학에서 사회 사업을 전공했으며, 보통 여성들과 마찬가지로 결혼하여 임신하고 아이를 낳아 키운다. 그 이후에도 공부를 게을리하지 않았으며 유수의 사회 활동을 거쳐 51세의 나이로 빅토리아 최초의 기회 균등 위원회 위원으로 임명되었다. 그녀는 다음과 같이 술회한다.

7세 때 학교에서 괴롭힘을 당하던 생각이 생생하다. 그것은 하나의 교훈이다. 그러한 불행을 겪지 않으려면 힘을 길러야 하고 다른 사람들과 연대하여 행동해야 한다. 나는 남을 학대한 적이 없지만 일찍이 힘을 가질 필요가 있다는 점을 깨달았다. 나중에 생각해 보니 나는 사람들을 이길 수 있는 힘을 갖고 싶었던 것이 아니라 변화를 이룩하고 싶었던 것이다.

나는 늘 하고 싶은 일들에 대해서는 계획을 세웠고 그 계획에서 눈을 뗀 적이 거의 없다. 내가 사회 활동을 하게 된 것이 우연이라고는 생각하지 않는다.

학업을 마친 다음에는 사회 변혁에 헌신하는 것을 목표로 삼고 연구도 게을리하지 않았다. 그러나 네 아이의 어머니가 되고 난 이후 기회주의자가 되어 무슨 일이든 하고자 마음 먹었다. 몇 년간은 파트 타임 사회 복지사로 일했지만 사업도 운영했다. 낡은 가구를 수리하여 판매하기도 하고 오래 된 인쇄물을 전시하는 일도 했다.

나중에는 멜번 대학에서 역사학 석사학위를 취득하고 그 곳에서 직원으로 재직했다. 급여는 비록 형편 없었지만 이를 계기로 내가 평소 꿈꾸던 일과 가까워질 수 있었다. 1977년, 나는 선택의 기로에 섰다. 멜번 대학에서는 정식 강사를 할 수 있었고 빅토리아 최초의 기회 균등 위원회 위원이 될 수 있는 기회도 주어졌다.

나는 결국 기회 균등 위원회의 일을 택했다. 그 직책은 여성의 권리를 옹호하는 일이었다. 재미도 있었고 위험한 면도 있었다. 무엇보다도 변화를 꾀할 수 있는 것이 좋았다. 그 일을 맡은 것을 후회한 적이 없었다. 전에는 상상도 할 수 없었던 차별이 너무나 많이 존재함을 알게 되었고, 나는 어느덧 변화의 현장에서 한 역할을 하고 있었다.

나는 늘 내가 하는 일을 귀하게 여겼다. 어린 시절부터 생각해 오고 전문 교육을 통하여 뒷받침해 온 일이었기 때문이었다. 나의 성공 법칙은 이런 것들이다.

- 신뢰성을 갖춘다. 나 자신과 다른 사람에게 정직하게 행동한다.
- 나 자신을 안다. 자신의 가치와 가능성을 분석한다. 나는 나 자신의 일을 성취하는 데 사용하는 도구이다.
- 활동의 바탕이 되는 믿음을 검증해 본다. 특히 다른 사람들의 활동 동기와 관련지어 생각해 본다. 사람마다 생각이 다르기 마련이다.
- 다른 사람들에게 나의 존재를 알린다. 회사의 중역, 정치인 등 필요한 분야의 인사들이 나를 알도록 한다. 예를 들어 나의 경우 상사에게 부탁하여 내가 함께 일하고 불평을 들어 줄 상대 회사 또는 조직의 담당자에게 나를 소개시켜 달라고 했다. 서로 알고 신뢰하

는 관계가 밑바탕이 될 때 원활한 일 처리가 가능하다는 점을 알게 되었다.
- 서신과 연설문은 직접 작성한다. 사람들은 나의 참모습을 대하고 싶어한다.
- 나의 과업에 도움이 된다면 외부의 자발적인 지원을 받아들인다. 그것을 잘 활용하면 지원자의 인맥을 구축할 수 있고 일을 보다 원활히 처리할 수 있다.
- 협상이 필요할 경우 인맥을 활용하여 최고위급에서 협상을 할 수 있도록 한다.
- 감정적, 물리적으로 어려움을 당할 경우에 어떻게 행동할 것인지 생각해 둔다. 실제로 어려운 상황에 빠졌을 경우 미리 생각해 둔 사람과 그렇지 않은 사람 간에는 상황을 대처하는 데 차이가 있다.
- 언론을 대하는 방법에 관하여 전문적인 교육을 받는다.
- 나를 지지하는 사람들이 누구인지 알고 그들과 건전한 관계를 지속적으로 맺는다. 바쁜 일정 중이라도 때때로 그들과의 만남을 유지해야 한다. 일정 단계가 되면 그들의 도움이 필요할 때가 있다. 나의 경우 여성 운동 단체의 지지를 받았는데 그들과 때때로 만남을 유지했다.
- 마지막으로, 자신의 직관의 목소리에 귀를 기울인다. 직관은 중요한 지식의 원천이다. 자기도 모르게 나타나는 돌발적인 반응에는 진실성이 담겨 있으니 이를 하찮게 여기지 말아야 한다. 직관의 목소리를 귀중하게 여기고 곰곰이 생각하여 그로부터 배우는 바가 있어야 한다. ♣

나만의 가치 기준 설정

때로는 자신이 속해 있으며 그로부터 도움을 받기도 하는 공동체, 즉 정당 또는 전문가 집단의 규칙이 자신의 가치 기준과 근본적인 면에서 충돌하는 경우가 있다. 그럴 경우 어떻게 할 것인가? 필요한 지위와 영향력을 확보하고자 여러 사람의 후원에 의존하고 족벌을 동원하는 등 불필요한 사전 작업에 노력을 기울이면서 보람이 있기를 기대해야 할까?

먼저 자신이 목표로 하는 큰 그림이 어떠한 노력을 기울여서라도 확보해야 할 만큼 중요한 것인지 판단해 본다. 늘 선택의 문제가 따른다. 자신이 추구하는 가치에 대해 뚜렷한 주관을 갖지 못하면 자신 있는 선택을 하지 못한다. 권력이란 가능성을 실현하는 예술로서 여기에는 타협이 필요한데, 주의를 기울이지 않으면 자신의 영혼을 잃게 된다. 따라서 자신이 진정으로 귀하게 여기는 가치관이 무엇인지 확인해 볼 필요가 있다. 다소 내키지 않는 결단을 내릴 경우에도 나름의 윤리적 기준을 가져야 한다. 그렇지 않을 경우 상황에 따라 흔들리는 소신 없는 인간이 되어 버릴 수 있다.

메리 로빈슨(Mary Robinson)은 아일랜드 대통령에 당선되고 나서 이렇게 말했다. "특정한 가치에 대한 비전을 주입하여 정치를 새롭게 이해할 필요가 있습니다. 예를 들어 우리가 살고 있는 섬나라를 생각해 봅시다. 다원주의의 가치를 채택하여 자신과 다른 대상도 존중하고 그들과 더불어 먹고 잘 수 있는 자세만 갖추어진다면 평화와 공존을 위한 정치적 틀을 갖추는 데에도 긍정적인 영향이 미칠 것입니다."

우리는 대부분의 여성들이 경험을 통하여 다음과 같은 핵심적인 가치를 공유하고 있다고 생각한다.

✠ 나와는 다른 것도 존중할 줄 안다.
✠ 반성의 시간을 가질 줄 안다.
✠ 포괄적인 자세를 지닌다.
✠ 소비자나 주주가 아닌 시민으로서 가치를 지닌다.

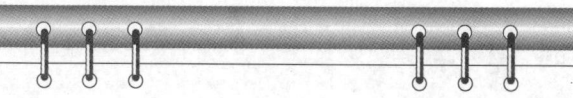

천부적인 가치

내가 지니고 있는 가치관이 존중되기를 바란다. 아주 기본적인 사항으로서 구태여 재차 강조할 필요가 없는 것들이다. 나의 믿음을 정리해 보면 이런 것들이다.

- 모든 사람은 동등한 가치를 지니고 있다.
- 모든 사람은 자신의 삶을 나름대로 가꿀 권리가 있다.
- 모든 사람은 기본적인 욕구를 충족시킬 평등한 권리가 있다.
- 이러한 가치를 실현하려면 가능한 한 기회가 동등하게 주어져야 한다. 불평등을 해소하고 개인적, 정치적 권리를 수용하며 사회 참여와 의사 결정권이 보장될 수 있는 기회가 동등하게 주어져야 한다.

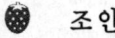 조안

자신의 가치는 스스로 결정해야 하지만 어떤 가치를 추구하든지 그 내용을 글로 적고 실천하며 실현되는 정도를 계산해 보아야 한다. 많은 사람들이 우리의 견해에 동의하지 않지만 우리가 어떤 가치를 주장하는지 모르는 사람은 거의 없다. 모이라는 "조직 행태론(Organizational Behaviour)"과 같은 여러 책에서 다른 사람들의 윤리 덕목을 나열해 놓은 내용은 별 소용이 없다는 것을 깨닫고 자신만의 덕목을 만들었다. 그녀의 가치 목록이 좋은 참고가 되기를 바란다.

사·례·연·구

모이라 레이너의 윤리 체크리스트

몇 년 전 나는 나의 판단력이 옳은지 그른지 시험하는 몇 가지 결정을 해야 했다. 사회의 일원으로서의 나의 직관을 테스트하는 계기였다. 쉽게 결정하지 못 할 사안이라서 일 주일을 꼬박 고민에 싸여 보내면서 몇 가지 사항을 적어 보았다. 지금도 그 때 기록한 내용을 지니고 있으며 때때로 참고한다. 다시 정리해 보면 이런 내용들이다.

- 내가 문제를 정확하게 짚고 있는가? 어떻게 그렇다고 판단할 수 있는가?
- 내가 아닌 다른 사람들은 이 문제를 어떻게 볼 것인가?
- 문제의 발단은 무엇인가? 나로 인한 것인가? 나로부터 비롯된 문

112 제3장 개인적인 전략

제라면 그것이 나의 결정에 영향을 미치는가?
- 사람들 그리고 소속 단체에 대한 나의 헌신은 무엇을 위한 것인가? 상충되는 면이 있는가? 어느 편이 더 중요한가?
- 이러한 결정을 통하여 내가 이루고 싶어하는 것은 무엇인가?
- 나의 결정으로 어떤 결과가 나타날 것인가? (솔직하게 답한다.) 이와 견주어 내가 하려는 의도는 어떠한가?
- 나의 결정으로 인해 다른 사람들이 피해를 볼 수 있는가? 그렇다면 그들이 피해를 입지 않도록 보호해 줄 책임이 나에게 있는가? 나에게 피해가 오지는 않는가? 그로 인해 나의 결정을 변경해야 할 것인가?
- 나의 결정으로 인해 영향을 받을 수 있는 사람들과 사전에 의논해야 할 것인가? 그렇지 않다면 그 이유는 무엇인가?
- 시간이 흐른 후에 지금의 나의 입장에 대해 떳떳할 수 있겠는가? 그렇지 않다면 어떻게 할 것인가?
- 나에게 영향을 줄 수 있는 권위자와 여론 주도층 인사들에게 나의 결정을 사전에 이야기하고 의논할 것인가? (가족, 부서의 요원, 회사의 중역, 전문 기관, 언론 등이 그 대상이 될 수 있다.) 혼자 결정할 경우 자신감이 있는가?
- 나의 결정과 행동이 상징적인 영향을 미칠 가능성은 없는가? 그렇다면 어떤 영향이 있을 것인가? 나의 결정을 사람들이 오해한다면 어떤 일이 일어날 것인가? 그러한 일들이 나의 의도와 가치관에 위배되지는 않는가?

1933년 정부는 여성 전용 감옥에 있는 여성 죄수들을 남성들이 수감되어 있는 감옥으로 이송하려 했다. 그 때 나는 정부의 의도를 막아 달라고 빅토리아 차별 철폐 재판소(당시에는 기회 균등 위원회로 불렸음)에 요청할 것인지 여부로 인하여 고민해야 했는데, 위와 같은 사항들을 자문해 보았다.

아주 예민한 문제였다. 내가 위원으로 있는 기회 균등 위원회의 입장에서는 해당 법규와 원칙을 준수해야 했고, 범죄의 희생자가 될 가능성이 있는 여성들의 입장에서 보면 정부의 의도를 저지해야 했다. 바원(Barwon) 감옥을 시찰해 보고 남성들이 많이 수감되어 있는 감옥에서는 여성 죄수들이 심한 어려움을 겪고 있다는 것을 알게 되었다. 법규에 따르면 나는 내가 시찰을 통해 밝혀낸 내용은 당사자들의 협상을 통해 해결해야 하는 것들이었다. 그렇게 할 수 없는 경우 시찰 결과를 위원회에 보고하여 일반인들이 알 수 있도록 해야 했다.

그런데 정부가 재정 부담을 줄이려고 여성 전용인 페얼리(Fairlea) 감옥을 없애고 그 곳의 죄수들을 펜트리지(Pentridge)로 이송하려 한다는 루머가 떠돌았다. 법규에 의하면 누구도 여성의 권익을 보호하기 위하여 정부의 시책을 막을 권리는 없었지만 아무도 그렇게 하지 않는다면 여성들이 곤란을 겪게 될 형편이었다.

여성 죄수들에게는 법적 조치를 취할 자격이 없었다. 만약 내가 정부의 결정을 막고 나선다면 법규에 위배되는 행위로서 정치적 행동으로 오해를 받을 소지가 있었다. 기회 균등법을 변경하여 나의 소속 부서를 위축시켜야 할 것인지 아니면 내가 사퇴해야 할 것인지 선택의 기로에 서게 되었다. 그러나 법규의 근본 취지로 볼 때 내가 무언가 조치를 하지 않을 수 없었다. 약자인 여성을 위하여 아무 것도 할 수 없다면 그 법이 무슨 소용이 있겠는가?

나는 누구도 믿을 수 없었다. 일 주일을 고민하고 나자 결론은 명확해졌다. 나의 양심으로 보나 기회 균등법의 근본 취지로 보나 내가 행동에 나서야 했다. 나는 양심에 따라 행동했다. 그 결과 내가 의도한 대로 이루어졌다. 빅토리아의 주민들은 여성의 지위를 지지하고 나섰고 정부는 여성 죄수들을 펜트리지로 이감하지 않기로 결정했으며, 법규는 개정되고 나는 사퇴했다. ♣

권력의 궤도에 들어서면 다음 사항을 실천해야 한다.

✠ 자신의 가치를 수립하고 그것을 끊임없이 돌본다.
✠ 자신이 추구하는 가치를 주변의 모든 사람들에게 널리 알리고 스스로 실천하여 신뢰를 쌓는다.
✠ 믿는 바에 대해서 열정을 갖는다. 그리하면 어려움도 견디고 극복할 수 있는 용기가 생긴다.

알려진 것이며 일관성이 있는 가치 체계를 수립하면 다른 사람들이 내세우는 가치에 부화뇌동하지 않게 되고 권력을 미끼로 하는 유혹에 빠져 다른 가치를 수용해 버리는 우를 범하지 않게 된다. 다른 사람이 부여해 주는 권력을 받아들이는 순간 진정한 자신의 가치는 실현하기 어렵게 된다는 사실을 명심해야 한다. 권력을 부여해 준 존재에게 늘 의존하게 된다. 그렇게 되면 누구의 장단에 놀아나게 되겠는가?

● 자신의 가치를 진정으로 존중해 주는 사람

어려운 결정을 해야 할 때는 신중히 해야 한다. 내일 아침에 일어나서 오늘 결정한 일을 반성해 볼 때 과연 자랑스럽게 생각할 수 있겠는지를 생각해 보아야 한다. 가까이 있는 사람들의 신뢰를 저버리지 말아야 한다. 때에 따라서는 초연해야 할 필요도 있지만 사회에서 존중받는 것도 필요하다. 정치적 견해가 다른 사람들로부터 존경을 받느냐의 여부는 중요하지 않다. 그들을 위해 일하는 것이 아니기 때문이다. 자신의 가치를 동경하고 자신을 존중하는 사람들을 중심으로 다음 요령에 따라 도표를 만들어 본다.

✠ 자신을 중심에 둔다(양궁에서 사용하는 과녁과 같은 그림이 좋을 것이다).
✠ 다음으로 가까운 사람 중에 자신이 전적으로 신뢰하는 사람들, 즉 부모와 배우자, 조언자와 상담자, 그리고 가까이에서 함께 일하며 의견을 함께 나누는 사람들을 두 번째 원에 그려 넣는다.
✠ 그다지 친밀하지는 않지만 의견을 물을 경우 솔직히 말해 주며 비밀을 지켜 주는 사람들을 세 번째 원에 기록한다.
✠ 도움을 받을 수는 있지만 한계가 있는 사람들을 네 번째 원에 기록한다.

이 그림을 정기적으로 점검하고 갱신한다. 그림에 나와 있는 사람들은 나 자신이 궤도를 이탈하지 않도록 지켜 주고 건전하게 이끌어 줄 사람들이다. 그 사람들은 나에게 도움이 되고 필요한 사람들이다.

생의 동반자들

자신에게는 가족이 있다는 사실, 그리고 그 가족과 더불어 책임을 공유해야 한다는 사실을 잊어서는 안된다. 부모, 배우자, 아이들과 같은 가족이 있다는 사실을 명심해야 한다. 부모가 할 일이 많거나 정치적 책임이 막중하여 자녀들에게 관심을 갖지 못할 경우 아이들은 많은 어려움을 느낀다. 그러나 부모가 자신들을 사랑하고 귀하게 여기고 있다는 것을 알면 아이들은 훨씬 잘 극복해 낸다. 아이들은 어려움을 극복하기도 잘 하지만 쉽게 상처 받기도 한다. 아이들을 성의없이 대하거나 이용하려 들면 금방 알아차린다.

모이라에게는 양녀가 한 명 있고, 조안에게는 세 자녀와 한 명의 며느리 그리고 두 손주들이 있다. 조안은 해야 할 역할이 많았기 때문에 그 자녀들은 여러 가지로 어려움을 많이 극복했다. 그래서인지 그들은 나이에 비해 성숙해 보이며 일 처리도 잘 할뿐더러 가족과 친구들을 대하는 태도가 남다르다.

우리가 판단하기에 아이들이 어려움을 잘 극복하는 것은 다음과 같은 조건에서이다.

✠ 아이들이 부모가 하는 일을 이해하고 있으며, 그 일이 어떤 영향을 미치는지 알고 있다.

✠ 아이들이 어떤 형태로든 도움이 된다. 도움이 될 수 없을 때는 왜 그런지를 아이들이 알고 있다.

✠ 아이들이 자신들도 부분적으로나마 일에 영향을 미친다고 느끼고 있다.

✠ 부모가 하는 일이 자신들에게 도움이 되리라는 것을 아이들이 알고 있다.

✠ 자신들이 절대적인 사랑을 받고 있다는 사실을 아이들이 알고 있으며, 어른들이 편의를 위해 자신들을 이용하지 않는다는 것을 알고 있다.

✠ 신체적, 정서적, 지능적인 바탕이 안정을 유지하고 있다.

부모는 그 어떤 일보다도 아이들을 더 소중히 여기고 있다는 것을 자녀들이 알 수 있도록 지속적으로 인식시켜야 하며, 그러나 자신뿐만 아니라 다른 사람들을 위해 무엇인가를 성취하는 것 또한 가치 있는 일이라는 점을 이해하도록 가르쳐야 한다. 아이들의 입장에서는 가족들이 여전히 자신들과 어울려 웃고 즐긴다는 점을 느끼는 것이 중요하다. 부모가 공인이라면 부모의 활동에 대해서는 그다지 신경 쓰지 않아도 된다는 점을 아이들이 알도록 할 필요가 있다.

아이들에게는 또한 다음과 같은 사항이 보장되어야 한다.

✠ 등교, 유아원 가기, 놀이, 음악 감상 또는 친구들 및 가족과의 약속을 제 시간에 지킬 수 있다.

✠ 가족들이 집에 있는 시간은 언제이며 밖에서 활동하는 시간은 언제인지를 안다.

✠ 위기 상황이 닥치거나 일이 잘못될 때 자신 또는 선생님이 누구와 연락해야 하는지를 안다.

✤ 자녀들이 부모를 필요로 할 때면 믿고 의지할 만한 누군가가 부모를 대신하여 모든 일을 제쳐 두고 달려와 보살필 수 있다.
✤ 아이들이 지켜야 할 규칙이 있고 봉사해야 할 일이 있다면 부모 또한 나름의 규칙과 의무를 다하는 모습을 보여 준다.
✤ 방해받지 않는 가족만의 시간이 있고 주말이나 휴일에는 함께 지내며, 사정상 그러지 못할 경우 아이들과 서로 상의하여 결정한다.
✤ 어머니가 아무리 중요한 사람이라도 역시 엄마라는 사실을 아이들에게 인식시킨다.
✤ 어머니와 아버지가 아이들을 함께 책임지고 무조건적으로 사랑한다는 것을 자녀들이 알도록 한다.

아이들이 어려움을 극복하기 힘든 경우는 다음과 같은 조건에서이다.

✤ 부모가 아이들과 함께 지내는 시간이 적으면서도 자녀들에게 일방적으로 이해해 주기만을 바란다.
✤ 아이들의 말을 들어 주지 않는다.
✤ 일관된 규칙이 없이 행동한다.
✤ 함께 대화하는 시간을 갖기를 원하면서도 부모의 편의를 위해서만 그렇게 한다.
✤ 아이들보다는 일에 우선 순위를 둔다.
✤ 아이들은 부모의 사정에 따라야 하기 때문에 아이들 스스로 알아서 할 일은 없다고 느낀다.
✤ 아이들이 부모를 행복하게 해드려야 한다는 부담감을 느낀다.

주변의 사람들을 광범위하게 살펴야 한다. 친구, 지원자 인맥, 함께 일하는 동료 등 모두가 귀중한 사람들이다. 스트레스를 받는다고 해서 그들에게 짜증을 표출하면 그 사람들은 물론 자신에게도 손해다.

직원을 두고 있다면 그들이야말로 온갖 잡일은 다 하고 일이 성사되게 만드는 숨은 일꾼이라는 점을 명심해야 한다. 청소와 같이 자신이 싫어하는 일을 함부로 시키지 말아야 한다. 직원들이 과중한 일에 시달리고 있지는 않은지 살펴 보고 그렇다면 뛰어 들어 도와주거나 일정을 재조정하거나 지원 인력을 투입하는 배려를 해 주어야 한다.

정기적으로 함께 모이는 자리를 만들어 그들에게 관심을 표명하고 서로 친밀감을 갖도록 해주는 것이 좋다. 직원들의 크고 작은 도움에 대하여 고마움을 표하는 것도 중요하다. 가족에게 관심을 가지는 일 또한 마찬가지로 중요하다. 사회를 아무리 좋은 방향으로 변화시켜도 가정 분위기가 어두우면 무슨 소용이 있겠는가?

기회 포착

일을 성사시키는 데는 두 가지 자세가 있다. 그럭저럭 해 나가는 자세와 기회를 찾아 포착하는 자세이다. 그러나 4P, 즉 목적(purpose), 계획(plan), 실용성(practicalities), 인내력(perseverance)이 있다면 어느 방법이든 좋다. 이는 개인적인 목적이나 정치적인 목적이나 공히 적용되는 원칙이다.

다음 사항은 두 가지 행동 방식으로서 선택은 자유다.

✠ 하던 일을 중지할 때는 내일을 위하여 사무실을 깨끗이 정리 정돈할 것인가 **아니면** 그대로 문을 닫아 버리고 밤 사이 천사가 내려와 정리해 주기를 바랄 것인가?

✠ 집에 와서 음식을 준비하고 주말에는 가족과 함께 지낼 것인가 **아니면** 집으로 돌아가는 길에 칼로리가 풍부한 스낵이나 기타 식품을 사들고 들어갈 것인가?

✠ 식사할 때는 텔레비전을 끄고 집안 일을 돌보는 사람과 대화를 할 것인가 **아니면** 가족들이 식사를 마친 늦은 시간에 혼자 처량하게 텔레비전 앞에서 토스트로 때울 것인가?

✠ 하루 일을 정리해 보고 내일 할 일을 목록으로 정리할 것인가 **아니면** 이런 저런 걱정에 빠져 술이나 한 두 잔 하면서 '휴식'을 취할 것인가?

✠ 더운 물에 목욕을 하거나 손톱 손질 또는 얼굴 화장을 하면서 혼

자만의 휴식 시간을 가질 것인가 **아니면** 텔레비전 앞에서 여가를 보낼 것인가?

✠ 귀가하면 가방을 열어 서류를 정리하고 옷가지와 장식품들을 가지런히 할 것인가 **아니면** 그대로 두었다가 다음 날 중요한 준비물을 빠뜨리고 허겁지겁 출근할 것인가?

✠ 출근 시간 두 시간 전에 알람(되도록이면 벨보다는 음악 소리)을 설정해 둘 것인가 **아니면** 외출 시간에 임박해서 일어나 가족들을 깨우며 늦었다고 소리칠 것인가?

✠ 가벼운 운동을 하면서 뉴스를 듣고, 비타민 B 플러스와 오렌지 주스를 즐길 것인가 **아니면** 잠자리에서 일어나 블랙 커피를 들이킬 것인가?

✠ 30분간 걷기, 조깅, 수영 등 좋아하는 운동을 하면서 보낼 것인가 **아니면** 간밤에 끝내지 못한 일을 하느라고 온 집안을 뛰어다닐(이 또한 좋은 운동이겠지만 스트레스가 많이 쌓일 것임) 것인가?

✠ 훌륭한 아침 식사로 하루를 시작할 것인가 **아니면** 뒤늦게 서둘러 문을 나서며 집안 사람들에게 이것 저것 해야 할 일들을 급히 지시하고 달려가면서 음식을 먹을 것인가?

✠ 가족을 돌보는 책임이 있을 경우, 그 날 해야 할 일을 미리 정리하고 아이들의 점심 식사를 미리 준비해 두며 학교나 유치원에 안전하게 다녀올 수 있도록 조치해 둘 것인가 **아니면** 아이들이 무작정 부모를 기다리다가 전화하여 짜증을 내도록 방치할 것인가?

✠ 낮 동안에도 잠시 여유를 갖고 친구와 이야기도 하며 꽃을 사기도 하고 이따금 창 밖을 바라보며 미래에 대한 꿈을 새겨 볼 것인가 **아니면** 하루 종일 쉬지도 않고 일만 하다가 녹초가 되어 버릴 것인가?

우아하게 사는 방법도 있고 일만 하다가 순직하는 방법도 있다. 어느 쪽을 택하든지 자유다. 자신의 일이 지나치게 힘들다면 뭔가 잘못되고 있다는 증거라는 점을 명심하라.

● 준비된 사람

쇼핑은 자주 하지 않는다. 식료품은 한 번에 많이 사서 비축해 둔다. 목록을 작성하여 붙여 둔다. 집안 사람 중에 시장에 다녀올 만한 시간과 의지가 있는 사람이 없다면 한 달에 한 번씩 슈퍼마켓 배달을 이용한다. 장보기를 좋아한다면 물론 문제가 다르지만 매 주마다 장을 보는 일은 시간 낭비일 수 있다. 물건을 살 때는 꼭 필요한 것만을 사도록 한다.

나름대로 계획을 세워서 한다. 가정을 돌보는 데 필요한 기초적인 사항은 배워서 웬만한 문제는 직접 해결한다. 배우자가 시간을 내어 해결해 줄 때까지 기다리거나 전문가에게 전화로 수리 요청을 해 놓고 속수무책으로 기다리는 일은 가급적 없어야 한다.

작은 도구 상자만 있으면 대부분의 고장은 해결할 수 있으며, 최소한 임시 조치라도 할 수 있다. 드라이버 세트, 망치, 드릴과 비트, 펜치, 원예용 가위, 여러 종류의 나사못과 압정, 퓨즈 세트, 다용도 접착제 등을 갖춰 두어야 한다. 아울러 가스, 전기, 수도 및 전화 연결이 어떻게 이루어져 있는지, 비상시에는 어떻게 잠그는지도 알아야 한다. 그러나 가전 제품까지 손수 수리하려 들면 좀 곤란하다.

의상 관리도 계획성 있게 한다. 주간 일정을 보고 계절과 날씨 및 행사 등에 맞추어 적절하게 외모를 꾸민다. 특히 출장을 가거나 여행할 때는 날씨에 더욱 신경을 써야 한다. 입고자 하는 옷이 지저분한 상태이거나 세탁소에 가 있는 상태라서 필요한 날에 사용하지 못하는 일이 없도록 계획성 있게 관리한다. 우리의 경우 하루 전에 의상을 챙겨 둔다.

생활을 단순화시킨다. 특별한 이유도 없이 예금 통장을 서너 개씩 가지고 있거나 청구서를 정리하느라고 매월 하루를 허비할 필요가 없다. 되도록이면 복잡한 일거리를 단순하게 줄인다. 예를 들어 특별히 다른 이유가 없는 한 모든 청구서 결제는 신용 카드로 하는 것도 하나의 방법이다.

집안 일을 다른 각도에서 본다. 집안을 늘 완벽하게 가꾸어야 할 필요는 없다. 필요한 물건이 있을 경우 쉽사리 찾을 수 있고 휴식을 취하기 편안할 정도로 아담하고 깨끗하기만 하면 된다. 시간은 소중한 것이다. 자녀들의 방이 너저분하더라도 일단 문을 닫아 두고 특별히 필요할 때만 들여다 본다.

아이들에게는 방에 혼자 있는 것이 독립성을 알게 되는 기회다. 부득이한 경우가 아니면 지나치게 신경쓰지 않는다. 가끔 바지를 다리지 않는다고 하늘이 노하는 것도 아니고 수건이 가지런하게 정리되어 있지 않다고 날씨가 궂은 것도 아니다.

가족들은 당신이 시간을 내 주고 관심을 가져 주기를 바라는 것이지 조급하게 설치고 소리치는 것을 바라는 것은 아니다. 해야 할 일만을 찾아서 하면 된다. 세탁하지 않은 바지가 쌓여 있으면 가족들이 스스로 세탁할 수 있도록 한다. 세탁기나 청소기를 사용하는 고도의 기술을 모른다고 가족들이 엄살을 부리더라도 눈도 깜짝하지 않는다. 그래야 가족들이 알아서 각자의 몫을 하게 된다.(모이라의 남편은 한

때 설거지 할 때마다 접시를 하나씩 깨기도 했다)

　가족들이 요리할 줄을 모를 수도 있다. 그렇다고 해서 세끼 식사를 일일이 준비하여 대접하는 것이 가족을 사랑하는 유일한 길은 아니다. 필요한 음식을 미리 준비해서 냉장고에 보관해 두는 것도 하나의 방법이다. 가장 중요한 것은 함께 먹으며 서로 이야기를 주고 받는 것이다. 사랑 넘치는 좋은 분위기가 가장 좋은 반찬이다.

　애완 동물, 특히 개나 고양이를 기르는 입장에서 바깥 모임이 잦거나 여행이 잦을 경우에는 집을 비운 사이에는 언제든지 애완 동물을 돌보아 줄 사람을 확보해 두는 것이 좋다. 자신이 기르는 고양이가 길거리를 방황하다가 차에 치이기라도 하면 마음이 편할 리 만무하지 않겠는가? 애완 동물을 잠시 전문 보호 업체에 맡길 생각이면 직접 와서 데려가고 다시 데려다 줄 업체를 택하는 것이 좋다. 돈을 더 주더라도 그럴 만한 가치가 있다.

　매주 '해야 할 일'을 목록으로 만들고 주중에 계속 점검하며 추진 현황에 따라 바꾼다. 그렇게 하면 계획된 일을 잊지 않게 되고 일이 성취되어 가는 것을 가시적으로 보고 성취감과 자신감을 느낄 수 있다.

● 모든 것을 기록한다

　기억은 한계가 있다. 모든 것을 머리 속에 기억하고 있다가도 어느 날 갑자기 생각이 나지 않아 다른 사람이 알려 줘서 겨우 기억해 내는 경우가 얼마든지 있다. 수첩을 한 두 개 준비하여 말하고 듣는 것을 기록해 두는 것이 좋다.

늘 가지고 다닐 만한 작은 수첩을 준비하여 약속을 기록해 둔다. 되도록이면 연필을 사용해야 내용을 변경하더라도 지저분하지 않게 된다. 필요한 내용은 집에도 복사해 두어 가족들이 알 수 있도록 하는 것도 바람직하며 자신의 일을 돕는 사람이 있을 경우 그들도 알 수 있도록 복사해 준다. 자신이 어디서 무엇을 하고 있는지 누군가는 꼭 알고 있어야 한다.

업무 일지를 가지고 다니면서 사람들과 만나 이야기한 내용을 모두 기록하되 상단에 날짜를 기록하고 매번 새 페이지부터 기록한다. 중요한 일들은 앞 페이지에 따로 색인으로 뽑아 관리하면 더욱 좋다. 메모지나 기억력에 의존하지 않고 기록 관리를 철저히 하면 언제 누구와 만나서 무슨 이야기를 했는지 정확한 자료를 유지할 수 있다. 필요한 경우에는 과거에 나눈 이야기를 참고로 삼을 수도 있다. 여기에 인수 인계 사항과 약속 및 약정 내용을 기록할 수도 있다. 정기적으로 내용을 체크하여 자신이 하기로 한 일에 대한 후속 조치를 관리해 나간다.

노트를 들고 다니면서 핵심 내용(말 한 마디 놓치지 않고 다 적을 필요는 없음)을 기록하고 약속이나 업무, 날짜, 시간, 일의 내용과 담당자 등을 기록하는 습관을 들인다. 서신이나 노트 내용, 전화 통화 내용의 사본을 만들어 날짜 순으로 파일 폴더에 정리해 둔다. 날짜 순으로 된 폴더와 특정 사안에 관한 파일을 상호 참조한다면 금상첨화다. 작은 일정표에 중요한 날짜를 표시해 둘 필요도 있다. 소프트웨어 프로그램 중에 그런 기능이 있는 것이 많지만 컴퓨터를 늘 이용하지 않는 사람에게는 큰 소용이 없을 수도 있다. 답변을 주어야 하거나 필요한 조치를 취해야 하는 서신, 다른 사람에게 업무 내용을 지시하는 메모를 기록한 서신은 사본을 만들어 문서 보관함에 날짜별로 보관한다. 그 파일을 날마다 검토하여 적절한 조치를 취했는지 확인한다. 이러한 체계로 관리하면 거의 완전하다.

  회의를 개최할 때는 당사자들에게 안건을 기록하도록 권유하여 모두가 동의한 다음 시작한다. 그렇게 하면 회의를 알차게 진행할 수 있다. 중요한 회의라면 서기를 지명하거나 자신이 직접 회의록을 작성한다. 회의록 작성자는 무슨 내용을 논의했으며, 누가 어떤 사안에 대해 동의했는지 상세히 기록한다.

  사람들은 대부분 회의록을 작성하는 일이 중요하다는 점을 알지 못하고 하찮게 여기는 경향이 있다. 그러나 그렇지 않다. 회의록은 현장에서 논의된 내용을 기록한 것으로서 만일의 경우 증거 자료가 될 수도 있다. 모든 것을 회의록에 기록해 둔다. 참석했던 사람들에게 회의록 사본을 보내 주고 그 내용을 읽어 보도록 권장한다.

  단체에서 일을 시작한 입장이라면 서기 역할을 해 보는 것이 좋은 경험이 될 것이다. 모든 것을 기록하다 보면 진정으로 배우는 것이 많을 것이다. 배우고자 하는 자세 또한 중요하다.

  단체의 회장이나 지도자 역할을 하게 된다면 서기와 가장 친하게 지내는 것이 좋다.

로비스트에 대한 태도

로비스트에서 장관으로 전환하는 것은 꽤 어려운 일이라는 점을 알게 되었다. 로비를 목적으로 나를 만나러 오는 사람들은 "기록하지 않아도 되나요?" 하고 묻는 일이 많다.

로비스트라면 응당 로비 대상자의 일정에 맞추고 필요한 내용은 기록해야 한다. 사람에 따라 이해하는 각도가 다르기 때문에 같은 말도 달리 이해할 수 있다. 그렇기 때문에 다른 사람에게 뭔가를 부탁하는 사람들은 자신의 의사가 제대로 전달되기를 바라는 마음으로 해당 내용을 기록해 주기를 원한다. 그러나 로비스트가 아닌 입장에서 그럴 필요가 없다는 것을 느꼈다. 평소에 기록하던 습관을 접어두고 하루는 나를 찾아온 사람에게 이렇게 말했다. "내가 말한 것을 어떻게 다 기억할 수 있죠? 기록해서 나중에 보내 주세요. 그러면 제가 약속한 내용을 기억할 수 있을 겁니다."

자신의 건강은 스스로 챙겨라

이따금씩 피곤해지거나 아프거나 무기력해지는 것은 보통 있는 일로서 특별한 이상은 아니다. 그러나 그런 느낌이 잦으면 혹시라도 몸에 이상이 있는 것은 아닌지 검사해 보는 것이 좋다.

✠ **육체적**인 건강에 신경을 써야 한다. 적당한 체중을 유지하고, 잠을 깊이 자며, 의사의 조언을 받아들이고 따른다.

✠ **감정**을 잘 다스려야 한다. 자녀와 손자, 손녀를 사랑하고, 부모를 공경하며, 친구를 귀하게 여기되 자신만의 공간을 지킬 줄 알아야 한다.

✠ 늘 **창조성**을 유지해야 한다. 지나친 욕심에 사로잡혀서는 안된다. 아름다운 그림이나 음악을 감상하고 좋은 책을 읽는다. 무언가를 만들어 보는 것도 좋다. 케이크 만들기, 퀼트, 시 창작, 정원 가꾸기 등 무엇이든 좋아하는 일을 한다. 꿈꿀 시간을 갖는다.

✠ **지적인 면**도 가꾸어야 한다. 읽고 듣고 분석하고 토론하는 것이 좋다.

피곤하고 지치면 많은 일을 할 수 없다. 기분 전환을 위하여 하루 한 잔 정도의 와인을 즐기는 것은 좋지만 지나친 음주는 삼가는 것이 좋다. 어제 마신 술로 인하여 오늘 업무에 지장이 있어서는 안된다. 상쾌한 기분으로 아침을 맞이하지 못 할 정도로 술을 마시는 것은 좋지 않다.

물을 많이 마시고 야채를 많이 섭취해야 하며 스낵이나 간단한 음식으로 끼니를 때우지 말며 가벼운 걷기 운동이라도 매일 해야 한다. 업무상 출장이 잦을 경우에는 편안한 신발과 간편한 운동복을 갖추어 다니도록 한다.

건강에 관하여 편안하게 상담할 수 있는 좋은 의사를 찾는다. 자신의 건강 상태에 관한 정보를 듣는 것만으로도 의사를 만날 가치는 충분히 있다. 건강이야 말로 성공을 위한 가장 중요한 동반자이기 때문이다. 자신의 건강 상태와 관련된 정보를 찾아 읽고 의료적인 처방에 관해서도 알아 두면 의사와 대화할 때도 보다 구체적인 질문을 할 수 있게 된다. 신뢰 관계를 쌓을 수 있는 사람이 좋은 의사다. 남자든 여자든 돈만 밝히는 의사라면 시간을 낭비할 필요가 없다.

정치 혹은 사회 활동에 있어서 가장 활발한 여성은 시간을 아주 중요하게 여긴다. 자신을 돌보는 시간, 성공을 위해 꿈꾸는 시간, 건강을 위한 시간을 잘 활용해야 한다. 자신을 제대로 돌보지 못하면 그 대가를 치러야 할 수도 있다.

1992년도에 조안이 빅토리아 주지사를 퇴임했을 때 과중한 업무와 언론의 집중적인 관심에서 벗어나자 건강 상태가 급격히 악화되었다. 체중이 늘고 관절염까지 생겨 두 번이나 넘어져 뼈가 부러지는 바람에 12개월 동안 외출을 못한 적도 있다. 극도의 피로에 시달렸다.

모이라가 1994년 기회 균등 위원회 위원을 그만 두었을 때 그녀는 믿기지 않을 정도로 피로에 지쳐 잠을 이루지 못할 지경이었다. 그녀는 법률 자문, 저술 활동 및 신문 컬럼 쓰기, 강연 등 여러 가지 활동을 했는데, 그녀 역시 체중이 늘고 두 번 넘어져 갈비뼈와 발목 뼈가 부러졌고 당뇨병을 얻었다.

우리 두 사람이 비슷한 경험을 한 것은 우연이 아니다. 그 당시에는 지금 여기에서 말하고 있는 사항들을 지키지 않고 있었던 것이다. 우리의 경험에 비추어 볼 때 오랜 세월 일과 싸우느라고 지치게 되면 어느 순간에 '이젠 더 이상 못하겠다' 는 자포자기 상태에 빠지게 된다. 그럴 때는 다음과 같은 사항을 유념하여 실천하는 것이 좋다.

✤ 건강을 축적하라.

✠ 날마다 운동, 물리 요법, 심리 요법 등을 통하여 체중을 조절하고, 척추를 튼튼히 하며, 우울증에 빠지지 않도록 하는 등 기본적인 건강 문제를 관리한다. 건강에 문제가 있다고 생각되면 지압사나 자연 요법 전문가를 찾아 치료를 하거나 필요한 경우 수술도 한다. 이러한 문제는 미룰 사안이 아니다.

✠ 생활의 균형을 재조정한다. 조안은 남편과 함께 밴을 구입하여 휴일이면 여행을 다니고 해마다 두 달간의 원정 여행을 떠난다. 모이라는 매주 하루나 이틀은 집을 떠나 일을 한다(그것을 휴가로 여긴다).

✠ 사랑하는 사람들과 함께 시간을 보낸다. 함께 있을 때는 남을 헐뜯거나 흉보거나 불평 불만을 늘어놓지 않는 것이 좋다.

✠ 요리하는 것을 배운다.

✠ 지나친 활동은 삼가고 할 수 있는 정도의 활동만을 유지한다.

✠ 웬만한 일은 가급적 사양하고 벅차다고 생각되는 일은 관여하지 않는다.

재정 관리

대부분의 여성들은 돈이 없어 걱정을 하면서도 돈 관리를 제대로 하지 못하는 경우가 많다. 개인 수입이 있어 필요한 일에 돈을 쓸 수 있다면 이상적일 것이다. 그러나 그렇게 하지 않는 사람이 많고 하려는 의지도 없는 경우가 많다. 웬만한 결제는 당당히 나서서 할 수 있고, 일을 그만 두고 난 후에도 궁핍하지 않게 살아가는 것이 매우 중요하다. 힘을 발휘하기 위해서는 경제력이 있어야 하며, 그러기 위해서는 자신의 재정을 관리해야 한다. 돈을 벌 생각을 하기 전에 돈에 관한 자신의 태도를 돌이켜 본다.

재정 관리를 잘 하려면 두 가지 기본적인 요소를 갖추어야 하는데 둘 중 하나가 없으면 나머지 하나도 쓸모가 없다. 두 가지 요소란 돈에 관한 자세와 믿음 그리고 기술과 지식이다.

자세와 믿음

우리의 잠재 의식 중에는 강한 믿음이 내재되어 있는 경우가 많은데, 그러한 믿음은 평소의 의식으로는 인식하지 못할 뿐만 아니라 노력이나 욕망으로는 변경하기 어렵다. 잠재 의식은 일상의 삶 속에서 여러 가지 양상으로 드러나기 때문에 주변에 일어나는 일들을 살펴보면 잠재 의식의 내용을 알 수 있다. 다행인 것은 잠재 의식 중 부정적인 태도는 지워 버리고 새로운 태도를 주입할 수 있다는 점이다.

잠재 의식은 어린 시절에 보고 들은 것들로 인하여 형성되며, 돈과 관련된 내용은 문화적 환경과 성장 환경에 의해 영향을 받는다. 예를 들어 영어권의 많은 사람들은 돈에 관한 이야기를 대체로 꺼리는 반면 유럽 사람들은 가족끼리도 돈에 관하여 스스럼없이 이야기한다. 아시아 사람들은 대체로 열심히 일해야 돈을 벌 수 있다는 인식을 가지고 있는 데 비해, 호주 사람들은 대체로 포커 게임이나 카드 게임에서 돈이 따른다고 생각한다(사실이 그런 것은 아니다).

돈에 관하여 잘못 입력된 의식 가운데는 다음과 같은 것들이 있다.

✠ 24시간 운영하는 슈퍼마켓 옆에 살면서도 찬장에 통조림 음식을 가득 쌓아 둔다. → 귀한 줄을 모름

✠ 돈이 들어오자마자 써 버린다. → '다시는 돈 구경을 못 할 것 같은 두려움' 때문에

✠ 과소비를 한다. → 위와 같은 증상

✠ 신용 카드를 과도하게 사용한다. → '나는 저축할 능력이 없으니 지금 사야 한다'는 강박관념

✠ 예산을 세우는 일이 죽기 보다도 싫다. → '내가 가진 돈이 너무 적다는 것을 확인하는 것이 두려워서'

✠ 돈을 멸시한다. → '돈은 악의 근원'이라는 생각 때문에

✠ 돈 많은 사람을 경멸한다. → '부자들은 모두 구두쇠, 사기꾼, 욕심쟁이'라는 생각 때문에

✠ 금전과 관련한 중대한 결정에 대해서는 책임지지 않는다. → '돈을 쓸 일이 생길 때까지 그저 은행에 예치해 둔다'

✠ 자금 관리는 전적으로 다른 사람에게 맡긴다. → '내 돈은 남편이

관리해요.'

✠ 싫은 일을 억지로 하는 느낌이다. → '수입이 좋거나 직업에 만족하기는 하지만 둘 다는 아니다.'

이러한 생각은 재정적 안정에 위협이 된다. 부자들은 모두 사악하다는 의식을 밑바탕에 깔고 있으면 돈을 잘 관리하는 데 도움이 되겠는가? 가난한 사람에게만 도덕성이 있는가?

1960년대 이전에 출생한 여성들은 부정적인 생각을 갖고 있는 경향이 많아서 그런 생각들을 딸들에게도 의식적으로 물려준다. 예를 들어 다음과 같은 의식들이다.

✠ 돈 버는 것은 여자들이 할일이 아니다.

✠ 여자들은 천성적으로 계산에 약하다.

✠ 여자들은 돈, 재정, 경제에 관하여 쉽게 싫증을 느끼고 이해하지 못한다.

✠ 맞벌이 집안에서 여성의 수입은 부차적인 것이기 때문에 하찮은 것에 불과하고 관리할 가치가 없다.

✠ 여자들이 번 돈은 집안일이나 아이들 키우는 일에 쓸 일이지 투자할 가치는 없다.

✠ 여자들이 하는 일은 별 가치가 없는 일이기 때문에 임금을 적게 받아도 괜찮다.

✠ 이미 큰 돈을 가지고 있는 남자만이 투자해서 부자가 될 수 있다.

이러한 내용에 대하여 의식적으로 동의하는 사람은 극히 적겠지만 많은 여성들의 실제적인 삶을 보면 그러한 생각이 상당 부분 보이지 않게 작용하고 있다는 것을 알 수 있다. 적은 수입으로도 살림을 꾸려나가고 해외 여행까지 하는 사람들이 있는 반면 다른 사람보다 네 배나 많은 수입을 가지고도 늘 쪼들리게 사는 사람들이 있는데 이는 돈에 대한 마음가짐에 따라 좌우된다. 복권에 당첨되어 막대한 돈을 거머쥔 사람들이 5명 중 4명 꼴로 5년을 넘기지 못하고 이전의 형편으로 되돌아가는 것도 그런 이유 때문이다.

돈에 대한 태도를 바꾸는 방법은 여러 가지가 있다. 시중에도 좋은 책이 많이 있으며 방법 또한 많다. 명상, 상담, 자기 확신, 스케줄 요법, 신경 언어학 프로그램 등 도움이 될 수 있는 방법은 무수하다.

잠재 의식 차원에서 노력하는 방법 외에도 의식적인 차원에서 행동을 취함으로써 돈에 대한 태도를 향상시키는 것도 중요하다. 다음과 같은 노력이 필요하다.

✠ 자신의 돈에 대한 책임은 자신이 진다. 작은 금액부터 관리하기 시작한다.

✠ 쪼들리고 두려워하는 태도에서 벗어나 부유하고 풍족한 삶에 초점을 맞춘다. 보잘 것 없는 형편이라도 자신이 소유하고 있는 것과 그 동안 성취한 일을 뿌듯하게 여긴다.

✠ 돈이 있어서 도움이 되는 것이 무엇인지 정리해 본다. 돈이 있다면 무엇을 할 수 있는가?

✠ 뚜렷한 목적을 세워 돈을 보다 잘 관리할 수 있는 동기로 삼는다. '방법' 이나 '당위성' 보다는 '이유' 가 훨씬 중요하다.

✠ 창의적인 시각화를 활용하여 목표를 수립하고 성취하는 그림을 마음 속에서 정기적으로 그려 본다.

✠ 시간과 공간을 구체적으로 하여 계획을 세운다.

✠ 스스로 약정을 하고 그 내용에 충실하되, 충분히 달성하지 못하는 경우에도 실의에 빠지지 않는다. 죄책감은 별 소용이 없는 습관이다.

✠ 돈에 관한 과거의 행동과 습관은 과거로 묻어 두고 현재에 충실한다.

✠ 공익을 위해 돈을 쓰겠다는 다짐이 필요하다. 예를 들어 불우 이웃을 돕는 데 쓰겠다고 생각하면 돈은 곧 나쁜 것이라는 생각을 완화시키는 효과도 있다.

✠ 경제적으로 안정과 풍요를 누리면서도 존경할 만한 인물을 모델로 삼는다. 그 사람들의 생활을 교훈으로 삼고 본받는다.

✠ 자금 관계로 자문을 얻을 수 있는 모임 또는 사업 조직에 회원으로 참여한다.

조안이 재정 상담가를 찾아가 퇴직 수당을 어떻게 활용할 것인지 조언을 듣고자 한 적이 있는데, 상담가의 질문에 당혹한 적이 있다. "얼마나 더 오래 사실 것 같습니까?" 평소에는 살 날이 얼마 남았는지 생각해 본 적이 없기 때문에 당황할 수밖에 없었다. 다만, 통계적인 평균 수명이 86세이므로 앞으로 30년쯤 남았다는 것을 알게 되었다. 상담가는 "슈퍼마켓을 운영하는 데 투자하는 것이 좋을 것 같다"는 의견을 주었다.

기술과 지식

재정적인 자유를 누린다는 것은 사람마다 그 의미가 다르지만 기본적인 공통점은 있다. 자신이 어디에 있으며 어디로 향하고 있는지 알지 못하면 재정 관리를 제대로 할 수 없다. 재정을 관리하는 데 도움이 되는 두 가지 훈련 항목이 있다.

훈련 1 - 나는 지금 어디에 있는가?

펜과 메모지를 준비하고 한 나절 가량 생각할 시간이 있어야 한다. 자다가 일어나 돈에 대한 걱정을 하는 것보다 현재의 재정 상태를 확실히 알고 있는 것이 좋다. 그러니 이 훈련은 빨리 할수록 좋다.

우선, 아무리 적고 고정적이지 않더라도 모든 수입 금액을 적는다. (이것마저 모른다면 문제가 심각한 것이다) 주급을 받는다면 매 주마다 산출해 보고, 격주로 급여를 받는다면 격주로 계산해 본다. 수입이 부정기적이라면 한 해의 수입을 12로 나누어 1개월의 수입으로 계산한다.

재정 도표를 완성하려면 가지고 있는 것을 모두(주택, 차량, 기타 자산) 기록하고 저축(없으면 없는 대로)과 부채도 기록한다. 다음으로 예산을 창출하기 위한 그림을 그린다.

예산을 제대로 수립하려면 다음 사항을 갖추어야 한다.

● 예산의 전체적인 윤곽은 지나치게 깡마르지 않고 알맞게 다이어트에 성공한 듯 해야 한다.

● 융통성을 갖추어서 돌발적인 상황을 대비한다.

재정 관리

◑ 현실적이어야 한다. 애완견 사료로 50달러가 필요한데 20달러를 예산으로 잡아 놓으면 불쌍한 강아지는 굶주리게 된다.

◑ 좋아하는 일에도 얼마간의 예산을 책정한다.

◑ 단기간(예를 들어 한 달)에 대해서만 설계를 하여 실행해 본 다음 그 효과가 얼마나 큰지 검토할 수 있도록 한다. 기록 및 영수증을 보관하여 검토하기 쉽도록 하고 정기적으로 분석해 본다.

◑ 지출은 두 분야로 나누어 정리한다. 하나는 필수적인 항목(식비, 전기 사용료 등)이고 다른 하나는 선택 항목(영화, 여행, 음악회)이다.

◑ 비용이 많이 들지 않으면서도 삶을 풍요롭게 하는 요소들, 즉 탁상 위의 꽃이나 매일 아침 질 좋은 커피 한 잔 마실 비용을 필수 항목에 포함시킨다. 그렇게 하면 보다 활력을 가지고 풍요로운 삶을 향해 나아갈 수 있다.

◑ 필수 항목에는 무엇보다도 먼저 목표를 향해 적립할 금액을 포함시킨다. 한 달에 3만 원이라도 좋다. 아무리 작은 금액이라도 어쨌든 저축하는 것이며 자금을 관리하는 것이다.

◑ 신용 카드 지출에 관한 내용도 정기적으로 빼놓지 말고 관리한다.

예산이 맞지 않아 수입보다 소비가 많을 경우 두 가지 가능성이 있다. 소비를 줄이고 수입을 늘려야 한다. 소비를 줄이기가 곤란한데(예를 들어 애완견을 포기할 수 없어 그에 따르는 소비를 줄일 수 없는 경우) 당장 수입을 늘일 길이 없다면 다른 선택을 해야 한다. 시간을 보다 알뜰히 나누어 써서 수입을 올릴 기회를 만든다.

훈 련 2 - 내가 가고자 하는 목적지는 어디인가?

 돈 자체에 특별한 가치가 있는 것은 아니며 내 손에 들어온 돈을 어떻게 사용하느냐에 따라 가치가 결정되는 것이다. 따라서 진정으로 원하는 소망, 즉 특정한 목표를 찾기만 한다면 그것을 이루기 위해 행동하는 것이다. 목표로 하는 것을 기록해 두고 계속 기억한다.

 목표는 다음과 같은 것이어야 한다.

- 정열을 바칠 수 있는 대상이어야 한다.
- 긴 세월이 걸리더라도 이룰 수 있는 것이어야 한다.
- 단기 목표(3년 이하)와 장기 목표(3년 이상)를 함께 잡는다. 장기 계획은 단계를 나누어 관리하면 편하다.
- 일정을 첨부하여 체크한다. 그렇지 않으면 단순한 희망 사항으로 그칠 수 있다. 그러나 정한 날짜에 맞추어 목표를 이루지 못했다 해도 전혀 문제될 것은 없다.
- 2~3개월 주기로 검토하여 여전히 그 목표가 유효한 것인지 아니면 날짜를 조정할 필요는 없는지 결정한다.
- 지나치게 구체적으로 계획할 필요는 없다. 달력의 날짜마다 이루어야 할 목표를 기록하는 것은 오히려 흥미를 떨어뜨릴 수 있다. 목표를 세우는 일이 어려우면 그저 꿈꾸는 내용을 기록하기만 한다. 거기에 추가로 날짜를 덧붙이고 성취를 위한 단계를 정하면 그것이 목표가 된다.

공동으로 관리할 경우

재정을 공동으로 관리해야 할 경우 또는 부양해야 할 사람이 있을 경우에도 기본적인 상황은 같다. 예산을 수립하고, 목표를 설정하고, 저축을 한다. 그러나 현재 처한 상황을 분석하고 미래의 계획을 세우는 일을 함께 해야 한다. 그러나 반드시 염두에 두어야 할 점이 있다.

사람은 저마다 자라온 환경이 다르고 가정마다 돈에 관하여 생각하는 바가 다를 수 있으므로 그 점을 무시하거나 시간이 지나면 자연히 해결되리라고 생각하다가는 큰 충돌이 일어날 수 있다. 그런 문제가 발생하지 않도록 하려면 돈 문제와 현금 활용에 관한 서로의 생각을 터놓고 이야기하는 것이 좋다.

✠ 감정이 언짢은 상태가 아닐 때 시간을 내서 돈에 관한 생각을 교환한다.

✠ 공동으로 재정을 관리하는 일이 공정하게 되어 가는지 판단해 본다. 보편적인 목표를 염두에 두고 생각한다.

✠ 동업자나 소규모 기업처럼 여기고 감정을 자제하며 이야기한다. 돈 문제를 이야기하는 도중 다툼을 피할 수 없을 것 같으면 상담가나 중립 위치에 서 줄 수 있는 다른 사람을 세워 중재를 부탁한다.

✠ 공동 계좌를 가지고 있을 경우, 일정 금액 이상 인출할 때는 서로 동의를 받도록 한다.

✠ 공동으로 투자할 경우, 한 사람이 아닌 공동의 명의로 해 두어야 만약의 경우 분쟁이 발생하더라도 정리가 쉬울 수 있다.

✠ 동업자가 서명을 요구할 때는 그 내용이 무엇인지 확실히 파악

해야 한다. 특히 보증, 대리 위임권, 공동 대출에 관한 서류인 경우 확실히 판단할 필요가 있다.

✤ 동업 관계가 성립되기 이전의 소유물에 대해서는 별도의 소유권을 가지고 있는 것이 좋다. 가족과의 관계에서도 마찬가지다.

수입이 많은 사람이 공동 재정의 결정권을 전적으로 가져야 한다거나 최종 결정권을 가져야 한다고 생각하는 경우가 많은데 이는 잘못된 생각이다. '합작'이란 말은 힘을 합하여 공동으로 일을 전개하는 것을 말하는 것이므로 동등한 권리가 있다는 점을 염두에 두어야 한다. 상대방보다 적게 벌든 아니면 아예 버는 것이 없든 동업 관계에 대한 공헌의 가치는 변함이 없다. 여성이 집안 일을 돌보고, 자녀를 양육하고, 부모를 봉양하고, 업무와 관련된 사람들을 접대하지 않는다면 그런 일을 대신 해 줄 사람을 고용하여 대가를 지불하거나 아니면 돈 버는 일을 포기해야 할 것 아닌가? 따라서 여성도 동등한 파트너로서 자산을 구매하는 등 재정적인 처리와 관련한 결정권이 있다.

가능하면 독립성을 유지한다. 지혜로운 접근 방법이 몇 가지 있다.

✤ 자신만의 은행 계좌나 카드 계좌를 가지고 책임 있게 운영한다.

✤ 공동 자금 운영을 어떻게 할 것인지 구상한다. 예를 들어, 모든 참여자가 동일한 액수 만큼 투자할 것인지 아니면 수입에 맞추어 비율을 달리 할 것인지를 결정한다. 어떤 결정이든지 모두가 공정하다고 생각되는 방안이 공정한 것이다.

✤ 비용 중에서 어느 부분을 공동 부담하고 어느 부분을 개별적으로 책임질 것인지 결정하고, 자신의 몫으로 결정된 부분에 대해서는

책임을 진다.

✖ 파트너에게서 받아야 할 것은 받는다.

소의 젖을 짜듯이

돈을 관리하는 것은 소의 젖을 짜는 일과 같다. 기술이 있고 예민하게 다룰 수 있는 능력이 있으면 양동이는 금방 가득 찬다. 그러나 서툴게 다루다가는 우유는커녕 발길질만 당하게 된다.

금융 체계가 어떤 요소에 의해 어떻게 움직이는지에 관한 모든 내용을 익힌다. 은행, 주택금융조합, 세금, 노후 연금, 정부 수익과 지원 체계, 투자에 관한 모든 것을 알아야 하고, 사업을 할 생각이면 다양한 사업 구조와 그 이익 관계를 알아야 한다.

돈을 맡길 곳을 잘 검토해 본다. 은행 잔고 증명서를 살펴 보고 은행 청구 금액으로 얼마를 지출했는지, 이자로 얼마가 늘었는지 계산해 본다. 청구 내용에 따라 별도의 계정을 만들어 관리한다.

한 해 동안의 청구 내용을 합산하고(예상 외 내용 포함) 그 금액을 충당할 재정을 별도로 확보해 둔다. 확보해 둔 금액은 절대 다른 목적으로 사용하지 않는다. 청구서에 대한 지불은 필수라고 생각해야 한다. 여러 계정을 검토해 보고 각각 얼마의 비용이 발생할 것인지 예측한다. 내용이 혼란스러우면 천천히 살펴 보면서 충분히 이해될 때까지 따져 본다.

빨리 하는 것이 중요한 것이 아니라 편안한 속도로 배우는 것이 중요하다. 하루 아침에 모든 것을 알 수는 없지만 하나 하나 깨우쳐 가다 보면 돈의 기능을 점차로 많이 알게 되고 무엇보다도 내가 가진 돈으로 무엇을 할 수 있는지 알게 된다.

    돈에 관한 문제를 다루는 것이 적성에 맞지 않고 지루하게 느껴진다면 재정 상담가의 도움을 받을 수도 있다. 그럴 경우, 상담가를 신중하게 선택해야 한다. 특정한 재정 상품을 판매하고 소속 회사에서 대가를 받는 사람도 있는데 그런 사람들은 자신에게 유리한 방향으로 상담을 이끌어갈 수도 있다. 따라서 실력 있고 독립 운영을 하며 전문가 그룹에 속한 사람으로서 여성들의 필요 사항, 특히 자신이 필요로 하는 내용을 잘 이해할 수 있는 사람을 택하는 것이 중요하다. 재정 상담가를 활용하고 있는 사람 중에 재정 현황이 건전한 사람을 알고 있으면 그에게 추천을 받는 것도 좋다.

    전문가의 조언을 활용한다 하더라도 자신의 돈을 관리할 책임과 권한은 자신에게 있다는 사실을 확실히 염두에 두어야 한다. 알고 있는 상식을 충분히 활용하고 가능하면 많이 배운다. 상담가는 돈을 활용할 수 있는 여러 가지 선택 사항을 추천하고 조언을 해 주겠지만 최종 결정은 자신이 내려야 한다. 재정 상담가가 모든 책임을 지는 것은 아니다. 관리 책임을 포기한다면 재정 독립의 목적인 자신의 삶에 주인이 되는 길을 포기하는 것과 마찬가지다.

    자세히 알아 두어야 할 금융 체계의 한 부분은 신용 카드다. 가능하면 빨리 결제하고 과용하지 말라는 내용은 누구나 알고 있는 권장 사항이다. 신용 카드 사용에 문제가 있다면 부정적인 잠재 의식에서 비롯된 문제일 가능성이 있다. 자제할 것은 자제하면서 신용 카드를 관리해야 할 것이다. 다음은 신용 카드 관리에 필요한 조언의 내용이다.

✤ 꼭 필요하지 않은 카드는 가위로 잘라 버린다.

✠ 신용 카드를 집에 두고 다닌다. 그렇게 하면 '꼭 사고 싶은' 물건을 보았을 때 냉정히 생각할 시간을 갖게 된다. 집으로 돌아오는 시간에 그 물건이 정말 필요한지 충분히 생각해 볼 수 있다.

✠ 신용 카드를 그릇에 넣고 물을 담아서 냉동실에 집어 넣는다. 그렇게 하면 충동 구매를 할 수 없게 되고 가위로 잘라 버리는 과격한 방법을 사용하지 않아도 된다.

✠ 카드를 하나만 활용한다. 두 개를 가지고 있으면 소비 욕구가 두 배가 될 수도 있다.

✠ 신용 카드를 사용하는 가장 큰 목적을 작은 종이에 적어 지갑 속에 넣어 둔다. 그렇게 하면 카드를 사용할 때마다 그 목적 달성이 늦어진다는 생각에 함부로 사용할 수 없게 된다.

✠ 하지 않아도 될 만한 소비가 무엇인지 따져 본다. 예를 들어 일주일에 두 번 외식하는 것을 한 번으로 줄일 수도 있다. 일년 동안 그렇게 한다면 꽤 많은 금액을 절약할 수 있다.

✠ 마지막으로 이 점을 기억하기 바란다. 진정한 변화를 원한다면 경제 활동에 뛰어든다.

스스로 재정을 관리하고 시간을 관리해야 삶의 질을 향상시킬 수 있다. 카드를 사용하여 새 옷을 사고 나중에 결제를 염려할 것인가 아니면 절약해 두었다가 꼭 필요한 일에 사용할 것인가를 스스로 판단하여 결정해야 한다. 스스로 재정 관리를 하지 못한다면 전기 요금을 내지 못하고 미루다가 전기 공급이 끊기기 직전에 가까스로 요금을 지불하는 등 쫓기며 살다가 결국 자신의 목표와는 멀어지고 말 것이다.

낙천적 성품 함양

어려운 일도 있을 것이나 지나치게 필사적으로 노력만 하는 것은 뭔가 문제가 있는 것이다. 일을 재미있게 해 나갈 줄 알아야 한다. 유머 감각도 발휘하여 친구나 동료들과 함께 어울리고, 필요한 경우에는 반대자를 상대할 때에도 유머를 발휘하면 효과적일 수 있다. 유머가 무기보다 더 효과적인 경우도 있다.

끈기와 용기

권력을 갖추고 유지하는 것은 어려운 일이며 그것을 유지하는 동안은 끊임없이 노력해야 한다. 승리하거나 패배하거나 싸움은 포기하지 말아야 한다. 무엇이든 맹목적으로 받아들이지 말고 여성의 권력 소유를 좌절시키는 말에 현혹되지 말아야 한다. 여성은 권력을 제대로 활용하지 못한다거나 권력을 가져도 결국 아무 것도 해내지 못한다는 말 등에 현혹되지 말아야 한다.

때에 따라서는 패배할 수도 있다. 중요한 것은 최선을 다하는 자세를 잃지 않는 것이다. 권력이 누군가를 속인다면 그 결과가 어떤지 알게 해 주어야 한다. 나아가 싸우고 다른 방법으로 다시 싸울 기회를 찾는 노력을 기울여야 한다. 스스로를 보호하고 비난에 대해 지혜롭게 대처하는 것을 배우며 낙천적인 성품과 목적 의식을 잃지 않도록 해야 한다. 비난에 대하여 정치적으로 또는 전문가답게 대처하며 개인 감정으로 대하지 말아야 한다.

사·례·연·구

개인적인 일도 정치적인 일

조안 커너가 주지사가 되고 나서 6개월간 '헤럴드 선(Herald Sun)'

의 만화가인 제프 훅(Jeff Hook)은 조안을 그릴 때 물방울 무늬 치마를 두르고 있는 피곤한 가정 주부로 묘사했다. 그것이 조안과 가족들에게 매우 언짢은 일이었다.

조안은 그저 개인적인 일로 여겨 아무런 대응을 하지 않았는데 그것은 큰 실수였다(원숭이도 나무에서 떨어질 때가 있지 않은가). 그녀는 연설 도중에 그 만화가 정말 마음에 들지 않는다는 의사를 표명하기까지 했다. 그러자 그 만화가와 해당 신문의 편집자는 신이 나서 더 심하게 표현하기 시작했다. 조안은 자신이 풍자 대상이 되고 있다는 것을 알게 되었다. 하루는 그 만화가에게 따졌다. "왜 이렇게 표현하는 것이죠? 나는 물방울 무늬 치마도 입지 않고 하루 종일 피곤이라고는 모르고 생활합니다."

그는 이렇게 대답했다. "아, 예. 저는 남성 정치인들은 많이 그려 봤지만 여성 정치인을 표현하기는 처음이라서 어떻게 해야 할지 몰랐어요"

그 순간 조안은 깨달았다. 그 만화가와 편집자는 편견을 가지고 조안을 묘사한 것이었다. 그들은 조안과 같은 여성 정치인의 활동을 못마땅하게 여겼는데 그녀를 개인적 차원에서 우스꽝스럽게 묘사함으로써 교묘하게 공격한 것이었다.

그 이후 조안은 개인적인 것으로 보이는 일도 정치적일 수 있다는 판단으로 그에 대처하기 시작했다. 공장도 방문하고 대중 연설도 하며 유머 감각을 발휘하는 모습을 언론에 자주 공개했다. 그리하여 결국 이미지를 일신할 수 있었다. ♣

무엇이 강한 힘을 보여 주는지를 확실히 알아야 한다. 과격한 것이 곧 힘은 아니다. 주변에 지지 세력을 많이 확보해 두어 언제든지 힘을 얻고 용기를 얻을 수 있도록 한다. 두려움에 대처하는 방법도 익힌다.

두려움은 위험에 처해 있음을 알려 주는 자연적인 현상이다. 두려움은 위험으로부터 스스로를 보호하기 위한 안전 장치의 일환이지만 그것이 지나쳐서 사람을 위축되게 하고 그 결과 위험에 제대로 대처하지 못한다면 역효과로 작용하는 것이다.

적극적인 자세로 두려움에 대처한다. 상황이 어떻든지 어려움을 헤쳐 나가기가 그리 불가능한 것만은 아니다. 정말 어려울 때는 잠시 시간을 두고 숨을 돌리다 보면 위기는 지나간다. 마침내 권력을 획득한 다음 '이겨내지 못할 일은 없었다' 고 당당하게 말할 수 있게 될 것이다.

"용기 있는 자는 한 번 죽고, 비겁한 자는 천 번 죽는다" 는 말도 있지 않은가. 용기란 죽음의 위협에도 불구하고 할 일을 하는 것이다. 두려움을 극복하는 것은 죽은 다음 국가 차원에서 훈장을 받기 위한 것이 아니다. 두려움을 극복하는 것은 곧 자신의 두려움을 뛰어 넘고 사람들의 편견을 극복하고 해야 할 일을 위하여 다음 단계로 거침없이 나아가는 것을 말한다. 그러려면 자신이 가지고 있는 두려움의 실체를 알고 올바르게 대처해야 한다.

✠ 두려움의 실체를 규명한다.

✠ 자신에게 일어날 수 있는 최악의 상황 세 가지를 기록해 보고 그 내용을 크게 말해 본다.

✠ 두려워하는 대상이 무엇이든지 그것을 시각화해 보고 필요하면

친구와 함께 그 상황을 가정해 본다.

✠ 두려워하는 내용과 관련된 일에 직접 뛰어들어 행동한다.

✠ 두려워하는 일이 발생할 경우 어떻게 대처해야 할 것인지 미리 계획을 세워 둔다.

✠ 두려워하는 대상에 대한 대책을 제대로 세웠는지, 아니면 아무 대책이 없는지 친구와 더불어 점검해 본다.

교도소 블루스

기회 균등 위원회에 있을 때 여성 죄수들의 권익을 보호하기 위한 행동을 취하기 직전 나는 오랜 친구에게 전화했다. 생각이 깊은 사람이었다. 그녀에게 내가 하고자 하는 일을 말할 수는 없었지만 여성 죄수들을 남성 죄수들이 있는 감옥으로 이감하려 한다는 루머에 관해 의견을 물었다. 그녀는 단도직입적으로 대답했다. "있을 수 없는 일이지." 내가 물었다. "그 일을 막는 데 힘써 줄 수 있겠니?" 그녀는 그럴 수 있다고 대답했다. 그녀의 태도가 힘이 되었지만 행동은 역시 나의 몫이었고 그에 따른 책임 또한 나에게 지워지는 것이었다. 나는 어려운 결단을 행동에 옮길 준비를 했다.

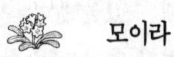

모이라

실망하게 될 경우 그에 대처하고 다시 권력의 길에 접어드는 정신을 배운다. 건전한 가치관을 지니고 있고 자신감이 있으면 무슨 일을 만나든지 의연하게 대처하고 극복할 수 있을 것이다.

● **실 직** 우리 두 사람 모두 정말 좋아하는 일을 하다가 그만 둔 경험이 있다. 그러나 늘 다른 길은 있게 마련이다.

● **실패와 더불어 사는 삶** 특히 가장 원하는 일을 성취하지 못했을 때 좌절감을 맛보게 된다. 당시로서는 최선의 선택을 했다는 점을 늘 되새긴다. 진정으로 최선을 다했는데 성취하지 못한 일이 있다면 결국 세상 모든 것을 마음대로 할 수는 없다는 것을 깨닫는 계기가 될 것이다.

● **얼마든지 있을 수 있는 실수** 젊은 변호사 시절에 모이라는 첫 번째 선 법정에서 중대한 실수를 범한 적이 있다. 모이라의 반대 심문은 지나치게 감상적인 내용이어서 의뢰인은 이길 수 있는 소송에서 패하게 되었다. 증거로 제시된 계좌의 사본에 대하여 모이라가 이의를 제기했다면, 그리고 사전에 충분한 준비를 했더라면 의뢰인은 틀림없이 승소했을 것이다. 카본지를 사용한 계좌의 사본이 증거로 제시되었는데 결국 위조된 것임이 밝혀졌다. 판사는 위조 사실을 알고 재심을 열어 모이라의 의뢰인에게 승소 판결을 내렸다. 그리고 나서 친절하게도 모이라에게 차를 대접하면서 그 사건에 해당하는 법의 핵심 사항을 지적해 주었을 뿐만 아니라, 실수한 것은 잊어버리고 새로운 마음으로 변호사 일을 계속할 것을 권장했다. 모이라는 판사의 말을 따랐다.

위 이야기가 주는 교훈은 아무리 큰 실수라 하더라도 좋은 결과로 열매를 맺을 수 있다는 점이다. 화가 복이 될 수 있다는 이야기다. 이는 어떤 경우에도 마찬가지다.

어떤 역할도 거뜬히

The women's Power

　남성을 채용하거나 남성적인 일을 해야만이 강한 여성이 되는 것은 아니다. 정치 활동이든 사업을 하든 회사원으로 근무하든 여성은 여성이기 때문에 남성과 같을 수는 없다. 애써 남성과 같이 되려고 노력할 필요가 없다. 지금까지 해 왔던 남성 중심적 업무 환경에 적응하려고 애쓸 필요가 없다.

　1996년 호주의 여성 사업가로 선정된 수 바돈(Sue Vardon)은 1996년 2월 14일 여성은 나쁜 관행을 따라서는 안된다고 말했다. 그녀는 나쁜 관행을 남성들의 규칙이라고 규정하면서 "계획과 전략이 근시안적이고, 상사로부터 물려받은 정보와 권위에만 의존하며, 경직되어 융통성이 없고 자기 만족에 빠져 있을 뿐만 아니라 인력의 활용이 빈약하고 팀워크가 부족하여 전체적으로 보아 건설적이지 못한 관행"이라고 말했다.

　그녀가 중요하게 여긴 것은 팀워크와 통합적인 상호 보완 기능 관계, 문제 해결 능력 및 다양한 관리 능력 등이었다. 그러한 능력은 여성들에게만 있는 것은 아니지만 기업의 입장에서는 어쨌든 그러한 능력을 활용하는 것이 상업적으로 유익한 것이다.

　여성의 입장에서 당당하게 일하고 색다르게 일해 보라. 동료나 경쟁자의 입장에 있는 여성에 대하여 비아냥거리는 소리에 주눅들거나 기죽을 필요가 없다. 한 길을 가는 사람에게는 어떤 환경에서도 웃을 수 있는 여유가 있다. 가장 큰 무기는 웃는 얼굴이다. 남성들이 하는 이야기에 지나치게 취하지 말자.

　남성들은 자신들의 잣대로 여성과 남성을 구분한다. 누가 뭐라 해도 색다른 길을 꿋꿋하게 걸어 가자. 일을 열심히 하고 두각을 나타내게 되면 온갖 뒷소리가 끈질기게 따라다닐 것이다. 여성들이라고 해서 모두 여성의 편이 되어 주리라고 기대하지 않는 것이 좋다. 다른 여성들이 잘 나가는 것에 대하여 시기하거나 남성과 다른 방법으로 여성들이 정치나 사업 분야에서 두각을 나타내는 것을 못마땅하게 생각하는 여성들도 있다.

● 페미니스트가 되자

　일단 페미니스트가 되기로 마음 먹었으면 삶의 모든 방식을 다르게 꾸려 보는 것이다. 스스로를 페미니스트라고 부를 수 있는가? 그 대답은 스스로에게 달려 있다. 페미니스트가 되겠다고 애써 의식하지 않고도 페미니스트가 될 수 있다.

　글렌다 잭슨(Glenda Jackson)은 영국 의회에 진출하면서 "나는 여성으로서, 남성들이 지배하는 영역에서 평생을 살아 왔다"고 말했다.

　페미니스트가 된다는 것은 다른 사람들을 염두에 두고 자신의 뜻을 세우는 것도 아니고, 여성들이 무리 지어 유별난 삶과 행동을 보이는 것을 의미하는 것도 아니다. 여성들이 요구하는 것을 남성들에게서 얻어내려 하는 것도 아니다.

　페미니스트가 된다는 것은 여성이 스스로 자신의 일을 결정하는 것이다. 여성으로서 자신의 말을 하고 행동하는 것을 의미한다.

　유엔 인권위원회 고등 판무관인 메리 로빈슨(Mary Robinson)이 말

●●●● 어떤 역할도 거뜬히　153

한 바와 같이 '인생의 작은 흔적'을 남기는 것을 의미한다. 또한 모든 여성들에게 힘을 부여하는 집단적 행동을 의미하기도 한다.

 페미니즘은 조직적인 변화와 관련된 것으로서 남성들로 하여금 세상이 그들만의 공간이 아니라는 것을 깨닫게 하는 일이다.

 페미니즘에는 규칙이 있다. 권력을 공유해야 하며, 기회가 균등해야 하고 정의로워야 한다는 것이다. 다른 사람의 권리를 침해해서는 안되는 것이다.

 페미니즘의 페 자만 나와도 고개를 저으며 자리를 피하는 사람들이 있는데, 그것은 그릇된 이해 때문이다. 즉 페미니스트는 유머 감각도 없고, 과민 반응을 잘 보이며, 배타적이고, 요구하는 것이 많으며, 자기 중심적이고, 무조건 약자 편만 들며, 전투적이라는 구태의연한 인상을 가지고 있기 때문이다. 독단적이라는 인식 또한 부정적인 면으로 비칠 수 있다.

 그런 사람들의 눈에는 페미니스트가 남성을 잡아먹는 머리에 뿔 달린 도깨비처럼 보일 수 있다. 진정한 페미니스트의 모습은 그런 것이 아니라는 점을 우리의 말과 행동으로 보여 주어야 한다.

 페미니즘이 지나치게 자리를 잡고 있다고 말하는 사람이 있는데, 그 사람들은 잘못 이해하고 있다. 무엇이 지나치다는 말인가? 그런 인식을 가지고 있는 사람들은 지금은 대체로 기회가 균등하게 주어지기 때문에 페미니즘을 내세운 적극적인 행동은 불필요하다고 말한다. 그러나 과연 권력을 향한 기회가 여성과 남성에게 균등하게 주어져 있으며, 경제와 지위에 있어서도 동등한 기회와 환경이 주어져 있는가? 도대체 어느 분야에서 그러한 평등이 이루어져 있는가를 생각해 보자. 그와 동시에 우리 여성들이 성취한 일들을 되새겨 볼 필요가 있다.

페미니스트가 된다는 것은 다음과 같은 의미를 지니는 것이다.

✠ 누가 뭐라 해도 자신의 견해를 설명할 수 있어야 하며 설명할 의지가 있어야 하고, 필요하다면 다른 사람들을 설득하고 최소한 자신의 견해를 존중할 줄 알아야 한다.

✠ 나의 일상에서 여성의 특성에 맞추어 변화를 꾀하고 있는 방법은 무엇인지 자문해 본다. 내가 하는 일이 여성계 혹은 위원회나 업계, 조합, 의회 등에 어떤 영향이 끼치는가를 자문해 보는 것이다.

✠ 끊임없이 앞서 가면서 다른 여성들을 이끄는 선도자 역할을 한다.

✠ 모든 문제를 남녀 형평성을 기준으로 따져 본다.

✠ 전체 여성들의 복지를 위하여 자신이 할 수 있는 일이 무엇인지 늘 생각한다.

✠ 남녀 고용 평등법을 수호할 수 있어야 한다. 불평등에 대하여 항의할 권리가 있다는 것은 불평을 해야 한다는 의미가 아니며, 다만, 불평등한 대우를 받아서는 안된다는 의미일 뿐이다.

동등한 기회는 여성의 경험을 고려하는 정책과 실천이 있을 때 보다 효과적으로 실현될 수 있다. 특별한 대우를 받는다거나 특권을 누리기 위해 무리한 요구를 하는 것이 아니다. 여성이 장점을 발휘할 수 있는 기회와 환경을 제공할 때 평등이 실현되는 것이다.

✠ 차별이 당연시되던 과거의 관행을 걷어내기 위하여 주어진 기회를 충분히 이용할 줄 알아야 한다. 장점과 능력 및 가능성을 무시하고 획일적으로 나누어 갖자는 것이 아니고, 여성을 배제한 채 세운 목표를 수정하여 여성과 더불어 함께 가자는 것이다. 간혹 여성들이 힘을

과시하는 것은 그 자체가 목적이 아니라 여성들이 배제되어 있는 현실을 알리기 위한 행동이다.

✠ 적극적인 행동에 대하여 반감을 가진 사람에 대하여 그 근본적인 의도를 설명할 줄 알아야 한다. 현실적으로 나타난 행동 자체가 목적이 아니라, 지금까지 간과되고 묻혀 있어 개발되지 못했던 여성들의 재능을 살려 일상 속에 반영하려는 것이 여성 행동의 진정한 목적이라는 점을 인식시킬 줄 알아야 한다.

도덕적인 문제 뿐만 아니라 경제적인 문제도 연관되어 있다. 재능을 썩히는 것은 사회에 이득이 되지 못한다. 여성의 견해를 무시하거나 하찮게 여기면 생산성이 저하되며 보다 나은 결정이 이루어지지 않는다. 고용 평등이 잘 이루어진 기업이 그렇지 못한 기업에 비하여 생산성이 월등히 우수하다. 생각 있는 여성은 편견을 가지고 여성을 불평등하게 대하고 여성이 성장할 수 있는 기회를 가로막는 기업에 남아 있으려 하지 않는다. 그 얼마나 큰 낭비인가?

사람들은 결코 평등을 당연하게 여기지 않을 것이라는 점을 명심해야 한다. 오늘날 학교를 떠나 사회에 발을 딛는 여학생들이 자신들은 남성과 동등하다고 아무리 생각할지라도 현실은 그렇지 않다. 힘을 지니고 있는 기득권자들이 그들의 안전 지대를 유지하고자 하는 한 평등은 제대로 자라날 수 없다.

힘을 가진 집단에 의하여 따돌림받고 있는 여성 및 남성들을 보라. 그 속에 나 또한 속해 있는 것이다.

젊은 여성들은 평등을 구하는 것이 아니라 존재하고자 한다. 이 점을 항상 경계해야 한다. 언론인이자 1998년 헌법 제정 회의 당시 하원의원이었던 미샤 슈베르트(Misha Schubert)는 "토킹 업(Talking Up)"이라는 책에서 이렇게 썼다.

> 전략과 협력 없이 이루어진 업적은 없다… 노력 없이 권력을 얻는 일도 있기는 하지만, 영향력을 끼칠 만한 일은 배후에 전략이 있었기 때문에 성취된 것이다. 여성들 또한 결국 계획을 세워 움직여야 한다. 우리가 정당한 권력을 얻고자 한다면 순진한 태도만으로는 안 된다. 우리가 권리를 찾고 그 권리를 유지하려면 대중을 움직이는 기술을 배워야 한다… 결국 우리는 긴밀하게 협력하며, 세련된 감각과 굳은 의지로 정치력을 확보해야 한다.
>
>

CHAPTER 4

만능의 재주

The Women's Power Handbook

만능의 재주

권력은 보다 강한 집단이 보다 약한 집단이나 개인을 대상으로 행해진다. 다른 사람과 더불어 어깨를 나란히 하려면 나 또한 보다 강해져야 한다. 여럿이 함께 목소리를 내면 쉽게 무시할 수 없다.

개개인이 불평하는 것보다는 비판 세력이 집단을 이루어 행동하면 사회의 문화를 보다 쉽게 변화시킬 수 있다. 조직의 일원이 되어 그 문화를 터득하고 변화시켜야 할 것이 무엇이며 그 이유는 무엇인가를 규명할 필요가 있다. 다른 여성들 뿐만 아니라 동조하는 남성들과 연대하여 하나 하나 성취해 나가고 다른 사람들이 더 큰 업적을 달성할 수 있도록 도움을 주어야 한다. 혼자서 모든 일을 할 수는 없다. 한 집단의 옹호자들은 누구인가를 이해하고 그에 적절하게 대처할 필요도 있으며, 문화가 안으로부터 바뀔 가능성이 없다면 다른 집단을 구성하여 밖으로부터의 변화를 꾀할 수도 있다.

일하는 여성의 센터(Working Women's Centres) 창립 멤버인 메리 오웬(Mary Owen)은 어느 연례 만찬에서 이런 연설을 한 적이 있다.

> 우리 여성들은 별종의 집단입니다. 우리는 어떤 문제에 대해서도 공통된 견해를 갖고 있지 않으며 선호하는 것도 서로 다르지만, 우리에게는 공통된 것이 있습니다. 우리는 우리의 견해와 선호하는 바가 남성들과 동등한 것으로 인식되기를 바랍니다. 우리는 남성이 되고 싶은 것도 아니고 남성과 똑같이 되고 싶은 것도 아닙니다. 우리는 여성의 문제를 남성의 시각에서 보고 판단한 결과만을 듣고 싶지 않습니다. 모든 문제는 여성과 관련이 있습니다. 영향력 있는 소수의 여성들은 말하는 내용과 실제 행동이 일치하지 않아 본의 아니게 같은 여성들에게 피해를 끼치는 경우도 있습니다. 그런 이유 때문에 우리는 의사 결정권을 가지려고 하는 것입니다.

사·례·연·구

정치력을 발휘하는 어머니들

1969년 멜번의 빅토리아 어머니 클럽 연맹 회의의 회의실에는 400명의 여성들이 모자와 장갑을 착용하고 모여 있었다. 그들은 수 년간 어머니 클럽 운동을 운영하면서 학교 재정 확보를 위한 활동을 효과적인 방법으로 벌여서 신임을 얻고 있는 여성들이었다. 주 전체 차원에서 처음 있는 모임인데 젊은 어머니들이 많이 참석해 있었다.

한 젊은 여성이 안고 있던 아기를 친구에게 잠시 맡기고 연단으로 걸어 나왔다. 그녀는 학교를 위해서는 더 많은 재정 지원과 교사 확보가 필요함을 진정으로 호소했다. 이제는 자녀 교육의 질적 향상을 요구하기 위해 여성들이 나서야 한다고 역설했다. 엉겁결에 그녀는 언론에 등장하게 되었다. "여성들이라고 부엌에서 밥만 하고 있을 수는 없습니다."

집회가 끝난 후 그녀는 빅토리아 학부모 연맹 주 위원회의 초청을 받아 홍보 담당자가 되었다. 그 이후 그녀의 활약은 다양하게 전개되었다.

이 이야기의 주인공인 조안 커너는 수많은 빅토리아 여성들과 더불어 재정 확보에만 집중되었던 학부모 연맹의 활동을 변화시켜 가장 영향력 있는 교육 관련 로비 조직으로 성장시켰다. 그들은 교육 환경 개선을 위해 많은 영향력을 행사하고 있다.

빅토리아 어머니 클럽은 수 차례에 걸친 논의 끝에 정치력을 확보하기로 결정했다.

그들은 '정치 활동을 하지 않는다'는 강령을 '정당 정치 활동을 하지 않는다'는 문구로 바꾸었다.

그 이후 효과적인 로비 활동에 착수했다. 관계자와 더불어 차와 식사를 나누면서 담소하던 과거의 방식을 지양하고 정리된 사안을 가지고 협상하고 합의 내용을 문서화하는 방식을 택했다. 과거에는 정부가 무조건 복종하고 따라야 할 대상으로 여겨졌는데 이런 활동을 하다 보니 함께 교육 정책을 고민하고 협력하며 개선점을 찾아 나가는 동반자로 여겨졌다.

지역 사회의 어머니들이 나섰을 때 가장 효과적인 로비 활동이 되었다고 조안은 회상한다. ♣

정보 수집

회사에 소속되어 일을 추진하든지 이웃이나 학교에 영향을 미치는 정부의 결정 내용에 대한 변화를 요구하든지 일단 방향을 잡고 일을 시작하면 정확한 정보가 있어야 한다. 정보가 정확하지 않으면 지속적으로 활동할 수가 없다.

어떤 결정을 내리든지 정확한 정보에 근거를 두어야 하며, 그렇지 못할 경우 목표를 잘못 선택할 수 있다. 정확한 정보와 직관을 가지고 해당하는 방면의 기술자 또는 전문가들의 관심과 조언을 구하여 주의 깊게 다루어야 한다.

지식 기반이 확고하지 않은 상태에서 정보를 얻으려 할 때는 전문가에게 문의하여 조언을 얻는 것이 가장 빠른 길이 될 수 있다. 반대자들이 자주 사용하는 전술 중 하나로서 우리가 모르는 내용을 주제로 이끌어내어 집중적으로 물고 늘어짐으로써 무지를 폭로시키는 방법이 있다. 그럴 경우 역공을 취해야 한다. 문제의 첫 단계로부터 그들에게 질문을 하면서 지식을 공유하도록 한다. 그러면 상대방이 우쭐해져서 은혜라도 베푸는 것처럼 생각하고 본의 아니게 우리에게 도움을 주게 된다.

어떤 여성은 조안 커너가 "당신은 어떻게 생각하십니까?"라는 반문을 하여 좋은 효과를 거두는 것을 많이 보았다고 말하기도 했다. 조안은 소방대장에게 서신을 보내어 소방대의 일부 활동이 민영화되고 상시 근무 체제가 되면 안된다고 항의한 적이 있다. 그런 상황에서는 대원들이 언제 출근하고 언제 퇴근해야 할지 알 수가 없어 생활이 불안정해지고 업무를 차질 없이 수행하기 어렵다. 소방 대장은 그녀에게 전화하여 그녀가 민영화 및 상시 근무에 관하여 이해하고 있는 내용이 무엇인지 그리고 그러한 정보를 어디에서 입수했는지 알고 싶다고 했다.

그녀는 두 번째 질문에 대해서는 밝힐 의사가 없었고 첫 번째 질문에 대해서는 아는 바가 없었다. 그래서 "그건 알아서 무엇 하시려고요?" 하고 되물었다. 30분 후 소방대장은 다시 전화하여 자신의 생각을 모두 털어놨다. 그리하여 결국 그녀와 동료들은 소방대 측이 무슨 생각을 가지고 있는지 정확하게 알고 그에 대한 방안을 수립할 수 있게 되었다.

경우에 따라서는 모르면서도 뭔가 알고 있는 척 하면 대화하는 도중 더 많은 정보를 얻을 수 있다. 정보를 얻는 핵심적인 전략에는 다음과 같은 것들이 있다.

✠ 자신이 아직은 아무 것도 모르고 있음을 인지한다.
✠ 자신이 알 수 있는 모든 정보를 수집한다. 진상, 장소, 전략 및 인맥 등의 정보를 수집한다.
✠ 알고자 하는 정보를 누가 가지고 있는지 파악한다. 다시 말하면 정보망과 안내자를 갖추고 충분히 활용하며 조언을 듣는다.
✠ 정보를 얻는 데 필요한 기술을 가능하면 많이 활용한다.
✠ 스스로 연구하여 얻은 정보를 축적하고 관리하며 보유한다. 신문도 좋은 정보가 된다. 별도의 파일을 준비하여 수집해 둔다.
✠ 의회 도서관은 주로 보도 내용이나 의사록 등의 자료를 보유하

정보 수집

고 있을 것이다. 친절한 의원이 있다면 쉽게 자료를 수집할 수 있는 방법을 알아 보고 도움을 받을 수 있을 것이다. 주변에서 도움을 받을 만한 사람이 없는지 찾아 본다.

텔레비전이나 라디오, 의회 법규(의회 내 자료실에 있을 것임), 의정 보고서 및 기타 위원회 보고서(의회 의원이나 해당 위원회에서 얻을 수 있을 것임), 인명록, 웹 사이트 및 뉴스 그룹, 보도 자료, 서적과 잡지, 해당 분야의 조직 및 로비 집단 조사 및 여론 조사 자료 등도 좋은 정보의 원천이다. 가족, 친구, 정치인, 협력 사업자, 변호사, 조합원, 사무원, 기타 여성 옹호론자, 환경 운동가, 소수 집단, 언론 및 출판인 등의 인적 정보망도 충분히 활용할 수 있다는 점을 잊지 말라. 모든 자료는 수시로 최신 정보로 갱신하고 반대자에 관해서도 연구해야 한다.

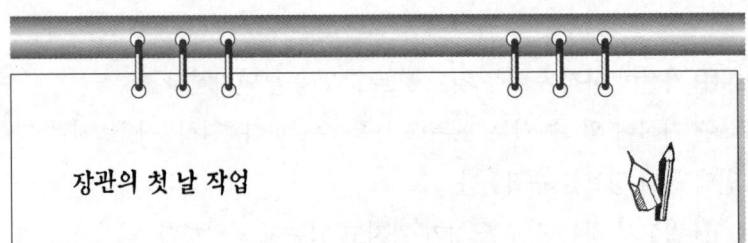

장관의 첫 날 작업

내가 산림, 토지 및 환경 보호부 장관이 되었을 당시 나는 그 분야에 관해 아는 것이 없었다. 무엇부터 해야 할지 종잡을 수 없는 상황이었지만 부서의 직원들에게 좋은 인상을 주고 싶었다.

나는 두 가지 일에 집중했다. 하나는 관련 서적을 열심히 읽어 관련자들과 센스 있게 대화할 수 있는 준비를 갖추는 것이었다. 한편으로는 세 명의 정치 조언자들을 선정했다. 한 사람은 부서 내의 직원으로서 환경에 관한 지식이 많은 남성이었으며, 두 번째 사람은 정치와 전략에 뛰어난 실력을 갖춘 여성으로서 나를 뒷받침해 주고 협상을 담당하는 역할을 부여해 주었다. 세 번째 사람은 오랜 친구이자 비서로서 필요한 경우 많은 도움이 될 사람이었다

첫 번째 회의 시간에 내가 믿을 수 있는 사람과 그렇지 못한 사람을 분별해 보고 싶었다. 그래서 모든 직원들이 참석하는 원탁 회의를 개최하기로 결정했다.

다음 날 아침 오후에 할 일을 의논하기 위하여 회의를 소집했다. 회의 시간에 나는 어느 정도의 배경 지식을 갖춘 상황에서 각자 잘한 점 세 가지와 잘못한 점 세 가지를 이야기해 보라고 요청했다. 모든 직원이 잘한 점 세 가지를 말했다. 그런데 두 사람이 잘못한 점은 찾을 수 없다고 했다. 그 두 사람은 자기 보호를 우선으로 생각하는 사람으로서 나에게 솔직한 조언을 주지 못할 인물이라는 생각이 들었다. 그 해 말 두 사람 모두 우리 부서를 떠났다. 도움이 될 사람을 판단할 줄 아는 것이 매우 중요하다.

계획 수립

가고자 하는 목적지를 모르고, 지도가 없거나, 가는 도중 살아 남을 방안, 즉 중간 목적지나 연료 충전소 등이 없다면 길을 나서도 제대로 도착할 가능성이 없다. 성취하려면 계획을 세워야 한다. 원하는 것이 무엇인지 알면 그 목적에 대하여 다음과 같이 행동한다.

- ✠ 무엇을 원하는지 정리해 본다.
- ✠ 원하는 것을 성취할 수 있다는 점을 믿는다.
- ✠ 성취 가능한 목표를 설정한다.
- ✠ 목적을 달성하기 위한 장기 단기 계획을 수립한다.
- ✠ 수립한 목적을 끊임없이 추구한다.
- ✠ 목적지까지 도달하는 방법을 융통성 있게 정한다. 더 좋은 방법이 있을 수도 있으므로 하나의 방법만을 고집하지 않는다.
- ✠ 다른 사람이 동참하도록 유도하고, 자신이 하고자 하는 바를 그들이 확실히 알 수 있도록 하고 그 일을 하는 이유가 무엇인지, 그들이 해야 할 역할은 무엇인지 알 수 있도록 한다.
- ✠ 동반자를 만들고 관리한다.
- ✠ 중간 목표나 단계를 성취할 때마다 자축하고 기뻐한다.
- ✠ 평가하고 검토한다.

계획을 수립하는 것은 아이를 학교에 보내는 일과도 다르고 시간에 맞춰 직장에 출근하는 일과도 다르다. 목표와 목적을 확실히 인식하고 그것을 성취해 나가는 과정에서 필요한 기타 요소를 확실히 파악하며, 필요한 것을 제 시간에 얻고 필요 없는 것은 과감히 무시한다. 시기별로 계획을 세워 놓으면 그것을 핵심 사업으로 여기고 추진한다.

자신이 변화를 꾀하는 단체의 일원이라면 무엇을 변화시키고자 하는지 정확히 알아야 하며, 변화를 위하여 어디로 가고자 하는지, 어떻게 가고자 하는지, 가는 길에는 무엇이 필요할 것인지를 파악해야 한다. 자원은 어떻게 구할 것이며 그것을 낭비하거나 소진하지 않고 적절히 사용하기 위해서는 어떻게 해야 하는지를 알아야 한다. 이와 같은 모든 사항이 계획에 포함되어야 한다. 어떤 사람은 계획을 세우는 데 너무 많은 시간을 할애한다. 그러나 계획이 없으면 무엇을 어떻게 시작해야 할지 감을 잡을 수 없다. 다음과 같은 사항이 필요하다.

✠ 진정으로 필요한 것이 무엇이며 원하는 것이 무엇인지 규명하고 그것을 성취하기 위해서는 어떤 행동이 필요한지 파악한다.

✠ 자신이 감당해야 할 영역은 어느 정도이며 다른 사람들이 감당해야 할 부분은 무엇인지 구분한다.

✠ 추진하고 있는 일의 내용과 그 방법을 대외에 알린다.

✠ 어떤 일이 진행되고 있으며 어떤 일이 잘 되지 않고 있는지 추적하여 불필요한 것은 버리고 필요한 것은 더욱 육성하며 새로운 것이 필요할 경우 새로이 시작한다.

계획을 수립할 때 염두에 두어야 할 질문에는 다음과 같은 것들이 있다.

✠ 자신 또는 자신이 속한 집단이나 사회가 원하는 것이 무엇인가?

✠ 누가 그것을 필요로 하는가?
✠ 그러한 요구를 충족시키기 위한 노력을 누군가 이미 시작하지는 않았는가?
✠ 이루어지지 않은 부분에 대하여 무엇을 할 수 있는가?
✠ 발생한 문제가 다른 문제의 증후군은 아닌가?
✠ 정작 다루어야 할 핵심 문제는 무엇이며, 주변적인 문제는 무엇인가?
✠ 문제를 강조하기 위한 전략 중에서 강점은 무엇이고 약점은 무엇인가?
✠ 필요한 자원은 어떻게 확보할 것인가?
✠ 현재 확보되어 있는 자원을 활용하여 문제 해결에 실질적으로 어떻게 접근할 것인가? 무엇을 축적해 나갈 것인가?

성공할 수 있는 최적의 호기에 가장 적절한 전술을 선택하고 그것이 필요성을 충족시키는지 검토하며 사안별로 작은 단계의 목표를 기록한다. 목표는 세세한 것(예를 들어, 집집마다 전단지를 돌리는 일 등)이어야 하며 성취할 수 있고 측정할 수 있는 것이어야 한다. 여성에 대한 차별 철폐는 커다란 이상이지 세세한 목표가 될 수는 없다.
각각의 전술에 대하여 누가, 언제, 어디서, 무엇을, 어떻게 등이 포함된 계획 목록을 마련한다.
성공의 가능성을 굳게 믿는다. 스스로에게 질문해 본다. 왜 이일을 하려고 하는가? 이 일이 이루어지면 무엇이 달라지는가? 누가 알게 될 것인가? 그러한 일들을 어떻게 규명할 수 있는가?
계획의 초기 단계에서는 이러한 질문들이 성과를 가늠하는 척도가 될 수 있다. 이 내용도 일일이 기록해 본다.

계획은 항상 검토한다. 전술은 옳게 세워져 있는가? 접근 방법은 현실적인가? 정해진 시간에 해야 할 일을 너무 많이 계획하지는 않았는가? 자원은 충분한가? 다음 번에는 더 잘 하거나 다른 방법을 택할 수 있는 길은 무엇인가? 다른 사람을 개입시킬 수 있지는 않은가?

막다른 골목이라 판단되면 다른 각도에서 생각해 보고 필요하다면 계획을 전면적으로 변경한다.

하나의 일이 마무리되면 실제로 성취된 일을 평가해 본다. 일이 진행중이라면 정기적으로 성취된 일을 검토해 본다. 예측하지 못한 방향으로 상황이 변할 수도 있다. 그럴 경우, 변화된 상황에서 새로운 것을 배우고 계속 진행할 수 있지만 반드시 검토와 평가를 먼저 해야 그럴 수 있다. 사람들이 달리 방법이 없다고 말한다고 해서 절망할 필요는 없다. 돌파구를 마련해 줄 수 있는 무엇인가를 찾아야 한다.

계획을 수립할 때 염두에 두어야 하는 요점으로는 다음과 같은 것들이 있다.

✠ 모든 구성원이 의무감을 갖고 참여한다.

✠ 희망이 없어서는 안 되겠지만 계획만큼은 희망이 아니라 사실에 기반을 두고 세워야 한다.

✠ 모든 목표에는 이름을 정하고 담당자와 날짜 및 시간을 기록하여 언제 누가 그 일을 담당하고 있는지 한 눈에 알 수 있도록 한다.

✠ 모든 목표는 성공과 실패를 측정하고 판단할 수 있도록 한다.

✠ 계획을 수행할 수 있는 자원을 파악하여 목록으로 만든다.

✠ 계획을 세우지 않으면 목표에 도달하지 못한다.

동맹군 만들기와 도움 받기

혼자서 세상을 바꾸려 하지 말라. 개인은 약하므로 혼자서 변화를 이루는 것은 극히 어렵다. 친구와 더불어, 때로는 적과 더불어 원하는 일을 성취할 줄도 알아야 한다.

무엇보다도 먼저, 믿을 수 있는 사람이 누구인지를 판단할 줄 알아야 한다.

때에 따라서는 실망할 수도 있고, 한편으로는 기쁨과 놀라움을 발견할 때도 있을 것이다. 어떠한 문제에 대처하거나 함께 활동하거나 행사를 주관할 경우 함께 일할 수 있는 사람이 있을 것이다. 그러나 무엇이든지 믿고 함께 해 줄 사람은 드물게 마련이다.

프로젝트 또는 선거전이나 기타 큰 일을 추진하기 위하여 팀을 구성했다 하더라도 구성원들 모두가 같은 목적을 가지고 있으며 같은 마음을 지니고 있을 것이라고 생각해서는 안된다. 각자에게는 그 나름의 한계가 있다.

구성원이 아닌 외부 인사 중에서도 뜻을 함께 할 수 있는 사람을 찾는다. 함께 일한 경험이 없는 사람이라고 해서 거부할 이유도 없고 궁극적인 목적이 자신과 완전히 일치하지 않는다고 해서 함께 일하지 못할 까닭이 없다. 누구나 함께 일할 사람은 필요하다. 어제의 적이 오늘의 친구가 되지 말라는 법이 없다. 최소한 하나의 목적을 위해서는 얼마든지 그런 관계가 될 수 있는 것이다.

도움을 받을 수 있으면 받는다. 자신이 지닌 가치를 늘 기억하고 그 가치를 함께 공유할 수 있는 사람이 누구인지를 기억하면서 어려운 일도 가능하게 만들어 나간다.

✠ 금전적 지원은 어렵지만 기술이나 시간을 제공함으로써 다른 방법으로 도움을 주고자 하는 사람이 있을 것이다.

✠ 공식적으로는 우리를 지원할 수는 없지만 다른 사람들이 우리를 지원해 주도록 권유할 의사가 있는 사람도 있을 것이다. 그런 사람들과 공조하여 전략을 구사할 수도 있다.

✠ 시간과 기술로 지원해 주지 못할 입장에 있는 사람에게서는 조언을 들음으로써 다른 측면에서 도움을 받을 수도 있다(변호사의 무료 상담 등).

✠ 도움을 받거나 지지를 해 주는 사람에게는 무엇인가 보답할 수 있어야 한다.

✠ 자신이 추구하는 가치를 명확하게 정리해 보고 함께 일할 사람들이 그 가치에 걸맞는지 생각해 본다.

때로는 뜻하지 않게 뭉치기 어려운 사람들이 훌륭한 동지가 될 수도 있다. 조안 커너가 야당 지도자였던 1993년, 빅토리아 정부는 멜번에 있는 윌리암스타운의 철도를 폐쇄하기로 결정했다고 발표했는데, 조안은 윌리암스타운에 살면서 그 지역 사회와 연대하고 있었다. 그러나 조안은 당시 장관이었던 앨런 브라운(Alan Brown), 철도 노조 그리고 언론과 더불어 한 편이 되어야 승리할 수 있는 상황이었다. 조안과 동료들은 철도 라인을 살리는 것이 모두에게 이익이 된다는 사실을 알리기 위해 분투하여 결국 모두가 한 뜻을 갖고 뭉치도록 만들었다.

1980년대, 모이라 레이너는 어쩌다 보니 자신이 과거의 적과 연대하여 오스트레일리아 카드(Australia Card)를 도입하려는 밥 호크(Bob Hawke)의 계획에 반대하고 있는 것을 알고 놀란 적이 있다.

몇 해 전에 자신을 열렬한 사회주의자(물론 사실이 아님!)라고 공격했던 바로 그 사람이 전화를 걸어와 연대하여 카드제에 반대하자고 제의했던 것이다. 모이라는 제안에 동의했다.

1998년에 모이라는 헌법 제정 회의의 대의원이었는데 이전에 그녀를 맹렬히 비난하던 전임 교수 패트릭 오브라이언(Patrick 'Paddy' O'Brien)은 그녀의 동료가 되어 최고 대의원들을 선출하는 일을 함께 진행하게 되었다. 최고 대의원들은 새로운 주지사를 선출할 자격이 있는 사람들이었다. 동맹 관계는 회의 기간 동안 지속되었고 그 이후로 다시는 '적대' 관계가 된 적이 없다. 기회만 주어진다면 동맹 관계를 맺는 것이 좋다.

인맥의 활용

　인맥을 활용하는 것은 활동의 핵심으로서 여성 활동가에게는 특히 중요하다. 인맥을 활용하려면 연락망을 작성하여 활용한다. 사업이나 정치 활동을 하려면 개인의 인맥이 중요하게 활용된다. 자신이 속해 있는 모든 인맥을 기록하여 정리해 본다. 직장 동료, 지역 사회의 단체, 조합이나 전문가 조직, 지방 정부의 고문 및 직원, 스포츠 단체(배우자나 자녀의 단체 포함), 가족, 친구와 이웃, 사업상의 인맥, 인종 및 종교 단체, 학교 동창, 사교 친구, 인터넷 친구, 문화 집단, 지역의 육아원 및 유치원, 봉사 요원, 소규모 자영업자 등 정리해 보면 자신이 의외로 많은 사람들과 연결되어 있다는 것을 알고 놀랄 것이다. 자원은 충분한 것이다.

　바쁘게 활동하고 영향력이 커서 큰 도움을 줄 수 있는 사람에게는 정말 필요한 상황이 아니라면 도움을 요청하지 않는 것이 좋다. 인맥을 활용할 때 염두에 두어야 할 점은 다음과 같다.

�֍ 영향력을 강화하기 위한 방안을 찾는 것이므로 이기적인 행위가 아니다. 필요한 행동인 것이다.

�֍ 인맥에는 자신이 속해 있는 정치계나 정치 운동 단체 또는 다른 동질 집단이나 지역 사회의 유지 등이 포함될 수 있다.

�֍ 자신의 활동 영역 밖에까지도 관계를 형성해야 한다. 모든 문제는 다양한 측면이 있으므로 언제 그들의 도움이 필요할지 알 수 없는

노릇이다.

✠ 인맥에 제한을 둘 필요가 없다. 운동 단체, 독서 클럽, 종교 단체, 사업 또는 봉사 단체, 학교, 지역 방범 단체, 편의점 등 차별을 두지 말고 인맥을 형성한다.

✠ 인맥을 활용할 때는 사람을 '이용'하는 자세가 되어서는 안된다. 사람들은 자신이 이용당한다는 것을 알면 다음 번에는 도움을 주지 않으려 할 것이다.

✠ 사람들은 잘 아는 사람이나 믿을 만한 사람 또는 친하게 지내고 싶은 사람이나 친절한 사람과 함께 일하고 싶어한다.

✠ 사람들은 함께 일하고 싶은 사람을 다른 사람에게 부탁하여 추천받고 싶어하는 경우가 많다.

✠ 사람들에게 도움을 주는 것은 사회적 자원을 확보하는 가장 좋은 방법이다. 그렇게 하면 사람들은 내가 필요할 때 기꺼이 도움을 줄 것이다. 그러나 도움을 줄 때는 절대 대가를 바라지 말아야 한다.

✠ 자신이 가지고 있는 경험과 전문 지식을 다른 여성들과 더불어 나누고 널리 알린다. 그러면 다른 사람들도 그들이 지니고 있는 보따리를 풀게 될 것이다.

✠ 명함이나 방명록 등을 적절히 활용한다. 이름과 상세한 연락처만 남겨도 큰 효과를 나타낼 때가 있다. 돈이 많이 드는 일도 아니다. 명함은 늘 지니고 다닌다. 관심사에 관하여 대화할 때나 후에 도움을 받을 만한 사람을 만날 때는 언제나 명함을 건넨다. 언론인을 만날 때도 물론이다.

✠ 작은 수첩을 언제나 지니고 다닌다. 일정을 조정하거나 약속을 할 경우 즉시 그 내용을 기록해 둔다. 기회는 절대 놓쳐서는 안된다.

✖ 어떤 단체나 어떤 사람들이 공통의 관심사를 가지고 있는지 파악해 본다. 자신의 관심 분야에서 이미 활동하고 있는 조직이 없는지 파악한다. 그 조직이 침체 상태에 있으면 활성화시키는 방안을 생각해 볼 수 있다.

✖ 그룹 활동에 참여한다. 그러나 앞 뒤 분별없이 무조건 참여해서는 안된다. 자신에게 맞는 그룹인지 파악한 후에 참여하는 것이 좋다. 비회원으로 두세 번 모임에 참석해 보면 그 그룹의 성격을 파악할 수 있다. 그 그룹에 대하여 자신이 공헌할 수 있는 것이 무엇이며 도움을 얻을 수 있는 내용이 무엇인지 명확하게 정리해 본다. 일단 가입하고 나면 정기적으로 참여한다. 가입만 해 놓고 아무 활동도 않는다면 자신의 시간과 다른 사람들의 시간을 낭비하게 된다.

모임에 참석할 때는 제 시간에 도착해야 한다(모이라는 시간을 잘 지키지만 조안은 그렇게 하려고 노력 중임). 이름표를 부착한다(모임에서 준비하지 않을 경우를 대비하여 스스로 준비해 가지고 다니는 것도 좋음). 사람들이 가슴을 한참 쳐다보지 않고도 이름을 읽을 수 있을 정도로 큰 이름표를 다는 것이 좋다. 이름표는 오른 편에 달아야 좋다. 사람을 처음 볼 때나 악수할 때는 흔히 오른쪽을 잘 보게 된다.

모임에서 겉도는 사람보다는 충실한 사람에게 눈을 맞춘다. 그들과 대화를 하고 지속적인 관계를 형성한다. 짧막한 대화를 이끄는 방법을 터득한다. 뉴스도 좋고 스포츠도 무난하지만 텔레비전은 그다지 좋은 대화 내용이 되지 못한다.

최선을 다하여 상대방의 이름을 기억하고 남이 나의 이름을 기억하지 못한다고 해서 불평하지 않는다. 조안은 사람들의 이름을 잘 기억하는 것으로 유명해졌다. 모이라는 식구의 이름도 잘 잊어버린다. 조안은 신입생 교육을 담당하면서 이름 기억하는 법을 일찍이 터득했다. 사람들과 악수하면서 자신을 소개할 때는 상대방의 이름을 물으면서 눈길을 맞추고 들은 이름을 소리 내어 말함으로써 확인하고 기억해 둔다. 발음을 확실히 확인하여 실수가 없도록 한다.

　이름을 정확히 기억하는 것은 상대방에 대한 예의다. 모임이 끝난 후에는 기억할 필요가 있는 사람들의 이름과 연락처 그리고 만난 장소를 주소록에 기록해 둔다. 받은 명함을 명함철에 끼워 보관한다. 명함 뒷면에는 그 사람을 만난 장소, 하는 일 등 기억해야 할 사항을 기록해 두고 주소록에도 옮겨 적는다. 그 사람을 다른 환경에서 다시 만난다면 이름은 기억하지 못할 수도 있지만 얼굴만은 기억해야 한다. 그리하여 최소한 "언제 만난 적이 없던가요?" 하고 물을 수 있어야 한다. 설혹 만난 적이 없다 하더라도 실례는 아니다. 또는 "다시 만나서 반갑습니다. 하지만 이름을 잊었네요." 하고 말을 붙일 수도 있다. 비록 이름까지는 기억하지 못한다고 해도 전에 만났던 상황을 기억한다면 대부분의 사람들은 좋은 인상을 갖게 된다.

　인맥을 확보하는 핵심적인 목적은 필요할 때 부탁을 하고 또한 부탁을 들어 주며 대가를 바라지 않고 다른 사람을 돕는 데 있다. 바라는 것을 얻지 못했다 하더라도 다른 사람을 도울 기회는 저버리지 말아야 한다. 도움을 주면 언젠가는 내가 도움을 받게 된다. 그것인 인생의 법칙이다.

멘 터

The women's Power

성공하는 여성이나 그런 류의 사람들은 전적으로 자수성가한다는 것은 허상이다. 새로운 분야에서 성공하는 여성에게는 특히 그렇다. 포드 사의 회장을 역임한 돈 피터슨(Don Petersen)은 이런 말을 자주 했다.

"말뚝 위에 거북이가 올라 앉아 있다면 결코 혼자 힘으로 올라간 것이 아닙니다."

우리가 현재 이 자리에 있는 것은 함께 길을 가는 많은 사람들의 도움이 있었기에 가능한 것이다. 우리는 다른 사람의 경험을 통하여 배우고 또한 우리의 경험을 다른 사람들에게 전해 준다.

"멘터"라는 개념은 그리스 신화에서 비롯되었다. 호머에 의하면 오디세우스는 트로이 전쟁에 나가기 전에 친구인 멘토르에게 부탁하여 아들 텔레마커스를 지도해 달라고 했다. 오늘날 "멘터링"이라는 개념은 개인 또는 단체의 차원에서 미숙련자를 이끌고 지도하여 숙련자로 육성하는 활동을 의미한다. 지식과 경험을 나와 함께 나누고 성공을 이룰 수 있도록 이끌어 줄 수 있는 자신의 멘터를 찾는다. 나 또한 다른 사람의 멘터가 될 수 있다.

멘터를 찾으려면 어떻게 해야 할까? 주변 사람들을 살펴보고 그들의 행동을 관찰한다. 다른 여성들에게 누구의 지도를 받았는지 문의해 보고 그의 지도 원칙은 어떤 것인지를 물어본다. 그들의 멘터가 어떤 이야기를 해 주었고 어떤 행동을 보여 주었으며 어떤 사람을 소개해 주었고 그 결과 어떤 점이 달라졌는지 들어 본다.

멘터가 되는 것은 쉬운 일이 아니다. 사람들이 찾는 경우가 많을 것이고 조언을 부탁할 때도 있을 것이다. 멘터링은 물론 쌍방향 통신이다. 특히 젊은 사람들과 일할 경우 그렇다. 전문 실력은 물론 에너지와 열정 그리고 긍정적인 자세의 영향으로 새로운 기운을 받아 변화를 경험할 수 있다. 그러나 그것은 상대방이 아닌 우리의 느낌일 뿐이다.

1998년 로베르타 사이크스(Roberta Sykes)는 "흑인 여성의 교육 활동 재단 소식(Newsletter of the Black Women's Action in Education Foundation)"에서 자신의 멘터이자 다른 여러 사람의 멘터 역할도 했던 사람에 대해 다음과 같이 기록했다.

1998년 5월 4일 멈셜(MumShirl)이라고 더 잘 알려진 콜린 셜리 페리 스미스(Colleen Shirley Perry Smith)의 장례식이 있었다.

멈셜은 1928년 이사벨(Isabell)과 조셉 헨리 페리(Joseph Henry Perry) 사이에서 태어났다. 열악한 환경에서 어린 시절을 보낸 그녀는 인종 차별과 가난을 극복하고 국가적으로 존경받는 인물이 되었다. 변변치 못한 출신 환경을 극복하고 관료가 된 그녀는 가난한 사람들과 빼앗긴 사람들의 구세주가 되었다.

그녀 자신의 성취 뿐만 아니라 원주민 사무소, 원주민 법률 서비스, 원주민 의료 서비스, 해독 센터 등 그녀가 관여했던 모든 일은 많은 사람들에게 희망과 가능성을 안겨 주었다.

가난한 어린이도 굶주린 성인들도 그녀의 문간에서는 모두 도움을 받았다. 사람들이 어려울 때 돕는 일이라면 멈셜은 앞뒤를 가리지 않았다.

높은 위치에 있는 공식적인 방문자로서 뉴사우스웨일즈의 어느 교도소든지 멈셜을 만나기 원하는 이가 있으면 그들에 대한 지원과 지식 제공 그리고 조언과 동정을 아끼지 않았다.

멈셜은 물질적인 면에 관심을 둘 여유가 없었으며 연금은 가난한 사람들에게 나누어 주었다. 그녀는 전혀 부를 축적하지 않았으며 생전에 지내던 검소한 환경에서 세상을 떠났다.

그러나 그녀는 많은 사람들의 존경을 받았고, 지역과 국가 그리고 세계적인 찬사를 받게 되었다. 멈셜은 틀림없이 그녀에게 마지막 인사를 고하려고 모여든 많은 사람들을 보고 기뻐했을 것이다. 슬프게도 그녀는 가고 없다.

멈셜이 수많은 젊은 사람들에게 베풀었던 것과 같은 모성적인 지원을 포함한 개인적인 지원 뿐만 아니라 효과적인 공식적 멘터링 프로그램도 있다. 1988년부터 1990년까지 조안 커너는 빅토리아의 교육부 장관으로서 자신의 부서에 멘터링 프로그램을 개설했는데 10년도 더 지난 지금까지 존재할 뿐만 아니라 더욱 활발한 활동을 하고 있다.

멘터링이 효과를 거두려면 지원하는 내용이 다음과 같은 요소를 갖추고 있어야 한다.

✠ 자발적이어야 한다.
✠ 양쪽에 도움이 되어야 한다.
✠ 뜻이 같은 사람들 사이에 합의된 공통의 목표에 집중해야 한다.
✠ 공동의 약정 내용이 있어야 한다.
✠ 가장 필요한 시기에 도움이 되어야 하며 융통성이 있어야 한다.
✠ 심판하는 태도를 가져서는 안된다.
✠ 말해도 좋다고 합의된 사항이 아니면 비밀을 지킨다.
✠ 지도를 받는 사람의 성과 향상에 초점을 맞춘다.
✠ 정기적으로 평가하고 검토한다.
✠ 종결할 때는 서로 비난하지 말고 합의하여 끝낸다.

멘터 프로그램에 참여하기 전에는 다음과 같은 사항들이 갖춰져야 한다.

✠ 멘터링에 참여하고자 하는 사람, 멘터 그리고 멘터링 추진 단체가 충분한 대화를 거쳐 목적과 과정에 동의해야 한다.
✠ 멘터에 대한 훈련과 조언이 있어야 한다.
✠ 합의된 감독 및 평가 과정이 있어야 한다.
✠ 참여하고자 하는 사람들 및 추진 단체의 약정 내용이 있어야 한다.
✠ 관련된 모든 요소가 소개되어야 한다.
✠ 잘못돼 가는 일이 있다면 서로 동의하여 규명한다.

멘터는 다음의 요건을 갖추어야 한다.

✠ 가르치고 배우고자 하는 태도를 가져야 한다.
✠ 지도를 받는 대상이 편한 느낌을 갖도록 해야 한다.
✠ 준비를 미리 갖추어 시간을 귀중하게 보내도록 해야 한다.
✠ 필요한 경우 전화로도 지도한다.
✠ 의사 소통 능력이 좋아야 한다.
✠ 남의 말을 경청할 줄 알아야 한다.
✠ 조직적인 요건을 갖추어 도움이 필요한 경우 적시에 개입할 수 있어야 한다.
✠ 실용적이어야 한다.
✠ 감사할 줄 알아야 한다.

지도를 받는 입장에 있는 사람은 다음과 같은 자질을 갖추어야 한다.

✠ 자발적인 태도를 갖는다.
✠ 남의 말을 들을 줄 알고 배우고 가르칠 줄 안다.
✠ 멘터를 편안하게 대한다.
✠ 조언을 받을 경우 반드시 실천하는 자세를 갖는다.
✠ 경우에 따라 변화를 유도하고 받아들일 줄 안다.
✠ 역량이 되면 스스로 멘터가 되고자 하는 의지를 갖는다.
✠ 보답할 줄 안다.

로베르타 사이크스는 호주의 흑인 여성으로서는 최초로 정부의 지원 없이 대학원 과정을 거치고 석사 학위를 취득한 후 미국 하버드 교육대학에서 박사 학위를 취득했다. 그녀는 자신이 공부할 수 있었던 것에 대하여 원주민 여성들의 덕이라고 여기고, 그들이 재주를 적절히 활용할 수 있도록 뒷받침해 주어야 할 도덕적인 의무가 자신에게 있다고 생각했다. 로베르타는 공부를 마친 원주민 여성들이 서로 도움을 줄 수 있는 상설 센터를 만들고자 했다.

그녀는 호주 흑인 여성들이 상호 지원할 수 있는 네트워크인 흑인 여성의 교육 활동 재단(Black Women Action in Education Foundation)을 설립하였다. 그 재단의 지원을 받은 젊은 여성 중 하나인 라리싸 베렌트(Larissa Behrendt)는 1988년에 미국 언론지 "컬추럴 서바이벌 쿼터리(Cultural Survival Quarterly)"에 위 재단에 관하여 이렇게 기록했다.

로베르타 사이크스는 나에게 이렇게 말했다. "언제 하버드에 원서를 낼 생각이죠?" 로베르타는 하버드에 응시하는 모든 과정 뿐만 아니라 자금을 확보하는 과정에서도 용기와 도움을 주었으며 내가 가족과 멀리 떨어져 있는 동안 귀중한 도움을 너무도 많이 주었다. 로베르타는 내가 여기(하버드 법대에서 법학 공부 중)에서 겪게 될 감성적 및 지적 어려움에 관하여 예견하고 있었다.

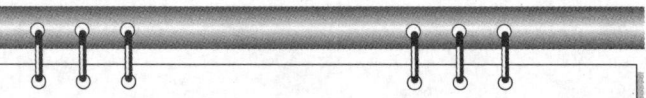

내가 하버드에 입학하기로 결정한 것과 그 과정에서 로베르타가

준 도움을 생각해 보면 원주민 자녀의 교육에서 멘터링이 얼마나 중요한지 알 수 있다.

기존 교육 정책에서는 원주민 어린이들이 배울 기회가 부족하여 육체 노동으로 나아갈 수밖에 없었기 때문에 원주민 사회에서 이렇다 할 역할 모델이 없었다(지금도 마찬가지로 활발하게 젊은 세대들을 지원하고 용기를 북돋아 줄 수 있는 성공적인 사례는 극히 적다).

지방의 고등학교에서 활동하고 있을 때, 역할 모델이 없다는 현실이 원주민 아이들에게 미래의 희망을 제시해 주는 데 큰 한계점으로 작용한다는 점을 느끼게 되었다.

무엇이 되고 싶으냐고 질문했을 때 상당수의 아이들이 경찰이라고 대답하는 것을 보고 놀랐다. 왜 경찰이 좋으냐고 질문하자 많은 아이들이 "저는 법을 좋아하기 때문이예요." 하고 대답했다. "변호사가 될 생각은 왜 안 하지?" 하고 물었더니 "그 생각은 안 해 봤는데요." 하고 대답하는 것이었다.

토착민 중 호주에서 변호사로 성장한 사람이 극히 적었기 때문에 아이들이 그런 사람을 만날 기회가 없었던 것이다.

협상의 기술

The women's
Power

　권력에 대한 남성의 이해를 보면 어느 한 쪽은 승자요 다른 한 쪽은 패자가 된다. 그러나 대부분의 여성들은 달리 생각한다. 위대한 승리는 모든 단체나 정당이 제각기 승리하는 상생(相生), 즉 윈-윈(win-win)의 실현이다. 우리가 목표로 하는 것은 권력을 형성하여 서로 원하는 것을 얻자는 것이다.
　대부분의 여성은 본능적으로 협상의 감각을 지니고 있다. 신체적인 조건 때문에 여성이 남성과 맞서 싸울 수는 없으며 도움을 받지 않을 수도 없다. 사회적으로, 역사적으로 우리 여성의 권리는 싸움을 통하여 쟁취되어왔으며 결코 우위를 차지해 본 적이 없다.
　막강한 남성 지배의 구조 속에서 여성의 권리는 당연히 부여된 것이 아니라 끊임없는 노력의 대가로 이루어진 것이다. 더욱이 미국의 국무부 장관을 지낸 메들린 올브라이트(Madeleine Albright)의 예에서 보듯이 여성은 10대 자녀를 기를 즈음이면 탁월한 협상의 능력을 갖게 된다.
　협상은 기술이다. 이루고자 하는 바를 확실히 이해하고 있을 때 최선의 결과를 이끌어낼 수 있다. 협상은 대결하지 않고, 누군가를 이용하지 않으면서 원하는 바를 획득하는 도구이다.
　협상은 다섯 단계를 거쳐 이루어지는데, 준비, 토론, 제안, 거래, 동의가 그것이다. 이 단계가 완료된 다음에는 그 결과가 효력을 발휘하도록 해야 하는데 그렇게 하려면 지속적인 협상이 수반되는 것이 보통이다. 협상이라고 하여 반드시 원탁에 쌍방이 마주 앉아야만 하는 것은 아니다. 때로는 많은 사람들을 일일이 만나야 할 수도 있고 사람들마다 관심이 제각기 다를 경우에는 합의점을 도출해 내야 할 경우도 있다. 협상에 관하여 자세한 내용을 알려면 케네디 벤슨(G. Kennedy, J. Benson)과 맥밀란(J. McMillan)이 지은 "협상 관리 : 보다 나은 거래를 이끌어내는 방법(Managing Negotiations : How to Get a Better Deal)"을 참고하기 바란다.

그 책에 나오는 주요 내용 중에서 일부를 소개한다.

준 비

1 얻기를 원하는 것과 현실적으로 얻어내고자 하는 것을 구별해야 한다

할 수 있는 것, 하고 싶은 것에 대하여 팔을 걷고 나서서 상대적으로 유리하게 협상을 한다. 자신이 양보하기를 원치 않는 것 또한 확실히 해야 한다. 이 과정에서는 늘 정확한 사실에 기반을 두고 있어야 한다. 현실적인 자세를 유지하는 것이 좋다. 친구 또는 지원자와 의논해 보고 기타 중립적인 태도를 가진 사람과도 의논해 본다.

2 상대 편에도 줄 것은 주어야 한다

우리가 상대 편에 대해 얼마나 알고 있으며, 상대 편은 우리에 대해 얼마나 알고 있는가? 상대에 대해 많이 알면 알수록 협상을 효과적으로 준비할 수 있다. 상대 편이 무엇을 얻고자 하고 있으며 어떤 방법으로 그것을 확보하려 하는지 파악해 본다.

이 과정에서는 우리에게 필요한 정보가 무엇이며 알아내야 할 정보가 무엇인지 명확히 해야 한다. 아울러 우리 쪽에서도 아무리 보안을 유지하려 해도 정보가 흘러나갈 수 있다는 사실을 염두에 두어야 한다.

상대방에게 줄 수 있는 것은 무엇이고 그 대가로 우리가 얻을 수 있는 것은 무엇인지 파악해 본다. 줄 것을 주고 받을 것을 받을 때는 그 가치가 서로에게 어느 정도인지를 감안해야 한다.

3 가능하면 많은 선택 사항을 파악해 본다

양쪽 편의 요구와 우선 사항을 충족시킬 수 있는 선택 사항을 되도록 많이 확보하고 있어야 한다. 그렇게 하면 협상에서 융통성을 발휘할 수 있고, 여러 가지 문제를 접어 두고 협상 대상자가 보다 협력적인 자세를 유지하도록 유도할 수 있다. 그러나 선택 사항에 지나치게 집착하지 않도록 한다. 새로운 사실이 나타나거나 태도가 변할 경우 추가 선택 사항이 있을 수 있다. 늘 융통성 있는 자세를 유지하는 것이 좋다.

4 합의 사항에 대한 최선의 대안을 파악해 둔다

상대편의 입장을 고려해 본다. 이상적인 성과를 거둘 수 없을 경우 차선책을 강구한다. 때로는 과거의 적과도 협력하여 대안을 모색할 필요가 있다.

5 자신에게 협상의 권한이 있다는 점을 분명히 하고 그 한계성 또한 인식한다

때에 따라서는 고의적으로 필요한 분위기를 연출할 수도 있다. 성공적인 협상은 그 당시의 분위기와 감정에 달려 있다.

6 협상 팀을 구성해서 할 것인지를 결정한다

팀을 운용하는 것이 정말로 유용하다. 서로 역할을 분담하여 준비에 만전을 기할 수 있다. 한 사람은 팀장 또는 대변인을 맡고 다른 사람은 참관자로서 전반적인 분위기와 과정을 지켜보며 그 내용을 참고할 수 있다. 또 다른 사람은 기록을 하고 보고 자료를 준비한다. 진행 과정을 서로 공유한다. 어느 단체에나 강경파와 온건파가 있듯이 사람마다 기질이 다르고 그에 따라 협상 전략도 다를 수 있다. 가끔은 개인의 기질로 인해 협상 자체가 결렬되는 경우도 있을 수 있다. 팀을 구성하여 협상에 임하면 권한과 책임이 분산되고 협상 결과에 따른 비난과 격려도 나누어 받게 된다.

그에 따른 불리한 점도 있다. 가장 불리한 점은 여러 인원이 함께 움직여야 한다는 점과 준비하는 데 많은 시간이 소요된다는 점이다. 팀의 구성원이 많으면 많을수록 더 많은 공을 들여 사안을 모두가 확실히 파악하고 목표와 전략을 공유하도록 하는 데 힘써야 하며 필요할 경우 연습도 해야 한다. 미리 준비된 팀의 일원이 결정적인 시점에 실수를 하게 되면 그보다 큰 손해는 없을 것이다.

한 사람이 책임을 지고 팀을 이끌어야 한다. 그래야만 모든 구성원의 의사 전달이 원활하게 되고 소속감을 느끼게 된다.

7 협상 스타일을 선택한다

협상에는 수많은 방법이 있다. 때에 따라서는 상대 편의 협상 전략을 파악하는 것이 도움이 된다. 상대방이 밀어붙이기식 전략을 구사할 때는 이를 제지할 줄 알아야 한다. 모이라 레이너는 협상 테이블의 중재자로 나서던 때의 기억을 되살린다. 그 당시 양쪽 편 모두가 한 발도 물러설 줄 모르고 자신들의 주장을 끝까지 관철시키겠다고 버티고 있었다. 상대 편을 반드시 눌러 버리겠다는 태도였다. 모이라가 해야 할 일은 그렇게 나가다가는 양쪽 모두가 얻을 것이 없다는 점을 확실히 주지시키는 것이었다.

상호 보완적인 협상 스타일은 이상적이지만 현실성이 없는 경우가 있다. 상대방과 협상한 경험이 있는 경우, 그들이 과거와 같이 전면전이나 밀어붙이기로 나오거나 위협적인 방법을 사용하면 경험을 살려서 피하여 응수한다. 맞서서 응수하지 않는다면 협력의 길이 열린다. 사정이 뜻대로 되지 않아 대치 국면으로 돌아갈 수도 있지만 최소한 시작은 우호적이어야 한다.

8 협상 장소 선택하기

경쟁이나 위협이 아닌 협상의 분위기를 유지해야 한다. 중립적이고 편안하며 안락한 환경을 택한다.

토론

먼저 내부적인 '논쟁'을 거쳐야 한다. 그렇다고 해서 싸우는 연습을 하라는 것이 아니고 상대 편이 원하는 것이 무엇이고 그것을 어떻게 수용해야 할 것인지를 여러 각도에서 미리 논의해 보라는 것이다. 이 과정 속에서 정보가 오가며, 협상에서 얻을 수 있는 이익과 한계점이 무엇인지 파악되고, 전략을 시험해 볼 수 있기 때문에 귀중한 경험이 될 수 있다. 빈정대거나 호전적인 태도로 대해서는 안된다. 상대방을 모욕하거나 방해하거나 큰 소리를 치거나 말을 가로막거나 위협해서는 안된다. 사람이면 누구나 그런 행동을 싫어하게 마련이다.

  하나 하나 짚어 가면서 상대방의 입장을 설명하도록 유도하고 그들이 제의하고 설명하는 동안은 판단이나 약정을 유보하고 차분히 듣는다. 들으면서 필요한 경우 보충되는 정보를 제공해 주고 때로는 보충 설명을 요구하기도 하며, 중립적인 입장에서 정리해 보고 우선적으로 필요한 해결의 실마리를 찾으려 노력한다.

  협상을 시작하기 전에 양쪽 편의 주장을 확실히 파악하는 것이 중요하다. 중재 역할을 하면서 모이라는 한 쪽 편이 주장하는 바가 자신들을 비방한 것에 대하여 반대 편에서 공개 사과하도록 함으로써 결국 그들을 정치적으로 붕괴시키고자 하는 것임을 알게 되었다. 그들은 결국 진심으로 사과하고 법정 비용을 지불한다면 사적이고 개인적인 차원의 사과도 받아들이겠다는 입장으로 태도를 누그러뜨리게 되었다.

제 안

  제안은 협상을 향하여 한 걸음 나아가고 당사자들을 보다 가까이 다가서도록 제의하는 내용이다. 제안에는 타협안과 중재안이 반영될 수 있다.

  다른 사람이 제안을 할 때는 절대 막지 말아야 한다. 듣기 거북한 제안에도 협상에 임할 때 꼭 염두에 두어야 할 내용이 숨어 있을 수 있다. 제안을 듣고 난 후에는 질문을 하여 요점을 명확히 파악하도록 한다. 질문 또는 답변을 하기 전에 요점을 잘 정리하는 것이 좋다. 그러한 태도는 상대방의 의견을 잘 듣고 있다는 것을 보여주는 행동이기도 하다. 제의는 논쟁보다 효과적인 것으로서 반대 제의를 할 경우 가장 좋은 답변이 될 수도 있다.

제안을 할 때 염두에 두어야 할 규칙이 있다. 불평을 늘어놓을 것이 아니라 대안을 제시하는 데 치중해야 한다. 그리고 늘 반응을 유도해야 한다.

제안 내용을 일괄 정리하여 제시한다. 때로는 상대방이 가장 꺼리는 문제를 끼워 넣어 안을 제시하면 협상에서 유리한 위치를 확보할 수 있다. "별장을 끼워 준다면 당신 집을 사겠소."

거 래

거래는 서로 필요로 하는 것을 주고 받는 것이다. "우리가 마시는 식수에 오염 물질을 방류하지 않는다면 우리도 소송을 취하하겠소." "귀교에서 우리 아이가 다니는 학급의 학생 수를 22명 이하로 줄여 준다면 도서관 확장을 위한 모금에 동참하겠소." 이러한 모든 것들이 거래의 사안들이다. 타결이 될 때까지는 사안을 방치해 두지 말고 지속적으로 관심을 갖고 주시하며, 제시하고자 하는 조건에 대해 평소에 미리 생각해 두어야 한다.

동 의

하나의 제안을 우여곡절 끝에 수락했는데 다른 조건을 추가로 제시하는 것만큼 사람을 맥빠지게 하는 일도 없다. "좋습니다. 학부모들께서 수리를 해 주신다면 학교를 그대로 유지하겠습니다." 그런데 막상 학부모 측에서 마음대로 수리하는 것이 아니라 학교장의 매제가 운영하는 업체만을 통하여 수리를 해야 한다는 조건이 붙는 경우를 예로 들 수 있다. 이런 경우 의심과 분노가 일게 된다.

함부로 동의하는 것은 위험하다. 합의가 되었지만 이행되지 못하는 경우가 많다는 점을 염두에 두어야 한다. 동의할 때에는 자신이 어떤 면에 대하여 동의하는지를 분명히 해야 한다. 정식 합의서는 나중에 작성한다 하더라도 일단 동의하는 내용에 대해서는 문서화하고 사인을 한다.

노련한 협상가가 갖추어야 할 항목을 정리해 본다.

✠ 충분한 정보를 갖추고 만반의 준비를 한다.
✠ 매사를 명확히 판단하며 압력을 받을 경우에도 유연하게 대처한다.
✠ 통찰력을 갖추고, 특히 상대방의 심중을 꿰뚫어 본다.
✠ 의사소통이 원활해야 한다.
✠ 상대방의 의견을 잘 청취한다.
✠ 인내력이 있어야 한다.
✠ 자제력이 있어야 한다.
✠ 집요한 면과 결정 능력이 있어야 한다.
✠ 통합적인 사고 능력이 있어야 한다.
✠ 팀을 대변할 수 있어야 한다.
✠ 상대 편이 달성하고자 하는 바가 무엇인지 파악할 줄 알아야 한다.

✠ 도덕성이 있어야 한다.

  이와 같은 점들을 유념하여 잘 활용하면 정치 뿐만 아니라 여러 분야에 유용하게 적용할 수 있을 것이다. 적절한 정보를 갖추지 못하고 있으면 상대방에게 이끌려 다닐 수밖에 없다. 충분히 준비하지 않는다면 결코 성공할 수 없다. 혼자서는 장수 노릇을 할 수 없다. 권력은 반드시 여러 사람들과 나누어 향유해야 하는 것이다.

  인맥을 활용하는 것은 여성들이 잘 하는 특기 중 하나로서 가장 필요한 요소이기도 하다. 여성들은 뭉칠 때 그 힘을 효과적으로 발휘할 수 있다. 여성에게는 멘터, 즉 선도자가 필요하다. 활동 경력이 많은 여성이 다른 여성들의 멘터가 될 수 있다.

  직장에서 뿐만 아니라 가정의 분쟁 해결에도 협상의 기술이 필요하다. 계약서 작성에서부터 물건 값 흥정하는 일까지 모두가 협상의 기술을 요하는 부분이다. 협상의 기술을 갖추면 자신과 주변을 통제할 줄 아는 능력 있는 여성이 될 수 있다.

CHAPTER

회의 주재

The Women's Power Handbook

회의 주재

변화를 추구하는 여성은 회의에 많이 참석한다. 회의장에서는 의사가 결정되고 관계가 형성되며 정책이 개발되고 성과가 검토된다. 회의는 중요하다. 회의를 주재할 줄 알아야 한다. 사람들의 의사 결정에 영향을 주고 결정 사항의 도출을 통제해야 한다. 다음과 같은 요건을 갖추어야 바람직한 회의가 될 수 있다.

✠ 목적이 있어야 한다. 결정 사항을 미리 심사숙고해야 훌륭한 회의가 이루어질 수 있다. 무엇 때문에 회의를 실시하며, 회의를 통하여 무엇을 얻으려 하는지 정확히 알아야 하고 회의가 끝난 후에는 원하는 바를 얻었는지 검토해 보고 얻지 못했다면 다른 방법을 찾아 보아야 한다.

✠ 충분히 알려서 많은 사람들이 참석해야 한다.

✠ 모든 구성원, 특히 가족을 돌보아야 하고 바쁜 일정이 있는 구성

원들이 참석하기 쉬운 시간에 회의를 개최해야 한다. 가족들을 돌보거나 가정 일을 처리해야 하는 아침 시간이나 저녁 또는 주말은 회의를 개최하기에는 적당하지 않다. 아주 중요한 회의는 평일에 실시하는 것이 좋다.

✠ 부득이한 사정이 아니라면 계획된 시간과 장소를 변경하지 않는다.

✠ 제 시간에 시작하고 끝내며, 되도록 한 시간 안에 마무리하는 것이 좋다.

✠ 회의 전에 안건을 나누어 준다. 안건에 관하여 변경 사항이 있을 경우 회의 시간에 공지해 주며 필요한 경우 동의를 구한다.

✠ 회의가 끝난 후에는 결정 사항 및 실천해야 할 사항을 문서화하여 나누어 줌으로써 구성원들이 무엇을 해야 하는지 인식하도록 한다.

✠ 이전에 실시했던 회의의 결과와 그에 대한 성과를 잠시 정리해 보고 그에 따른 점검 사항이 있으면 점검하는 것으로 회의를 시작한다.

✠ 정중한 태도, 권위 있는 태도, 공명한 태도로 회의를 진행하고 공식적인 절차에 따른다.

✠ 진솔하게 논의하고 서로의 의견과 경험을 존중하며, 의견이 다르다 하여 묵살하지 말고, 소수 엘리트 집단이 정해 놓은 방향으로 무리하게 결정을 밀고 나가지 않도록 한다.

✠ 전화, 방문객, 또는 불필요한 자리 이동으로 분위기를 산만하게 하지 않도록 한다. 주제와 무관한 이야기로 시간을 낭비해서도 안된다.

✠ 다른 사람의 의견을 존중하되 무리하게 만장일치를 이끌어 내려고 할 필요는 없다. 충분한 논의가 이루어진다면 의견을 달리 했던 사람들도 동의를 해 줄 것이다.

✠ 지나치게 큰 소리를 치거나 목청을 돋구거나 농담하거나 비꼬는 말로 회의를 중단시키는 일이 없도록 한다. 또한 목소리 큰 사람들이 분위기를 압도하여 다른 사람들의 의견 개진에 방해가 되는 것을 방치해서도 안된다.

✠ 여성과 남성이 동등한 위치에서 참여하는 분위기로 이끈다.

일부러 여성을 의사 결정 대상에서 제외하는 회의도 있다. 그런 경우 가정 일을 돌보아야 하는 시간에 회의가 소집되어 여성의 입장에서는 참석하기 어렵도록 유도하기도 한다.

여성들을 소외시키기 위하여 처음 회의에 참석한 여성을 공개적으로 소개하는 것을 소홀히 하는 경우가 있다. 그렇게 되면 남성들이 비공식적으로 서로 이야기를 주고 받는 와중에서도 여성들은 그렇게 하지 못하게 된다.

같은 여성이면서도 다른 여성이 자신의 집단에 들어오는 것을 못마땅하게 여겨서 새로 가입하는 여성을 소외시키는 사람이 있다.

남성 중에서도 의식적으로 여성의 공헌을 무시하고 남성의 노고에 대해서만 치하를 유도하는 사람이 있다. 그들은 여성에 관한 일은 대수롭지 않게 말하고 공을 깎아 내리며, 알게 모르게 또는 노골적으로 여성을 우스꽝스럽게 표현하거나, 회의 사전 준비 모임에 여성을 소외시키고 회의의 의제에서도 여성이 참여할 여지를 없애고자 하며 결론을 미리 정해 놓고 회의를 진행한다.

그러한 곤란을 겪을 때 대처할 수 있는 방법이 있다. 가장 중요한 것은 실상을 아는 것이다. 회의에서 자신이 소외되고 있다고 판단될 경우 왜 그런지 분석해 본다.

여성을 소외시킬 때 흔히 사용하는 전략에는 다섯 가지가 있다. 그것은 여성이 권력에 접근하는 것을 차단하는 전략으로서 이에 대처하려면 그 체계를 알고 그에 관하여 믿을 수 있는 사람과 의논해야 한다. 그들의 전략을 무력화시킬 수 있는 방법을 찾고 그 방법을 어떻게 활용할 것인지 동료들과 의논해 본다. 여성을 소외시키는 현상을 음모라고까지 생각할 필요는 없다.

대부분의 경우 여성을 비하하는 사회 문화적 분위기가 회의에 반영된 결과다. 대부분의 사람들은 그런 분위기에 익숙해 있고 특히 남성들은 불편을 느끼지 못하기 때문에 알게 모르게 여성을 소외시키는 분위기에 편승하게 된다. 친절하고 사근사근한 분위기 속에도 그런 차별적 요소가 배어 있는 경우가 많다.

그런 장애 요인을 극복하는 방법은 연대하여 대처하는 것이다. 자신이 어떠한 방식으로 차별을 당하고 있는지 파악해 보고 동료 여성들과 함께 그에 대처한다. 회의에 여성으로서 혼자 참석하면 차별적인 분위기를 바꾸기가 극히 어렵다. 따라서 되도록이면 다른 여성과 함께 참석할 수 있도록 한다.

차별에 대한 대처

여성을 소외시키는 다섯 가지 전략은 다음과 같다.

✤ 여성을 무시한다.
✤ 여성을 우스꽝스럽게 표현한다.
✤ 여성 우민화 정책을 사용한다.
✤ 여성 스스로가 적응력이 없는 것처럼 느끼도록 만든다.
✤ 유다의 양 길들이기(배반에 대한 대처)

이와 같은 행동으로 인하여 여성들은 큰 곤란을 겪는 경우가 많다. 대수롭지 않은 존재, 우스꽝스런 존재, 무식한 존재, 적응력이 없는 존재로 취급당하거나 부당한 대우를 받는 여성은 스스로를 불필요하고 무가치한 존재로 느끼게 되어 변화의 의지를 갖지 못하게 된다.

수 년 전 스웨덴의 여성 정치가들이 "파워 핸드북(The Power Handbook)"이라는 책을 발행했는데, '스스로 행하라(do-it-yourself)'라는 제목으로 여성이 진정한 개인의 능력을 발휘하는 방법을 소개하면서 회의 석상에서 슬기롭게 대처하는 방법을 기술하고 있다. 그 내용에서는 각자의 상황에 맞게 전략을 기록해 볼 것을 권장한다. 그와 마찬가지로 우리 또한 이 책에 기술된 내용 외에 각자의 환경을 나름대로 정리해 볼 것을 권장한다. 그런 다음 매번 회의에 참석하기 전에 여성 동료들 및 우호적인 남성 동료들과 함께 어떻게 대처해야 좋을지 미리 의논해 본다.

여성을 소외시키는 전략이 감지되면 서로 신호를 보내 대응 전략을 가동하는 것도 중요하다. 신호를 보낼 때는 우호적인 사람들이 충분히 알아차릴 수 있도록 확실히 보이게 하고 애매하지 않은 방법으로 해야 하지만 다른 사람들은 눈치채지 못하도록 해야 한다.

쪽지를 보내는 것은 시간이 많이 걸리고 다른 사람이 눈치 챌 확률도 높다. 윙크를 하는 것은 오해의 소지가 될 수 있다. 자리에서 잠시 일어나 따로 만나는 것은 짤막하게 대화를 나눌 수 있는 기회가 될 수 있지만 그렇게 하기는 쉽지도 않고 너무 눈에 띄는 행동이기도 하다. 따라서 손짓이나 언어를 사용하여 신호를 개발한 다음, 여성에 대한 차별 행동이 나타날 때 서로에게 그 신호를 보내는 방법이 좋을 것이다.

> 예를 들어, **첫 번째 차별 전략**, 즉 여성을 무시하고 미미한 존재로 여기는 전략이 사용된다고 판단되면 엄지손가락을 세워서 눈이나 눈썹을 만진다. **두 번째 전략**, 즉 여성을 우스꽝스럽게 표현하는 전략이 사용된다면 집게손가락으로 뺨을 만진다거나 귀걸이를 떼어 낸다. **세 번째 전략**, 즉 여성 우민화 정책을 사용한다면 공책을 접고 가운데 손가락으로 가볍게 두드린다. **네 번째 전략**, 즉 적응력이 부족한 존재로 느끼도록 만들려 한다면 네 손가락을 모두 펴 보인다. **다섯 번째** 전략을 감지했을 경우, 두 손 들었다는 표현으로 양 손을 모두 들어 보인다. 이 밖에도 음성 표현을 비롯하여 기타 다른 표현들을 연구하여 사용할 수 있다. 그런 신호를 활용하면 차별 전략에 대해 대응 전략을 구사할 수도 있을 뿐만 아니라 서로 연대감을 느낄 수 있어 좋다

● 여성을 미미한 존재로 여길 경우

　이 전략이 사용된다는 첫 번째 징후는 여성이 말하는 것을 남성들이 의도적으로 듣지 않으려 하는 경우다. 여성이 말하기 시작하면 그들은 서류만 쳐다보거나 서로 귓속말을 주고받거나 회의와는 무관한 엉뚱한 행동을 한다. 꼭 필요하지도 않은 전화를 핑계로 자리를 뜨기도 하고 화장실로 슬그머니 사라지기도 한다. 여성이 말하는 내용을 대수롭지 않게 여기기 때문에 이런 행동이 나오는 경우도 간혹 있다.
　여성들은 성장 환경이 남성과는 다르기 때문에 문제를 다른 각도에서 보는 경우가 많다. 남성들이 상황을 분석하는 여성의 시각을 이해하지 못하는 경우, 여성이 발언을 하면 귀담아 들으려 하지 않고 여성의 입장에 동조하지 않으려 하며 수적 우위를 이용하여 남성들의 판단에 따라 문제를 해결하려 하는데, 그 결정은 최선의 길이 되지 않는 경우가 많다.
　남성들에게서 무시당할 경우 다음과 같이 행동한다.

　✤ 동료들에게 신호하여 첫 번째 전략이 진행되고 있음을 알린다.
　✤ 현재 사용되고 있는 방법을 규명하고 본인이 이를 인식하고 있다는 것을 다른 사람들이 알게 하며 그런 행동을 받아들일 수 없다는 의사를 표현한다.
　✤ 자신과 동료들이 말하는 내용에 귀를 기울일 것을 촉구한다.
　✤ 불필요하게 공책을 펄럭이거나 잡담하는 분위기가 진정될 때까지 침묵하고 있다가 조용해지면 방금 전의 태도가 잘못된 것임을 일깨워 준다.

차별에 대한 대처　203

✠ 사람들이 귀담아 듣지 않은 내용을 기억해 두었다가 적절한 시간에 맞추어 발의한다. 자신이 발의할 경우 동의할 사람을 미리 확보해 둔다. 발의와 동의가 있으면 그 결과가 어떻든지 반드시 회의록에 기록하게 되어 있다.

✠ 도중에 전화 등을 핑계로 자리를 뜬 사람들이 제 자리로 돌아오지 않으면 투표를 할 수 없다는 점을 강조한다.

✠ 여성을 차별하는 행동을 지적해도 깨닫지 못하는 사람이 있다면 다음 회의 때 그 사람에게 같은 차별 행동을 가한다. 그리고 나서 그 이유를 설명해 주면 효과적일 수 있다.

✠ 발성 연습을 한다. 저음으로 단호하게 또박또박 말하면 사람들이 쉽게 무시하지 못한다.

때로는 미미한 존재로 여겨지는 것이 사람들이 우리의 의도를 받아들이도록 하는 데 효과적일 수 있다. 그 사람들이 우리와 의견을 같이 할 경우 특히 그렇다. 조안이 학부모 연대 활동을 할 때 교육부장관은 학교 차원에서 의사 결정권자의 범위를 넓힘으로써 전문성과 학업의 적합성을 제고하려는 안을 가지고 있었다. 그는 학부모들의 전적인 참여를 특별히 달가워한 것은 아니지만 자신의 구상과 전략에 어긋나지 않는다고 판단되면 기꺼이 학부모들의 참여를 유도할 생각이 있었다.

교육에서의 비집중화 및 권력의 이전에 관한 논의에 참여하기 위하여 학부모들은 우선 그의 견해에 동의했다. 논의가 진행되는 도중에 학부모들은 공식적인 의견을 개진하게 되었고 마침내 학부모 연대를 교육 관련 의사 결정의 동반자로 정식 인정하기에 이르렀다. 교육부

204 제5장 회의 주재 ● ● ● ●

장관이 학부모들의 의견을 모두 자신의 견해로 여기도록 함으로써 학부모 연대는 뜻을 이루게 되었다.

자신의 말에 귀를 기울이게 함으로써 의사를 관철시키는 방법도 있다. 1960년대 조안 커너는 유일한 학부모 대표로서 교육위원회의 멤버로 지명된 적이 많았는데, 곰곰이 생각해 보니 자신이 위원회의 참신한 이미지를 위해 지명되기는 했지만 의견을 개진할 때는 무시되는 경향이 있다는 것을 알게 되었다. 그녀는 자신에게 주목하도록 만드는 방법을 고안하여 사용했는데, 그 중에는 다음과 같은 것들이 있었다.

- 언론의 논평을 통하여 회의에서 어떤 문제를 다뤄야 하는지를 밝히거나 타인이 그렇게 하도록 유도한다. 이러한 대책이 때로는 반대파의 저항을 불러일으키기도 하지만 주목을 끄는 결과는 확실하다.
- 최소한 두 사람이 자신과 같은 문제를 제기하도록 한다. 그 중 한 사람이 회의 참석자라면 더욱 좋다.
- 짤막한 의견서를 작성, 서명하여 배포한다.

1970년대, 조안이 처음으로 위틀램(Whitlam) 부대의 교환 사무관이 되어 자주 왕래하던 시절 그녀는 자신이 다른 참석자들이나 승객들과 동일한 대접을 받지 않고 있다는 것을 느끼게 되었다. 남성 장관들이나 고관들이 주로 탑승하고 있는 비즈니스 클래스에 여성이 탑승하는 예는 극히 드물었기 때문인지 다른 승객들이 그녀와 대화하는 내용은 정책과 관련된 것이 아니라 가정사에 관한 짤막한 이야기에 국한되었던 것이다.

그 당시 조안은 "에이지(Age)"라는 신문이나 다른 최근의 신문을 사 들고 탑승하여 읽곤 했다. 그런데 조안은 공적인 자리에 있는 사람으로서 갖춰야 할 무엇인가가 빠져 있는 것이 아닌가 하는 생각이 들었다. "파이낸셜 리뷰(Financial Review)"지를 읽는 모습을 보여주지 않았던 것이다. 그래서 하루는 그것을 사 가지고 탑승하여 읽기 시작했는데, 그 이후로 대화 내용이 거짓말처럼 달라져 주로 사업과 정책 이야기를 주고 받게 되었다. 조안 커너는 제대로 된 처방을 썼던 것이다.

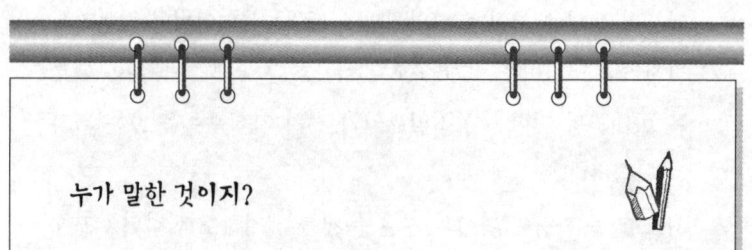

누가 말한 것이지?

1995년 나는 빅토리아 법률 연구소 위원에 선출되었다. 심각한 문제를 가지고 회의를 하던 도중 내가 발언을 했다. 나의 발언을 중단시키는 사람은 아무도 없었고 응답하는 이도 없었다. 의장은 다른 사람을 지명하여 발언하도록 했고 한 두 사람이 더 발언했다. 그리고 나서 어느 상급 직원이 "제 생각으로는..." 하면서 좀 전에 내가 한 말을 그대로 반복했다. 의장은 "그것 참 좋은 생각이군요." 하면서 발언자에게 그 내용을 표결하자고 말했다. 나는 "잠깐만요. 그 내용은 제가 먼저 이야기한 것인데요. 저를 무시하는 것입니까? 아니면 뭐죠?" 하고 따져 물었다. 모두가 웃어댔다.

다음 날 아침 나는 어느 만평을 의장에게 보내 주었다. 여러 남성들과 한 명의 여성이 둘러앉아 회의를 하는 장면이었는데 의장은 이렇게 말하고 있었다. "좋은 생각이군요, 아가씨. 여기 있는 남성들 중에서도 마침 그 얘기를 하려던 참이었을 겁니다."

 모이라

● 여성을 우스꽝스럽게 표현할 경우

여성에 관하여 우스꽝스럽게 표현하는 것은 여성을 무력하게 만드는 효과적인 수단이다. 여성을 모욕하고 여성의 노력을 쓸모없는 것으로 여기도록 만든다. 가발을 썼다거나, 폐경기에 접어들어 임신했다거나 하는 등 성공한 여성들의 숨은 이야기를 재미삼아 즐김으로써 여성을 불쾌하게 만드는 것은 이런 부류에 속한다. 그러한 농담이나 비꼬는 말을 받아들이는 것은 일찍이 백기를 드는 것과 마찬가지다.

헨리 로슨(Henry Lawson)의 어머니인 루이자 로슨(Louisa Lawson)이 이에 관하여 잘 표현했다. "여성을 정신적으로 열등한 존재로 표현하고자 하는 사람들이 사용하는 가장 강력한 무기는 여성을 가벼운 농담의 대상으로 만드는 것이다. 그런 문화가 성장하여 오늘날 호주에서는 농담이나 만화 등에서도 여성을 멍청하고, 천박하며, 수다스럽고, 지나치게 신경질적이며, 논리적인 능력이 모자란 존재로 그리

차별에 대한 대처 207

고 있다. 습관적으로 여성을 비하하는 문화적 분위기에 젖어 있다 보니 여성 스스로도 은연중에 자신을 그러한 존재로 생각하게 되어 모욕적인 언행에 대해서도 묵묵히 참고 지내게 된다."

좋은 예로서 호주의 금융 산업은 오래 전부터 남성의 전유물로 여겨져 왔다. 그 업계에서 여성이 요직을 맡는 경우는 극히 드물다. 모이라가 아는 어떤 여성은 점점 심해지는 남성 동료들의 괴롭힘 때문에 건강이 악화되기까지 했는데, 자신이 페미니스트가 아니라는 점을 입증하고 괴롭힘에서 벗어나고자 결국은 여성을 적대시하는 농담을 스스로도 하기 시작했다고 고백했다. 그녀는 처음으로 이사회에 참석한 여성이 실수를 하자 다른 남성들과 함께 비웃은 적도 있는데 그 때문에 그 여성은 쫓겨났다고 하면서 그 때의 일을 뼈저리게 뉘우치고 있다고 말한 적이 있다.

모이라는 또한 장기간에 걸친 괴롭힘으로 인하여 직장을 그만 둔 여성 그룹을 대상으로 상담을 한 적이 있다. 상담이 끝날 무렵 한 여성이 여성의 생식 기관을 빗대어 여성 주지사를 소재로 한 농담을 소개했다. 그녀는 그러한 농담을 아무 생각 없이 즐김으로써 반여성적 분위기에 본의 아니게 일조를 했으며 결국 그런 분위기가 자신의 실직이라는 결과를 낳게 되었다는 사실을 인식하지 못하고 있었다.

그렇다고 해서 농담 자체를 결코 해서는 안된다는 뜻이 아니다. 다만, 다른 여성에게 피해를 주는 종류의 이야기는 삼가야 한다는 것이다. 여성을 소재로 하면서도 여성과 남성 모두를 비하하지 않는 농담이 얼마든지 있다. 그런 이야기들을 기억했다가 사용하면 서로에게 도움이 될 것이다.

본인 또는 다른 여성이 회의 석상에서 조롱을 당할 경우 다음과 같이 행동한다.

✣ 두 번째 차별 전략이 개시되었음을 신호로 알린다.

✣ 성차별적인 내용의 농담이나 언어 습관은 어느 자리에서든 받아들일 수 없음을 분명히 밝힌다. 농담하는 분위기에 함께 편승해 버리면 지원자를 확보할 수 없게 된다.

✣ 여성을 비하하는 농담을 하는 사람을 놀란 표정으로 똑바로 쳐다본다. 냉랭한 분위기를 조성하는 것이다. 다른 여성을 향하여 "저 사람이 대체 무슨 말을 하려고 하는 거죠?" 하고 또렷한 목소리로 묻는다.

✣ 지속적으로 교정해 주는 방법을 사용한다. 끈임없이 지적하면 남성들은 손을 들게 되어 있다. 개중에는 회의 제목을 가지고도 꼬투리를 잡으며, '여성 의장'이 발언을 할 때 긴 한숨을 쉬는가 하면, 사안이 나올 때마다 '여성'을 억지로 연관시켜 끌어들이려고 하는 짜증스런 버릇이 있는 사람도 있다. 그런 행동의 저변에는 여성을 못마땅하게 여기는 생각이 깔려 있는 경우가 많다.

✣ 상습범은 일대일로 대면하지 않고는 버릇을 고칠 수 없다. 사람들이 있는 곳에서 지적하면 자존심 때문에 더 심한 반응을 보일 수 있다. 또한 동료 남성들이 있는 가운데 잘못을 지적하면 다른 남성이 그것을 의리라고 잘못 생각하여 남성의 편을 들고 나설 수 있다.

🔵 여성 우민화 정책

정보를 차단하고 무지 속에 가두어 두는 것은 사람을 소외시키는

데 효과적인 수단이다. 남성들은 갱의실, 술집, 나이트 클럽, 화장실, 흡연실 등에서 서로 이야기를 나누는데, 그곳이 남성들만의 장소임을 특별히 인식하지 않은 상태에서다. 때에 따라서는 정식 회의에 들어가기 전에 자연스럽게 서로의 의견을 나누고 결론까지 합의하는 경우도 있다.

이러한 전략을 여성들도 모방할 필요가 있다. 반드시 얻고자 하는 결론을 미리 합의한 다음에 회의에 참석한다. 그러나 남성들이 이미 결론을 도출할 준비를 끝내 놓은 상태라면 회의는 이미 정해진 사실을 비준하는 결과가 되고 만다. 그러한 사안에 대하여 여성들이 토의를 하자고 요구하면 남성들은 시간만 끌게 된다고 주장하며 절대적으로 '옳은' 결론을 더 이상 논의할 필요가 어디 있느냐고 항의한다.

여성들도 사전 회의를 따로 실시하고 회의에 들어가기 전에 동조자를 확보할 필요가 있다. 동조자들이 있으면 의제를 조율하고 진행 과정을 결정하는 데 도움을 받을 수 있으며 경우에 따라서는 의장이나 서기를 맡으라는 권유를 받을 수도 있다. 그러나 회의에서 따돌림을 당한다고 판단되면 다음과 같이 행동한다.

✠ 약속된 신호를 보내어 세 번째 차별 전략이 사용되고 있다는 점을 서로에게 알린다.

✠ 회사의 사규와 정관 및 관련 조항의 사본을 확보하고 그 요건을 파악해 둔다. 애매한 부분이 있으면 명확한 내용을 구상하고 동조자를 확보하여 차기 회의 때 개정하도록 한다.

✠ 회의의 규칙과 절차를 잘 익힌다. 우리는 회의 참석자로서 안건을 토의할 권리가 있고 의사 결정에 필요한 정보가 충분치 않을 경우

결정을 유보할 권리도 있다. 더욱이 결과에 대한 책임이 따를 경우에는 특히 그렇다.

✠ 의장이 지나치게 독단적으로 회의를 이끌어 나가지 않도록 견제한다. 의장이 남성일 경우 그의 의도대로 회의가 진행되도록 방치해 두면 여성과 관련된 사안은 뒷전으로 밀리게 된다. 남성의 입장에서는 아쉬울 것이 없기 때문이다.

✠ 충분한 조사가 있어야 할 중요한 사안에 대해서는 결론을 내리기 전에 충분히 연구할 시간을 갖거나 아예 다음 회의 때로 결정을 미루도록 유도한다.

✠ 자신만의 네트워크를 비롯하여 독자적인 정보망을 통하여 별도의 정보를 확보한다.

소속된 그룹 내에 별도의 규정이 없다면 다른 기관의 규정이나 규칙을 연구하여 회의를 어떻게 진행하는지 연구해야 한다. 기존의 자료를 연구하고 활용한다. 다음의 요점들이 도움이 될 것이다.

✠ 안건은 회의 전에 문서화하여 테이블에 놓아 두어야 한다.
✠ 발의를 한 경우 반드시 동의가 있어야 토의에 들어갈 수 있다.
✠ 발의자는 안건에 의거하여 발언을 할 수 있으며, 다른 안건을 제기할 경우 기존의 안건이 모두 마무리된 다음에 해야 한다. 동의자 역시 안건에 의거하여 발언할 권리가 있다.
✠ 안건에 찬성하는 발언자와 반대하는 발언자에게 공평하게 발언의 기회를 주어야 한다.
안건에 대한 발의자와 동의자 역시 발언할 기회는 있지만 반복하여

차별에 대한 대처 211

발언할 수는 없다.

✠ 안건을 수정하고자 할 경우 동의자가 있으면 그럴 수 있다. 수정안은 표결을 거쳐서 수락 여부를 결정한다.

✠ 토론이 전혀 진전되지 않을 경우, 또는 일부러 질질 끄는 인상을 받았을 경우 표결을 요청하고 동의를 얻으면 즉시 투표를 실시할 수 있다. 투표로 결정되면 더 이상 토론을 진행하거나 대안을 제시할 수 없다. 일부러 의사 진행을 방해하는 사람이 있을 경우 이런 방법을 사용한다.

✠ 의장이 논의를 거치지 않고 분위기를 보아 자의적으로 결론을 내리려고 할 경우, 반대 의견을 묵살하고자 하는 의도가 깔려 있을 수 있다. 그러한 경우, 정당한 토론과 표결을 주장한다.

✠ 의장의 진행 방식에 문제가 있다고 판단되면 그에 관하여 이의를 제기할 권리가 있다. 그러나 이러한 권리를 남용해서는 안된다.

✠ 모든 회의에 관해서는 회의록이 잘 보관되어야 하며, 차기 회의에 관한 내용이 합의되어야 한다. 회의 참석자는 회의록의 내용을 면밀히 검토할 권리가 있다.

✠ 회의록 사본을 준비해 두고 중요한 사안에 관해서는 차기 회의 때 참고 자료로 삼는다. 회의록을 근거로 삼으면 이전에 결정된 내용을 반복하여 논의할 필요가 없으며, 해당 안건을 결정할 때 불참했던 사람들이 이의를 제기할 경우 회의록의 내용을 제시할 수도 있다.

사람들이 사안을 정당하게 다루지 않을 경우 측면 공격을 실시한다. 규모가 큰 회의에서는 자신의 주장을 관철하기 어려운 경우가 있다. 그럴 때는 다른 방법을 찾는다. 동일한 분야에서 활동하는 소위원회가 있을 경우, 그 회의에서 먼저 합의하면 개인의 의사보다 큰 무게를 가질 수 있다.

● 여자는 역시 안 돼

능력 있는 여성이 회의에서 제 실력을 발휘하지 못하도록 하는 가장 효과적인 방법은 여성들에게 과중한 업무를 맡겨서 회의 참석을 못하도록 하거나 사전 준비를 제대로 하지 못하게 하는 것이다. 아무리 열심히 한다 해도 때로는 일이 잘못될 수 있다. 그런 경우, 대부분의 여성들은 자신을 책망하기 십상이다. 여성들에게는 아이와 배우자 그리고 때에 따라서는 일가 친척의 일을 돌보아야 하는 등 이중 삼중의 일이 있기 때문에 다른 일을 한다는 것은 상상도 못하는 경우가 있다.

우리 사회의 분위기에서는 여성은 어머니의 역할에 충실해야 하고 일은 둘째로 여기는 것이 보통이다. 여성이 가정의 일보다는 직업, 정치 등에 치중할 경우 이상하게 여기기까지 한다. 여성은 어떤 일을 우선으로 삼든지 비난을 면치 못한다. 두 가지 일을 다 하려면 두 가지 모두 온전하게 해내기 어렵다.

많은 여성들이 가정 일과 직장 일을 함께 운영하면서 두 가지 일 중에서 피하고 싶은 일은 하지 않을 수 있는 권리를 갖고 싶어한다. 특히 장시간 외부에서 회의를 하는 것은 피할 수 있으면 좋겠다고 생각한다. 대부분의 남성들은 이런 고민을 하지 않아도 된다. 남성들은 일이 있으면 가정 일에 대한 부담 없이 일에만 전념할 수 있다. 이런 현실은 불공평한 것이다. 여성들이 일을 해야 할 경우에는 가정 일에도 신경을 써야 하는 경우가 많다.

회의가 여성들에게 불리한 방향으로 준비되고 진행되는 경우에는 다음과 같이 대처한다.

✠ 네 번째 차별 전략이 개시되었음을 알아차리고 신호를 보내어 동료들에게 알린다.

✠ 회의 시간을 정할 때는 참석 대상자들의 사정을 고려해야 한다는 점을 강조한다. 사안이 아무리 긴급하더라도 참석 대상자들에게 충분히 안내를 하고 회의를 개최해야 한다.

✠ 여성이 직업을 가질 경우 이를 이해하고 도움을 줄 수 있는 사람을 남편 또는 파트너로 선택하는 것도 하나의 지혜가 될 수 있다. 직업을 가진 여성에 대해 남성이 이해를 하고 도움을 주는 것은 특별히 아량을 베푸는 것이 아니라 공평하고 정당한 일이다. 여성도 직장 생활을 하거나 정치 활동을 할 권리가 있음을 인식하고 그럴 경우 가정일을 분담할 것을 내용으로 하는 '계약서'를 결혼 전에 작성하는 것도 좋은 방법이다.

✠ 직장을 구할 경우에도 역시 신중을 기해야 한다. 그 직장이 가정일을 얼마나 배려해 주는지 확인해야 한다. 아침 7시에 회의를 하면서 불참하는 것을 용납하지 않는 분위기는 아닌지, 그리고 자녀의 끼니를 챙겨 주기 위해 잠시 짬을 내는 것을 허용하지 않는 일은 없는지 잘 따져 보아야 한다.

✠ 자신에게 필요한 사항을 제시하고 회사 측이 이를 받아들이도록 요청한다. 그 조건이 충족되지 않는다면 자신의 원하는 직장 생활이 되기 어려울 것이다.

어쩌다 일이 잘못 되더라도 지나치게 집착하지 않도록 한다. 여성은 실수를 할 경우 여러 사람들이 있는 데서도 자신을 책망하는 경우가 많다. 남성들은 그렇지 않다. 다른 여성이 실수를 하더라도 그 사람에게는 일정 부분만 책임이 있다는 것을 확실히 해야 한다. 모든 책망을 한 사람에게 돌려서는 안된다.

회의에 필요한 것을 준비해야 하는데 준비를 못한 경우 회의 전에 솔직히 말하고 따로 시간을 내어 나중에 처리하도록 하거나 다른 사람에게 인계하여 처리하도록 한다. 자신의 실수는 인정하되 스스로를 지나치게 책망하는 것으로 동정심을 유발하려는 태도는 좋지 않다.

모이라는 작업 현장의 분쟁을 해결하는 책임을 맡은 적이 있었다. 한 여성 관리자가 비생산적인 사원을 관리하는 과정에서 일어난 문제를 해결하는 일이었다. 그 여성 관리자의 상사(남성)는 단호하고 원칙적인 태도를 유지하라고 그녀에게 권유했다 한다. 그리하여 그녀는 비협조적인 직원들의 이름을 부르며 섣불리 고함을 쳐 망신을 주었다. 모이라가 그녀를 만났을 때 그녀는 거의 울먹이는 상태였고 부끄러움에 얼굴을 들지 못했다. 그녀의 상사가 세세하게 지도해 주지 못한 면도 있지만, 그녀는 오직 하라는 대로 했을 뿐 기타의 보완적인 행동을 할 줄은 몰랐던 것이다. 모이라가 중재에 나서서 실질적인 책임을 졌어야 마땅한 상사들을 나무랐다. 모이라의 상사는 독선적인 태도로 모든 책임은 전적으로 여직원에게 있다고 말했다.

여성이 차별과 희롱 또는 학대에 대하여 불평을 하면 동료들을 곤란하게 만든다 하여 오히려 그 여성이 비난을 받는 경우가 있다. 여성에게 비난의 화살이 돌아가는 사례는 얼마든지 있다. 결국 여성 스스로도 자신이 무언가 잘못한 것 같은 느낌을 갖게 된다.

차별에 대한 대처

여성들은 불평하기를 꺼리는 경우가 많기 때문에 사실을 모르는 사람들은 여성에 대해 나쁘게 말하는 사람들의 말이 사실인 것으로 생각하게 된다. 상황을 정확히 분석해 보고 실제적인 눈으로 사건을 보는 것이 중요하다. 무엇보다도 죄책감을 느낄 필요가 없다는 점을 인식해야 한다. 아울러 다음 사항도 알아야 한다.

✠ 공식적으로 이의를 제기하기 전에 우선 그 상황을 잘 모르는 사람에게 자초지종을 이야기하여 그들의 의견을 들어본다.

✠ 죄의식이 느껴질 경우 가까운 친구에게 말하여 함께 상황을 분석해 본다.

✠ 지원 그룹을 불러서 친구가 나의 편이 되어 줄 것이라는 점을 확실히 이야기해 준다.

✠ 죄의식은 불필요한 감정이라는 점을 알아야 한다. 불필요한 죄의식은 없애 버리고 전개될 상황을 직시해야 한다.

✠ 기본적인 패턴을 염두에 두고 확실한 전개 상황을 그려 본다. 나의 입장은 어떻고 상대편의 입장은 어떤 것인가를 파악해 보는 것이다.

✠ 나를 비난하려는 사람들에게 실제 상황을 확실하게 설명해 준다.

✠ 다른 여성이 희생되지 않도록 서로 보호하고 지켜 준다.

비난에 대한 대처

내가 빅토리아 주지사로 재임하던 시절은 경제 상태와 사회 분위기가 모두 주지사의 책임으로 돌아가던 시절이었다.

가장 견디기 힘든 것은 야당의 어느 광고 내용이었다. 그 광고는 나와 한 장관이 스테이트 은행(State Bank) 매각 문제와 관련하여 혐의가 있다는 내용이었다. 나와 가족들 그리고 피해를 받은 장관은 법적 대처를 여러 차례 고려했으나 결국 개인적인 차원에서 대처하기로 했다.

대처 방안은 이런 것들이었다.

* 공동 책임임을 인식시키고 실질적인 원인을 규명한다.
* 해결할 것은 해결한다.
* 긍정적이고 인간적인 자세로 접근한다.
* 정부가 이룩한 성과를 높이 평가한다.
* 실책에 대하여 사과만 하기보다는 실책의 원인을 밝힌다.
* 이룩해야 할 성과에 다시 전념한다.

유다의 양 길들이기

유다의 양은 다른 양들을 도살장으로 가는 배로 이끌어 주고 자신은 도살될 운명을 면하는 양을 말한다. 유다의 양은 다른 양들을 죽을 운명에 몰아넣는 대신 특별한 특권을 얻거나 보호를 받는다. 함께 도살장으로 가야 할 양이 보호를 받는 것이기 때문에 '특별' 대우인 것이다.

남성이 주로 하는 업무를 여성에게 맡기는 것은 여성을 따돌리는 데 사용되는 효과적인 수법이다. 그렇게 하면 업무를 맡은 여성과 그렇지 않은 여성 사이에 이질감과 불신감이 생겨 서로에게 등을 돌리게 될 염려가 있다. 같은 여성으로서 배신감을 느끼는 경우도 있다. 이런 함정에 빠져드는 여성들이 있는데, 다른 사람들과 의견을 같이 하는 것은 정치적으로도 이익이 있고 도덕적으로 보아도 하자가 없다고 믿기 때문이다. 그런 함정에 말려들지 않는 방법은 흔들리지 않는 판단으로 자신의 길을 가는 것이다. 동료 여성 중 그런 함정에 빠지는 일이 벌어진다면 다음과 같이 행동한다.

✠ 내부에 적이 있다는 신호를 보내되 그 사람을 공개적으로 가리켜 망신을 주어서는 안된다. 손가락으로 가리키는 것은 좋지 않다.

✠ 자신에게 이익이 되더라도 동료를 배신하는 일은 없어야 한다. 충분히 그럴 수 있는 가능성이 있다는 점을 명심하라. 뭔가 두각을 나타내면 유혹의 손길이 다가올 수 있다. 그럴 경우 자기 생각을 아무에게나 털어놓지 말고 핵심 멤버들과 더불어 의논을 하고 그런 제의에 대하여 어떻게 대처할 것인지를 결정한다.

✠ 다른 여성이 동료를 배신하도록 설득 당하고 있는 것을 눈치챘을 경우 그녀를 조용히 만나서 동료애로 설득한다. 당사자와 다른 여성들에게 미칠 영향이 어떤 것인지를 일깨워 주는 것이 좋다.

✹ 만약 자신의 이익을 위하여 동료를 저버린 여성이 있다면 자신이 원하던 것을 이루지 못했음을 스스로 깨달으면 언제든지 돌아올 수 있도록 문을 열어 둔다. 다시 돌아오지 않을 경우 그 사람에게는 비밀 사항을 노출시키지 않는다.

✹ 힘을 발휘할 수 있는 유일한 길은 공통의 관심사와 전략을 여럿이 함께 나누는 것이다.

전체 구성원의 의견이 결집된 결정이 확고하고 오래 가며, 소수의 사람들이 주도하여 여러 사람들이 마지못해 따르는 결정은 오래 가지 못한다. 의견을 모아 여럿이 함께 행동할 때 여성의 의견과 능력은 절대 무시할 수 없는 것이 된다.

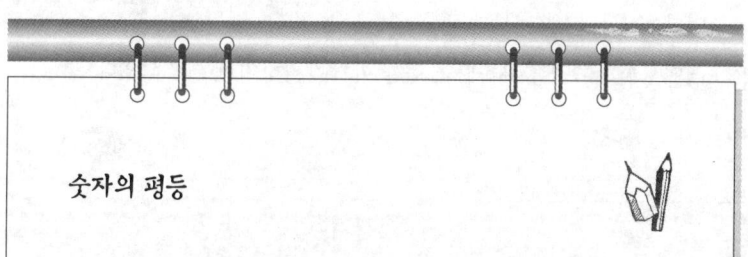

숫자의 평등

내가 속한 위원회는 경영 능력과 관리 능력을 갖춘 부위원장 지명자를 승인하기 위해 회의를 개최하는 중이었다. 후보들은 남성이었다. 사실상 모든 경영자가 남성이었다.

선발 위원회의 발표에 따르면 여성을 찾으려고 했으나 조건을 갖춘 여성이 없었다고 한다. 능력이 탁월한 여성이 한 명 있었는데 25,000 달러를 요구했기 때문에 계획된 예산 범위를 벗어난다는 이유로 받아들이지 못했다는 것이다. 위원회는 그보다 낮은 급료를 지급하기로 하고 남성을 선정했다.

그런데 사전 통지도 없이 선정 위원 중 한 남성이 최고 경영자 층의 급료를 25,000 달러로 인상하자는 안을 제시했다. 여성 위원들이 항의하고 나섰다. 최근의 구조 조정으로 인해 거의 모든 상급 여성들은 사직한 상태였고, 남아 있는 여성들도 사기가 극도로 저하된 상태였다. 여성 직원들은 따져 물었다. "부위원장을 남성으로 선정해 놓고 급료를 갑자기 올리려는 이유는 뭡니까?"

"그게 어쨌다는 겁니까?" 라고 남성 측에서 대답했다. 그 중 한 남자는 선정에서 탈락한 여성을 일컬어 그녀는 최고 경영자가 될 자격이 없다고까지 표현했다.

이 문제는 토론에 부쳐져 결국 표결하게 되었다. 여성 5명 중 4명이 인상에 반대했고 1명이 기권했다. 다수결에 의해 인상안은 부결되었다.

여성들의 표가 중요하다는 점을 미처 생각하지 못한 결과였다.

회의가 끝나면 전략의 성패 여부를 중심으로 정리를 해 본다. 가볍게 차한잔 하면서 정리하는 것도 좋고 전화를 사용할 수도 있다. 다음 목표에 대한 계획을 세운다. 동맹 세력을 늘리는 계획이 될 수도 있고 반대자들에 대한 대책을 논의할 수도 있다. 회의에서 맥없이 물러서지 말라. 때로는 실망할 때도 있겠지만 실패 또한 경험으로 삼아 잘 관리를 해 나가면 더 많은 성공이 따를 것이다.

CHAPTER

작업 전선

The Women's Power Handbook

작업 전선

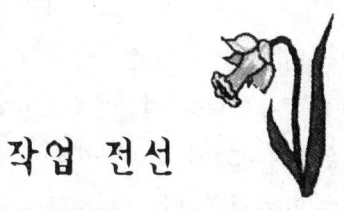

여성선거지원단(Women's Electoral Lobby)의 창시자인 비트라이스 파우스트(Beatrice Faust)는 여성 운동을 한 마디로 요약한다면 "선택할 권리 찾기"라고 말한 적이 있다.

할 일을 갖는다는 것이 관건이다. 일이 있으면 자신의 삶을 결정할 능력이 생긴다. 자신에게 수입이 있으면 스스로 결정하여 삶을 꾸려 나갈 수 있다. 재정 문제와 인생 문제를 스스로 선택하며 관리할 수 있게 된다. 일 자체가 보상이 되는 경우도 있다. 가치 있는 일, 의미 있는 일, 자신이 원하는 일을 할 때가 그런 경우이며 그 일로 인해 좋은 평을 받게 되면 더더욱 좋다.

자신이 원하는 직업을 선택하고 자신이 원하는 방법으로 일을 할 수 있는 사람은 그리 많지 않다는 것을 우리는 잘 알고 있다. 권한이 제한되어 있고 조직 체제상의 문제로 인하여 융통성이 없는 경우 더욱 힘든 상황이 될 수밖에 없다. 여성의 입장에서는 좋은 일자리를 찾기보다는 기회만 있다면 일을 맡고 보아야 할 형편이다.

우리가 이 책에서 다루고자 하는 내용은 먼저 기회를 확보하자는 것이다. 어떻게 하든지 선택의 폭을 넓혀야 한다. 아무 생각 없이 일에 빠질 것이 아니라, 자신이 하고자 하는 일이 무엇이며 그것을 성취하기 위하여 어떻게 할 것인지를 생각해야 한다. 일을 통하여 행복을 찾을 수 있는 길을 택하고자 노력해야 한다. 선택의 폭을 넓히기 위해서는 사회에서 필요로 하는 자격과 기술을 갖추어야 한다. 우리는 능력을 갖출 필요가 있다. 사회의 규칙 체제를 당당하게 열어나갈 수 있는 열쇠를 갖추어야 한다.

자격을 갖추고자 할 때는 자신이 원하는 일이 무엇인지 고려해야 한다. 사람들은 주로 여성이 높은 지위에 오르는 것은 좋지 않다고 충고하는데 이는 잘못된 생각이다. 치과에 관심이 있다면 치과 간호사가 되려 하지 말고 치과 의사를 목표로 삼는다. 아동을 돌보는 일이 좋다면 모든 수단을 동원하여 적절한 과정을 밟아 관련 지식과 기술을 습득하되 금전적 대가를 많이 바라지는 말아야 한다. 언어 분야를 좋아한다면 그 언어를 구사할 능력을 갖추는 데 그치지 말고 그것을 활용하여 할 수 있는 일을 찾는다. 번역을 잘 하거나 해외에서 일하거나 외국인과 함께 일하는 등 관련 직업을 택하는 것이다.

관심 있는 분야를 활용하는 직업을 택하지 않고 그저 공부만 하는 일은 별로 의미가 없다. 글 쓰는 일을 좋아할 수도 있다. 마음과 힘을 다하여 그 분야에서 성공하도록 노력하라. 그러나 글 쓰는 일로 많은 돈을 벌 생각을 하면 안된다. 여성 옹호론적 입장에서 법률을 전공한 변호사들은 법과 제도에 많은 맹점이 있다는 점을 수없이 지적한다. 그러나 그런 사실을 잘 알고 있다 하여 건축가가 되기를 원하는 사람이 건축 현장에서 일자리를 찾을 수 있는 것은 아니다. 농촌을 지키고 싶어하는 사람들도 있을 것이다. 그렇다면 지식만을 갖출 것이 아니라 트랙터를 다루는 기술을 익히고 씨앗을 파종하고 가꾸고 거두어 들이는 기술을 익혀야 한다. 자신이 하는 일과 그 방법론 속에서 자신의 가치가 드러나게 해야 한다.

도움이 될 것 같다 하여 이 분야 저 분야를 수박 겉 핥기 식으로 섭렵하려 하지 않는 것이 좋다. 조언자가 경영학을 전공하는 것이 좋을 것이라고 추천하고 그 분야를 공부하기로 마음먹었다면 박사가 되는 것을 목표로 잡는다. 고용주의 입장에서는 해당 분야의 기술과 노하우를 많이 알고 있는 사람을 원하는 것이지, 잡다한 지식을 많이 알고 있는 사람을 좋아하지는 않는다.

완벽하게 만족할 만한 직업이나 평생 직업을 갖기는 극히 어렵다. 현재의 추세를 보면 계약직을 선호하는 경향이 강하다. 개인의 입장에서도 기술과 재능과 경험을 갖추고 있다면 그것이 경쟁력이 되어 좋은 조건으로 계약을 맺을 수도 있고 멋진 인간관계도 맺을 수 있다. 기술과 경험을 축적하여 가꾸고 활용하며, 자신의 지식과 감각 그리고 동료 여성들의 경험을 아울러 활용한다. 그렇게 함으로써 다른 사람의 권리를 옹호하고, 스스로의 가치와 윤리를 지키기 위하여 자신이 속한 분야의 정책과 문화를 바꾸어 나갈 능력이 갖추어진다.

직업을 선택하기 전에 필요한 지식을 충분히 갖추어야 한다. 진정으로 원하는 직업이 무엇인가? 그 직업을 선택함으로써 자신과 고용주 그리고 다른 관계자들이 얻을 수 있는 이익은 무엇이며 장래성은 있는가? 기회는 남녀에게 동등하게 주어지는가? 가족을 배려하는 정책이나 관행이 있는가? 멘터링(사원 교육) 프로그램이나 경력 향상을 위한 프로그램이 있는가? 외부에서는 그 업체를 어떻게 보고 있는가? 자신의 궁극적인 목표는 무엇이며, 이 직업은 자신의 목표를 향한 길과 어떤 관계가 있는지 자문해 본다.

채용이 결정되기 전에 업무 내용과 책임을 확실히 파악해야 한다. 직위는 그다지 중요하지 않다. 우리가 알고 있는 한 여성은 고용 안정 센터에 고용되었는데, 채용 당시 업무 내용을 서면으로 받지 않았다. 출근한 지 일 주일이 되었는데 회사에서 직책과 업무를 조정하는 바람에 그녀는 교육 강사가 되었다. 입사 당시 생각하던 업무와는 다른 것이었다. 이런 식으로 출발하는 것은 바람직하지 않다.

회사에서 자신에게 바라는 것이 무엇인지, 회사 쪽에서는 어떠한 조건으로 급여와 보너스, 휴가, 교육 등을 제공할 것인지를 계약서에 분명히 명기하는 것이 좋다. 꼭 계약서 형태가 아니더라도 서면으로 확보해 두는 것이 중요하다. 그 내용은 문제가 발생했을 때 자신을 보호하는 근거가 될 수 있기 때문이다. 그러한 것을 명확히 해 두지 않으면 자신이 기대하던 방향과 다른 상황에 빠지더라도 고용 조건을 개선할 수 있는 여지가 많지 않게 된다. 따라서 모든 조건은 서면화하여 그 사본을 잘 간직해 두어야 한다. 서로 달리 이해할 수 있는 내용이 있다면 구두로 질문하여 그 의미를 명확히 한 후 의무 사항에 영향을 미치는 부분이 있다면 추가로 메모해 둔다.

주로 남성들이 하던 일을 맡게 되거나 여성이 드문 환경에서 일하게 될 경우, 다음과 같은 점을 유념해야 한다.

✠ 미리 준비를 갖추어야 한다. 기술과 지식 등의 분야에서 만반의 준비를 갖춘다.

✠ 균형을 유지한다. 상황을 잘 분석해 보고 모든 문제를 파악한다. 상식 수준에서 판단해 보아야 한다. 그럴 일이 있다 해도 쉽게 흥분하고 자제력을 잃어서는 안된다. 울고 싶을 때는 아무도 모르게 울어야 한다.

✠ 때로는 무신경할 필요가 있다. 문제를 오히려 반겨 맞이한다. 쉽게 싫증을 느끼거나 성내거나 이성을 잃어서는 안된다.

✠ 유머 감각을 발휘한다. 언제 어디서나 웃을 수 있어야 한다. 그러나 시골 사람, 이민자, 장애자 등 소외된 사람들을 소재로 하는 농담은 바람직하지 않다. 재미가 될 소재를 평소에 생각해 둔다. 재미가 될 수 있는 소재는 많다. 자기 자신을 소재로 삼거나 풍자하여 재미있는 말을 만들 수도 있다.

✠ 끊임없이 자신의 위치를 확인한다. 내가 원하는 것이 무엇이며, 되고 싶은 것이 무엇이고 그 이유는 무엇인가? 자신이 원하는 방향으로 모든 것을 맞추어 나간다. 끊임없이 성찰하는 사람은 발전하고 그렇지 않은 사람은 퇴보한다.

✠ 연대한다. 직장에서 변화를 꾀하려면 가까운 동료들과 연대하거나 적절한 조합 또는 연합과 연대할 필요가 있다.

✠ 성장하려는 의지가 있어야 한다. 가장 보람을 느낄 때는 자신이 하는 일이 번창하고 성장할 때이다. 컴퓨터 학습으로부터 해외 연수에 이르기까지 자신을 개발할 수 있는 기회는 되도록 많이 활용한다. 고용주가 남녀 차별을 하지 않는 사람이라면 여성에게도 그러한 기회가 올 것이다.

근무 조건의 협상

살다 보면 구직을 위해 면접할 기회가 많을 것이다. 따라서 면접에서 좋은 성적을 얻을 수 있는 비결을 잘 아는 것도 유용하다. 여성들 중에는 면접에 약한 사람들이 많다. 다른 사람 앞에서 자신의 능력이나 경력에 대해 자신 있게 말하는 데 익숙하지 않다. 면접을 잘 하려면 충분한 준비가 필요하다. 관련 직업에 관한 모든 내용을 파악하고 그에 따른 과제 또한 파악하며, 가능하면 해당 분야에서 일하고 있는 사람의 이야기를 들어 보는 것이 중요하다. 그 분야의 일을 하려고 하는 이유가 무엇이며, 자신이 지니고 있는 기술과 자격과 경험이 선발 기준에 얼마나 부합하는지 정확히 알아야 한다.

사적인 질문에 대비하여 취미, 가족 관계, 스포츠 등에 대한 관심의 정도를 미리 생각하고 정리해 둔다. 여성에게만 해당되는 질문을 받을 경우 남성에게도 그런 질문을 하는지 부드럽게 되묻는 여유도 가질 필요가 있다.

여성들도 일을 함께 나누어 하는 일이 점점 익숙해지는 추세다. 정규직보다는 계약직이 확대되는 경향도 그런 추세에 한 몫을 한다. 함께 나누어 하는 일을 잘 해 내려면 해야 할 업무를 정확히 파악하고, 함께 일하는 파트너들의 성과를 정확히 기록하며, 필요한 정보를 원활하게 전달하고, 자신이 담당한 역할과 자원을 잘 관리해야 한다. 이러한 문제에 관하여 먼저 고용주와 함께 자세하게 의논하여 서로 잘못 이해하는 일이 없도록 해야 한다.

생산직이든 사무직이든 자신이 속한 분야에 관련된 노조가 있다면 가입하는 것이 좋다. 노조에서 하는 일이 마음에 들지 않거나 해야 할 일을 하지 않는다고 판단되면 그 내용에 관하여 건의한다. 노조가 비판에 대해 민감한 반응을 보이는 경우도 있다. 그럴 만한 이유가 없는 것도 아니다. 조합원들은 자원하여 일하는 경우가 많은데, 대외적인 영향력도 유지해야 하며 재정적 기반도 잃지 않고 보안도 유지해야 하는 부담이 있기 때문에 늘 긴장하고 있는 것이다.

예전에는 노조에서도 여성의 관심사를 충분히 반영하지 못하는 경향이 있었는데, 요즘은 여성이 간부를 맡기도 하고 여성 조합원도 많으며 남성과 여성이 함께 어울려 일하는 모습을 많이 볼 수 있다. 노조는 많은 노동자들을 대변한다. 노조는 오랜 세월 동안 일정한 위치와 영향력을 기반으로 사용자를 대상으로 협상을 벌여왔다. 노조는 개인으로서는 가질 수 없는 대외 관계와 힘을 지니고 있다. 노조에 가입하여 공헌을 하고 활용하며 함께 가꾸어 나가면 유익할 것이다.

임금 협상을 할 때는 자신이 지니고 있는 가치를 알고 있는 것이 중요하다. 물론 말이 쉽지 실제로 자신의 가치를 파악하기란 쉽지 않다. 대부분의 여성들은 고용주와 협상하기를 꺼린다. 여성들, 특히 돌보아야 할 집안일이 있는 여성들은 일자리만 보장된다면 웬만한 조건과 임금은 별로 따지지 않는 경우가 많다. 어떠한 직업이든 일자리를 가지고 있다는 것만으로 행운이라고 여기는 여성들이 많다. 한편, 사회적으로 인정받는 여성들도 자신들의 가치에 합당한 대우를 받지 못하고 있다. 자신이 하는 일과 보람으로 만족을 느낀 나머지 임금 협상을 제대로 하지 못하기 때문이다.

여성들은 비슷한 일을 하고 있는 남성들과 비교해 볼 때 수입이 상당히 낮으며 교육받을 기회 등 부수적인 대우도 비교적 적다. 우리 여성들 중 상당수가 스스로의 가치에 대하여 확실한 이해를 갖고 있지 않다. 돈 문제는 곧 스스로에 대한 가치 평가와 직결되어 있다.

다음과 같은 사항들을 염두에 두고 자신에 대한 가치를 평가해 본다.

✠ 당분간은 낮은 임금을 받고 봉사하고 나중에 더 많은 임금을 받는다는 생각이 괜찮을 것 같지만 한 번 낮은 급료를 받으면 고용주는 당연히 그러려니 생각하기 때문에 기대하는 수준의 임금에는 영원히 못 미치게 된다는 점을 알아야 한다.

✠ 자신의 봉사에 대하여 가치를 낮게 평가하는 것은 곧 스스로를 파괴하는 것이다. 어느 업계를 보더라도 가격 경쟁은 그 결과가 자신에게 돌아온다. 처음에는 고객들이 낮은 가격에 호감을 갖고 붐비지만 결국 업계 자체의 생존에 영향을 미쳐 최소한 한 두 업체는 파산하고 만다. 근로자 개인에게도 마찬가지 원리가 적용된다. 내가 지금 결정하는 것이 나 뿐만 아니라 같은 일에 종사하는 다른 사람들에게도 선례가 된다. 값싼 노동력은 노동을 경시하는 풍조를 낳게 된다.

✠ 어쩔 수 없이 낮은 임금으로 일할 수밖에 없는 상황이라면, 그렇게 하는 것은 한 번 뿐이어야 하며 이후에는 정상 임금을 받아야 한다는 점을 확실히 해 둔다.

✠ 낮은 임금을 부과하는 데 동의하면 기다리는 것은 풍요한 삶이 아니라 쪼들리는 삶 뿐이다.

당연한 수준으로 여기고 있는 임금 수준에 관해 이야기할 때에도 돈에 관해 이야기하는 것이 쉽지 않다는 것은 사실이다. 이 문제를 극복하는 방법은 두 가지가 있다. 다른 사람을 내세워 대신 협상하도록 하거나, 자신감을 가지고 기술과 정보를 갖추어 스스로 한 번 해 보는 것이다. 두 가지 다 장단점이 있다.

다른 사람을 내세워 협상을 하도록 하는 경우, 자신이 생각하고 있는 가치를 요구하는 도덕적인 용기를 낼 수 있다는 장점이 있다. 대리인이나 변호사, 회계사 또는 관련된 일에 경험이 있는 사람을 선택할 수 있을 것이다. 이 때 다음 사항들을 염두에 두어야 한다.

✠ 수수료나 임금의 일정 비율 등 어느 형태로든 비용을 지불해야 할 것이다. 어느 쪽이 유리한지 고려할 필요가 있다.

✠ 반드시 믿을 수 있는 사람을 택해야 한다. 추천을 받는 것이 좋을 것이다. 또한 대리인과는 친밀한 관계를 유지하는 것이 좋다.

✠ 자신이 하는 일과 자신이 지닌 기술에 대해 확실하게 이해시켜야 한다.

✠ 대리인이 확실히 자신의 편에 서서 대변하고 고용주로부터 뇌물을 받는 일이 없어야 하며, 이해 관계가 얽혀 있지 않은 사람이어야 한다. 예를 들어 레크레이션 업계에서는 대리인이 주최측으로부터 출연자들에게 지급할 출연료의 일부를 받고 출연자들로부터도 수입의 일정 비율을 받는 경우가 있다.

✠ 협상을 성공시킨 예를 제시해 달라고 대리인에게 요청하여 사전에 검증을 하는 것이 좋다.

✠ 대리인은 내가 속한 업계를 잘 알고 있어야 하며, 스스로 연구하여 일을 신속히 처리할 자세를 갖고 있어야 한다.

✤ 법적 효력이 있는 문서에 자신을 대신하여 서명할 수 있는 권리를 협상 대리인에게 부여하지 말아야 한다.

협상을 스스로 진행하려 할 경우 다음 사항을 고려한다.

✤ 동종 업계에서 다른 사람이 협상한 전례를 연구하여 참고로 삼고, 유경험자에게 어느 정도의 수준에서 협상이 이루어졌는지 알아본다.

✤ 관련 부문의 통상적인 임금 수준을 연구해 본다.

✤ 소속된 노조 또는 관련 전문 기구에 의뢰하여 최저 임금에 관한 자세한 정보를 알아 본다. 최저 임금 이상으로 협상을 진행할 생각이라 하더라도 최저 임금은 알아 둘 필요가 있다. 노조나 전문 기구는 계약에 관한 사항을 무료로 상담해 주는 경우도 있다.

✤ 협상에 필요한 기술을 익힌다. 모든 준비를 마친 후에도 자신이 없으면 다른 사람을 내세워 협상하는 방안을 다시 고려해 본다.

✤ 완전히 이해하고 동의하지 않는 한 어떤 조건에도 서명하지 말아야 한다.

노사 협상

The women's Power

　노조의 협상에 따른 혜택은 모든 노동자에게 적용되며, 대립이 발생할 경우 협상 내용은 법적 투쟁의 근거가 된다. 그러나 1990년대 초반부터 호주의 노동계에서는 법적 기관의 개입 없이 고용주를 대상으로 노동자가 직접 협상하여 생산성과 임금을 높이고 노동 조건을 개선하기 위해 노력하는 분위기가 형성되어 왔다. 노사 협상에는 두 가지 유형이 있다. 하나는 노동자를 대표하여 노조가 고용주와 협상하는 방식이며, 다른 하나는 노동자 다수와 회사 간에 이루어지는 협상 방식이다.

　협상 과정에서 여성에게 필요한 사항과 요구 내용은 무시되는 경우가 많다. 대표권을 가지고 있는 노조가 여성에게 필요한 사항을 인식하지 못할 경우 그러한 현상이 발생할 수 있다. 조합원 또는 협상 대표들이 주로 남성일 경우, 여성이 시간제 근무로 고용되어 있는 경우, 그리고 여성 관련 문제가 얼마나 중요한지를 협상 대표들에게 인식시키지 못한 경우 여성 관련 문제가 소홀히 될 수 있다. 노동자 다수와 회사간에 이루어지는 협상에서 여성들이 그 중요성을 인식하지 못하고 소홀히 하여 결과적으로 불이익을 받게 되는 경우도 있다. 참여 여부는 여성 자신들에게 달려 있다.

　협상을 체결하는 데는 10가지 단계가 있는데, 이는 중요한 사항으로서 여성들이 알아 두어야 할 필요가 있다. 노조는 협상 경력이 많으므로 노조 관계자의 조언을 참고하면 좋을 것이다.

1 다른 여성들과 비공식적으로 의견을 교환한다. 원하는 바가 무엇인지 이야기해 본다. 출산 휴가, 가정일을 돌보기 위한 특별 휴가, 직무 변경, 육아 관련 조건 개선, 임금에 있어서의 남녀 차별 철폐, 기술 및 자격 사항의 인정, 문화 및 종교적 필요 사항, 승진의 기회, 중요 임무 및 특별 교육의 기회 부여 등 논의할 수 있는 사안이 많이 있을 것이다. 정기적으로 이야기를 나누는 것이 좋다.

2 누구나 하고 싶은 말이 있다는 것을 알아야 한다. 특히 시간제로 근무하는 여성이나 늦은 시간에 교대 근무를 하는 여성이 무엇을 원하는지 알아내는 데 신경을 써야 한다. 그들도 함께 동참하도록 유도한다. 그렇게 하는 것이 모두의 이익을 위해 바람직한 일이다.

3 목표하는 바가 무엇인지 기록해 본다. 무엇을 변화시키고자 하는가? 몇몇 사람이 아닌 모두의 이익을 위해 조건을 변화시키도록 노력해야 한다. 목표를 글로 기록하여 모든 사람에게 공개한다.

4 함께 협상을 할 대표자 그룹을 구성한다. 노조가 협상에 나선다면 여성이 참여하여 팀을 구성하도록 하여 여성들이 원하는 내용이 충분히 전달되도록 한다. 협상 대표 그룹은 목소리 큰 일부 사람들의 이익만이 아닌 전체 사원들의 이익을 대표해야 한다. 조합원이든 아니든 모든 사원의 이익을 대변해야 하는 것이다.

5 노동자는 정당한 절차를 거쳐 업무 시간에 서로 만나 의견을 교환할 권리가 있다. 대표들은 노동자들의 의견을 되도록 많이 수용

해야 하고 노동자들은 의견을 이야기할 권리가 있다. 협상에 관한 교육을 받을 기회가 있는지 알아 본다. 협상에 임하는 사람들은 반드시 차별 방지법과 고용 기회 균등법의 내용을 알고 있어야 한다. 아울러 직장과 가정 생활의 균형을 고려해야 하고 어느 노동자가 불이익을 받고 있으며 어떻게 해야 이를 개선할 수 있는지 파악해야 한다.

6 협상 대표자들은 개선해야 할 사항을 경영진에게 요구하고 반대로 경영자들이 원하는 사항은 무엇인지 들어 본다. 이야기가 원활하게 이루어지는 것이 생산성을 높이는 데 도움이 된다. 노동 시간이 길어지고 노동의 강도가 높아지는데 임금은 변함이 없다면 불합리한 것이다.

7 합의서를 작성하여 서명하기 전에 관련된 내용에 관하여 충분한 자문을 얻어야 안전하다.

8 투표를 통하여 합의서의 내용이 비준되면 모든 구성원에게 사본을 배포하여 그 내용과 의미를 정확히 이해시킨다.

9 만고불변의 합의서는 없다. 합의 내용은 준수하되 필요에 따라서 재검토하고 갱신하며 재협상을 한다.

10 협상 대표가 누구이건 관계없이 여성들의 모임을 지속적으로 유지하여 여성과 관련된 사안들이 경영자, 노조 그리고 동료들에게 지속적인 관심을 받도록 해야 한다.

가족을 중시하는 직장

The women's Power

　가족 및 집안일을 도맡아 해야 하는 많은 여성들이 느끼는 것은 자신에게 맞는 작업 시간을 찾기 어렵고 교육이나 자기 계발의 시간을 찾기는 더더욱 어렵다는 점이다. 어머니로서 직장을 가진 여성은 '지각생'이란 말을 가장 듣기 싫어한다. 아이들을 유아원이나 학교에 데려다 주고 시간에 맞춰 출근하는 일이 쉽지 않을뿐더러 본의 아니게 일과 후의 회의에 간혹 불참하게 되는 경우가 있기 때문에 여성들은 '지각생'이란 별명이 붙는 경우가 있다.
　이러한 상황을 다루는 전략을 몇 가지 소개한다.

　✠ 고용주는 고용 기회의 평등, 승진 및 작업 행위 등에 관한 정책을 사원들에게 당연히 이야기해야 한다. 고용주가 말해 주지 않는다면 스스로 알아내야 한다.

　✠ 그러한 정책에 대해 준비해 둔 것이 없다면 회사나 업체에 요청하여 채택하도록 한다. 가족 중시 정책은 자신이 직접 작성하여 제공해 줌으로써 회의 일정을 잡을 때 참고하도록 하는 것도 좋은 방법이다. 남성들 역시 가족이 있다는 점을 일깨워 주면 효과가 보다 나을 것이다.

　✠ 동료 노동자들에 대해서도 자녀를 돌보는 데 필요한 사항이 무엇이며 회의를 어느 시간에 하면 좋을 것인지 의견을 수집한다. 수집된 의견을 경영자에게 전달한다.

✠ 필요하다면 일을 하면서도 육아에 도움이 될 수 있는 시설을 갖춘다.

✠ 가족을 중시하는 정책이 생산성 향상과 인재 확보에 얼마나 도움이 되는지에 관한 정보를 찾아낸다. 이는 회사의 비용 절감과도 연관된 문제다.

✠ 회사의 중역이 되어 결정권과 능력이 확대되었을 때에도 과거에 가족 중시 정책에 관해 논의했던 내용을 잊어서는 안된다.

조안 커너는 산림, 토지 및 자연 보호부 장관으로 재임할 당시 가장 가까이 있던 여성 측근들이 휴교일에는 어느 때보다도 스트레스를 많이 받았다고 말했다. 그 이유가 무엇이냐는 질문에 대해 그녀는 아이들을 돌볼 대책을 마련해야 했고 가정 일도 미루어야 했기 때문이라고 대답했다.

조안은 직원들과 더불어 가족 중심의 휴교일 정책을 고안했다. 그 내용 중에는 일에 소요되는 시간을 미리 알리고 직장 중심의 양육 대책을 수립하는 방안이 포함되어 있었다. 조안의 부서 뿐만 아니라 빅토리아 주의 전 행정부에 이를 적용하여 육아 시설을 갖추도록 했다. 그러한 정책의 실시로 조안은 뜻하지 않은 혜택을 받게 되었다. 피곤할 때 가끔은 육아실에서 누워 쉴 수도 있었고 아이들과 함께 놀 수도 있었던 것이다.

중요한 담당자나 고객을 접대할 때 남성 전용의 장소를 택하는 것을 보면 장소를 다른 곳으로 변경할 것을 건의한다. 여성이 출입하기 곤란한 장소를 접대 장소로 선정하면 참여할 자격이 있으면서도 여성이 참여하지 못하는 경우가 있을 수도 있다.

호주에서는 스포츠 및 레크레이션 분야에서 여성의 출입을 금하는 경우가 있다. 로즈마리 닐(Rosemary Neill)은 '중역실의 반발(Boardroom Backlash)'이라는 제목의 글에서 여성 경영자 네트워크의 창시자인 바바라 카일(Barbara Cail)이 쓴 보고서를 인용하였다. 카일은 중요한 거래를 맡아 성사시키기 위해 안간힘을 썼던 여성 중역의 이야기를 보고했다.

그 여성은 골프 코스에서 중요한 결정이 이루어져 자신의 소속 회사가 이익을 보지 못하게 되자 해고되고 말았다고 한다. 카일은 또한 거래 도중 잠시 쉬는 틈을 타서 화장실에서 결정이 이루어지는 경우가 있다는 점을 알아내게 되었는데, 그 또한 여성을 따돌리기에 적합한 순간이다.

골프는 비즈니스 세계에서 매우 중요한 요소이므로 여성들 중에서도 비록 좋아하지는 않지만 스포츠를 배우고자 하는 사람들이 있는 것으로 안다. 그런 여성들에게 좋은 일이 있기를 바란다. 우리가 생각하기에 스포츠에는 다른 목적이 있다.

남성 상사와 함께 일하기

관리자 위치에 있는 남성 중에서는 여성을 동료로 여기거나 동등하게 여기지 못하는 사람들이 있는 것이 사실이다. 젊은 여성을 키워 주고 후원하는 일이 있기는 하지만 정작 그 여성이 일정한 위치를 차지하고 동등한 레벨에 오르게 되면 또한 경계하게 된다. 또한 여성 관리자를 육성하는 일에 신경을 쓰는 경우가 있기는 하지만 그것도 역시 일정한 한계를 지니고 있다. 사리에 맞지 않는 행동을 하는 남성 상사를 대할 때는 다음 사항을 참고하여 대처한다.

✠ 자신의 장점을 잘 발휘할 수 있도록 한다.
✠ 상대의 장점을 잘 살려 대한다.
✠ 자신의 임무에 충실해야 함은 물론이다. 자신이 좋은 성과를 거두었을 경우 서면으로 보고하여 다른 사람들도 볼 수 있도록 한다. 그렇게 하면 남성 상사가 과소평가하거나 성과를 쉽게 잊고 무시할 수 없게 된다.
✠ 자신을 지도해 줄 사람을 찾는다.
✠ 소속 조직 내에 인맥을 형성하여 자신이 모르는 문화적 흐름에 대해 도움을 받도록 한다. 필요에 따라서는 조직의 문화를 바꾸도록 한다.
✠ 회의에서 필요한 행동 요령에 관한 이 책의 조언을 참조하여 필요에 따라 적당한 전략을 구사한다. 남들이 아는 정보를 혼자 모르는

경우 등은 절대 없어야 한다.

✠ 일 속에서 여성 관련 문제는 절대 무시할 수 없는 것임을 알도록 한다.

✠ 회사에 고용 기회 균등 정책이나 인재 육성 방침 또는 멘터링 전략 등이 없거나 뚜렷한 승진 정책이 없을 경우, 다른 여성들과 힘을 합하여 회사가 그러한 것들을 수립하도록 촉구한다.

✠ 전문가답게 행동한다. 성적인 매력을 승진 전략으로 이용할 생각을 하지 않는다. 성적 매력은 나이가 들어가면서 소멸되게 마련이다.

젊은 여성들은 이런 점을 깨닫지 못하고, 젊은 시절이 다 지나간 후에야 여러 가지 실력이나 재능 면에서 자신을 가꾸지 않았음을 후회하게 되는 경우도 있다. 능력 있는 여성이 되고자 한다면 실력과 재능을 기르고 부지런히 경력을 쌓아야 한다. 평소에 실력을 갈고 닦지 않으면 기회가 와도 붙잡지 못한다.

✠ 성적인 농담에 가담하지 말아야 한다. 한 두 번 장단을 맞추다 보면 남성들은 계속 그런 식으로 대하려 한다.

✠ 자신을 도와 주는 사람에게는 깍듯이 대한다. 자신의 인기가 상승하고 있을 때는 특히 다른 사람을 잘 대해야 한다. 하강할 때에도 마찬가지로 친구가 필요할 것이다.

업무와 관련하여 질문하는 것을 두려워하지 말라. 여성은 일에 관한 대화를 할 때 주저하는 경향이 있는데 이는 무능하기 때문에 그런 것으로 오해될 소지가 있다. 다른 사람에게 조언을 요청할 때는 그 사람이 바쁘지 않은 시간을 고려하며, 사안에 따라 가장 적합한 사람에게 문의한다. 단순히 호감이 가는 사람을 찾는 것이 아니라 해당 분야의 지식을 제공해 줄 사람을 찾아야 한다.

여성들 중에는 성과 검토를 잘 다루지 못하는 사람도 많고 단독 면담에 약한 사람도 많은데 이는 부정적인 결과를 초래할 수 있다. 사전에 경험 있는 여성과 역할극을 통하여 연습하면 훨씬 나아질 수 있다. 면담할 때는 사전에 이야기할 사항을 기록해 두어야 빠뜨리지 않고 이야기를 마칠 수 있다. 단호하게 이야기하되 예의를 갖추어야 하며, 이야기가 엉뚱한 방향으로 빠지면 재차 정확한 답변을 요구한다. 성과 검토를 하는 경우, 자신의 성과 측정 방법이 무엇인지 정확히 알 필요가 있다. 고질적인 문제이거나 취약점에 관한 내용일 경우 그 내막을 정확히 알아야 한다.

징계 회의에 참석할 때는 혼자 가지 않는 것이 최선책이다. 믿을 수 있는 동료나 조합원 또는 알고 있는 전문가를 대동하는 것이 좋다. 어떤 경우든지 수세에 몰리지 말고, 흥분하거나 눈물을 보이면 안된다. 그러한 종류의 회의는 객관적이고 전문적이며 일과 관련된 것이어야 하지만 그렇지 않은 경우도 있다.

회의에서는 자신의 권리가 계약 조항이나 사규에 의하여 보호된다는 점을 기억해야 한다. 자신에게 불리한 내용을 알 권리 그리고 반박할 권리도 있다. 이는 곧 필요한 정보를 통보받을 권리가 있다는 뜻이며 편견 없고 공평한 결정을 받을 권리가 있다는 뜻이다.

차별 방지법과 부당 행위 방지법은 그러한 권리를 보장할 것을 요구하고 있다. 그러한 관련 법을 알 필요가 있지만 그 내용을 지나치게 부각시켜 불편을 초래할 필요는 없다.

기회 균등법

상당 수의 여성이 믿지 못할 얘기지만 대부분의 직장에서는 아직도 성차별이 문제가 되고 있다. 경영진이나 이사회 그리고 주요 직장의 고위직에 대한 여성들의 진출이 원활하지 못하며 남성에 비해 임금도 훨씬 적다.

그 원인은 여러 가지가 있다. 가정 일을 돌보며 시간제 직업에 종사하는 여성이 많으며, 남성에 비해 경력의 흐름이 원활하지 않고, 여성의 진출이 어려운 직업이 있어 많은 여성들이 열등한 대우를 받고 일하고 있으며, 차별적인 상황이 존재하는 등의 요인들이 복합적으로 작용한다.

대부분의 여성들은 돌보아야 할 가정 일이 있다. 여성들이 직업을 갖지 못하는 이유에 관한 1995년의 어느 조사에 의하면, 직장이 없거나 적극적으로 직업을 찾으려고 노력하는 전체 여성의 절반이 아이를 잘 돌보지 못하는 등 '가정적인 이유' 때문에 취업을 못하는 것으로 드러났다. 더욱이, 여성들은 시간제로 일하는 경우가 많으며, 평균 수명이 남성보다 긴 데도 불구하고 퇴직 수당을 받을 기회가 남성에 비해 훨씬 적다.

고용 기회의 균등이 실현되면 여성도 차별 없이 기여도에 따라 대우받을 수 있다. 여성은 성별에 따른 특성도 있고 때로는 임신과 출산의 영향도 받기 때문에 남성과는 조건이 다르다.

성차별 방지법이란 것이 있다. 그 내용을 잘 알아서 여성이란 이유 때문에 부당한 대우를 받는 것인지 단순히 자신이 느끼기에 불쾌한 것인지 구별할 줄 알아야 한다. 단지 기분이 불쾌하다는 것은 성차별이라고 볼 수 없다.

성차별 방지법은 기타 서구 국가들에 비해 호주에서 더 잘 시행되고 있다. 호주에는 아홉 개의 법정 기회 균등 및 성차별 방지 기관이 있어 주, 테리토리 및 연방의 성 차별 방지법을 관장하고 있다. 정부 기관은 모두 기회 균등 정책을 공공 부문 직원 채용에 반영하고 있다.

그 모든 일들은 국제적인 정책과 더불어 시작되었다. 호주는 다른 나라들과 조약을 맺어 차별은 근본적인 인권 침해로서 가벼이 넘길 수 있는 것이 아니라는 점에 의견을 같이했다.

이 조약으로 인하여 호주는 차별 철폐를 위해 노력하고 국제적인 비난을 피할 수 있게 되었다. 호주가 처음으로 조인한 국제적인 인권 기구는 UN의 1948년 세계인권선언이었다.

세계인권선언에 조인한 이후 호주는 여타의 특정한 국제 조약에 더 많이 가입하여 인종 차별, 성 차별 및 장애인 차별을 일소하는 데 공동의 노력을 해 왔다.

국제노동기구의 협약에 따라 호주는 근로 현장에서의 차별을 철폐하고 노동자들이 가정 일을 돌볼 권리를 보장하기로 약속했다. 또한 어린이의 인권도 보호하기로 약속했다.

우리는 사람이기 때문에 자연히 교육이나 고용 현장에서 뿐만 아니라 상품 또는 서비스를 구매할 때, 공공 시설을 이용할 때, 숙식을 구하고 제공할 때 필요에 따라 차별을 두게 된다. 그러한 차별은 정당하고 합리적인 것이다. 정당하지도 않으며 합리적이지도 않은 차별은 사람들 사이에 불필요한 구별을 지어 일부 사람들에게 까닭 없는 불이익을 준다.

사람이라면 누구나 자신과 통하는 이들, 즉 대하기 편한 상대가 주변에 있어 주기를 바란다. 어느 한 그룹이 정상이라고 생각하는 기준과 공동의 의무로 여기고 있는 내용에 부합하지 않는다고 하여 사람을 차별하면 그 그룹 전체가 차별을 당연시하게 된다. 그러나 어느 면에서 보면 그것은 반사회적인 것이며, 개인적 차원 뿐만 아니라 보다 넓은 사회적 차원에서도 장기적으로 볼 때 파괴적인 결과를 낳을 소지가 있다. 그렇기 때문에 부당한 차별은 법으로 금지하고 있다. 이는 여성의 경우에만 특정한 것은 아니다.

편견의 대상이 되는 것과 그룹에서 배제된다는 것이 어떤 느낌인지를 아는 여성들이 앞장서서 그러한 차별이 일어나지 않도록 해야 한다. 차별에 대하여 불평하는 방법도 있다. 그러나 차별방지법을 알고 차별이 일어나지 않도록 미리 대처하는 방법이 훨씬 나은 방법이다.

차별에 대해 항의하는 근거와 범위는 모든 주가 유사하지만 예외사항과 조정 내용이 있어 각 주마다 조금씩 차이가 난다. 예를 들어, 타즈마니아의 차별방지법은 성차별과 성학대에 국한되는 것으로서 인종, 장애인, 정치 또는 노사 활동과 임신 및 출산, 연령과 성별을 근간으로 하는 기타 주 또는 테리토리와 차이를 보이고 있다. 연방의 차별방지법은 공통된 근간의 일부분을 망라하고 있다.

그러나 금지되어 있는 사항에 의해 불공정한 대우를 받았다고 해서 반드시 공식적으로 이의를 제기할 권리가 주어지는 것은 아니다. 차별방지법이 정하는 사회 활동의 범위 내에서 차별이 발생할 경우에만 항의할 권리가 주어진다.

그러한 사회 활동의 범위를 보면 다음과 같다.

✤ 근로 현장
✤ 교육 현장
✤ 거래 또는 직업에 따른 자격 부여
✤ 스포츠
✤ 공공 건물, 교통 수단, 상점이나 정부의 서비스 등과 같은 상품 및 서비스나 시설에 대한 접근
✤ 클럽 출입. 그러나 소수의 문화를 보존하기 위한 특별한 클럽을 세우는 것은 합법적인 것이다. 지금도 사적인 클럽이 있어 일례로 여성의 출입을 제한하기도 한다. 남성 전용 클럽이 사라져감에 따라 여성의 출입을 제한하는 클럽은 점점 줄어들고 있다. 일부만을 위한 문화는 싫증나기 마련이다.

차별은 법에 저촉되는 것으로서 차별 행위에 대처할 수 있다는 점을 알고 그러한 지식을 바탕으로 행동하는 것이 여성에게는 반드시 필요하다.

차별과 학대에 대한 대처

'차별'은 개성이 존중받지 못하고 다른 사람들 가운데서 배제되거나 비교적 불공정하게 취급받는 것을 말한다. 능력이 부족하고 재능이 모자라며 잠재력이 적은 존재로 취급받는 경우도 이에 포함된다. 직접적인 차별이 행사되는 경우도 있다.

예를 들어, 학교에서 원주민을 지능이 모자라거나 말썽을 일으킬 소지가 있는 사람으로 간주하여 학생으로 받아들이지 않는다면 이는 명백히 연방의 인종 차별 방지법에 저촉되는 행위다. 인종, 성별을 비롯하여 차별 방지법의 적용 대상이 되는 사항과 간접적으로 관련되거나 해당자에게 다소 불공정한 대우를 하는 것 역시 비록 말로 표현되거나 증명하기 어려운 것이라 하더라도 명백한 차별이다.

그러나 어떤 사람이 불공정한 대우를 받는 것이 명백하고 의식적인 편견에 의한 것이 아니라 힘 있는 자리에 있는 사람이 과거의 습관과 관행을 무의식적으로 따름으로써 일어나는 경우가 있다. 대부분의 조직에는 규칙이 있는데 요건을 충족하지 못하는 사람들에 대하여 불공정한 결과를 나타내는 규칙이라면 그것은 간접적으로 차별하는 것이다.

오랜 시간에 걸쳐 형성된 업무 관행 중에는 여성을 차별하는 요소가 들어 있다. 중요한 고객을 접대할 때 여성의 입장에서는 참가하기 어려운 늦은 시간을 택한다거나 여성이 들어가기 거북한 클럽 등을 접대 장소로 선택하는 행위가 그 예에 해당한다. 이것은 간접적인 차별 행위로서 그럴 듯한 직장에서도 빈번히 행사되고 있다.

성적 학대는 상대방이 원하지 않는 데도 불구하고 이성에 대하여 일방적으로 가해지는 것으로서 행위, 말, 몸짓, 사진, 달력, 화면 보호기, 전자 우편, 팩스, 농담, 신체 접촉, 위협, 원치 않는 초대 또는 반복적인 초대, 직접적인 성행위 요구, 사적인 언급이나 희롱 등이 학대의 방법으로 동원된다. 의도된 것이든 아니든, 특별히 어느 한 사람을 겨냥한 행위든 아니든 여성에게 모욕감, 거북함 또는 불쾌함을 느끼게 하거나 제삼자가 보았을 때 여성이 그렇게 느낄 것으로 판단되는 행위는 성적인 학대로서 불법적인 것이다.

성 차별적인 언급과 성적인 언급의 차이점은 뚜렷하다. 성 차별적인 언급은 다른 사람을 비하하는 행위로서 여성을 '귀여운 아가씨' 또는 '죽이는 여자' 등으로 표현하는 것이 이에 해당한다. 성적인 언급은 성적인 특성이나 성적 행위에 초점을 둔 행위로서 '젖가슴이 예쁘다' 또는 '끝내주겠다' 는 등의 표현이 이에 해당한다.

잘난 척 하는 남자들이 그런 말을 할 때는 재치 있게 반격함으로써 더 이상 진행되지 못하게 할 수 있어야 한다. 특히 남성들만 있는 장소에서는 그러한 기지가 더욱 필요하다. 나올 법한 언급 내용을 미리 생각하여 그에 대한 대비를 함으로써 피해자가 되지 않도록 하는 것이 좋다.

건설 분야에서 근무하는 여성들을 위하여 "새로운 터전 닦기 : 비전통적인 업무에 입문하는 여성들의 생존 방법(Breaking New Ground: A Manual for Survival for Women Entering Non-Traditional Jobs)"을 저술한 애니 코울링(Annie Cowling)은 다음과 같은 반격 방안을 제시한다.

◐ 건축(기계, 기능, 중장비 등) 분야에서 일하려는 이유가 무엇입니까?

당신은 이 분야에서 일하는 이유가 뭐죠? 또는, 제 오빠는 간호사가 되기로 했거든요.

◐ 남자들이 집적거리지 않나요?

아뇨, 댁한테는 누가 집적거리나요? 또는, 아뇨, 댁이 처음인데요.

◐ 당신도 여자예요?

(질문에 동요하는 모습을 보여서는 안된다) 예전에는 그렇게 보였죠. 또는, 아뇨, 전 나무(기중기 등)예요.

◐ 부모님과 함께 사시나요?

당신은 그러세요?

◐ 남자 친구는 있나요?

왜요? 남자 친구가 필요해요?

◐ 왜 남자의 직업을 택하십니까?

남자가 별로 꺼리는 것 같지 않아서요.

◐ 이 일을 하시는 데 대하여 어떻게 생각하십니까?

어떻게 생각한다고 대답해야 할지 모르겠네요?

◐ 당신같이 보잘 것 없는 사람이 여기서 뭘 하겠어요?

보잘 것 없는 존재가 세상을 좌우한다는 말이 있지요. 그 말이 나에게 어떻게 적용되는지 알아보려고요.

이 내용은 질문하는 사람이 그래도 점잖은 태도를 지니고 있다는 가정 아래 정리해 본 것이다. 애니는 여러 가지 상황을 고려해서 자신에게 유용할 듯한 짤막한 농담을 정리해 두었다가 성가시게 구는 사람이 있을 때 사용해 볼 것을 권장한다.(글로 기록해 둘 경우 그 내용이 유출되어 엉뚱한 사람의 손에 들어가지 않도록 주의해야 한다) 짓궂은 질문을 받았을 때 '나 역시 유머 감각이 있는 사람이지만 그러한 종류의 대화는 내키지 않는다'는 점을 이야기함으로써 자신의 입장을 분명히 표현하는 것도 나쁠 것이 없다.

애니가 조언하듯이 자신에게 불필요하고 짓궂은 질문을 하여 유독 성가시게 구는 사람이 있을 경우, 잠깐 동안이라도 화를 내는 것은 어리석은 일로서 그 여파가 오래 간다는 점을 기억해야 한다. 그러나 진지하고 침착하게 대처하면서 그런 농담을 삼가 달라고 부탁하면 상대방도 불쾌하지 않게 생각하고 받아들일 것이다.

그러나 말에 전혀 악의가 없는 것이 아닐 경우, 여성의 입장에서 가장 큰 의문은 그에 대하여 항의를 해야 할 것인지 여부다.

항의를 하면 지나치게 날카로운 사람으로 취급받지 않을까? 문제를 일으키는 사람으로 낙인찍히지 않을까? 과거의 경험으로 볼 때 문제 있는 사람으로 몰리거나 기피 대상이 될 수 있다는 염려는 현실적인 것이다. 그러나 자신의 권리를 위해 일어서지 않는다면 자신에게 일어난 일을 아무도 알 수 없고 같은 일이 다른 여성에게도 일어날 수 있다. 문제는 간단한 것이 아니므로 절대 혼자서 해결하려고 하지 말아야 한다.

친구도 필요하고 조언도 필요하다. 그리고 행동을 해야 한다. 경우에 따라서 침묵은 용인이나 묵인으로 해석될 수 있다. 자책해서는 안된다.

여성도 존중받을 권리가 있고 평등한 대우를 받을 권리가 있다. 남들이 나를 비하하거나 위협하도록 방치해서는 안된다. 약한 자를 괴롭히는 것을 용서해서는 안된다. 성희롱의 빌미가 될 만한 행동은 절대 하지 말아야 한다.

불쾌한 행동에 대하여 한 두 번은 무시할 수도 있지만 문제가 계속될 경우 반드시 대책을 세워야 한다. 아무튼 성적인 말을 하고 신체접촉을 시도하는 추잡한 사람을 용인해서는 안된다. 그대로 두어서 결코 좋을 것이 없다.

그리고 적대적인 업무 환경, 특히 성적 학대와 희롱 또는 따돌림이 성행하는 환경에서 오래 일할 수는 없다. 성적인 면에 대한 지나친 강조 또는 성적 학대는 약자를 괴롭히는 행위다. 그런 환경에서는 편안하게 자신의 능력을 발휘할 수 없게 되어 업무에 필요한 효율성과 성과를 충족하기 어렵다. 나아가 개인의 행복과 건강을 해치게 되고 궁극적으로는 자신감을 잃게 만든다.

직장에서, 특히 성적인 학대와 성 차별적 발언이 오래 지속되어 온 업무 환경에서 그러한 행위에 항의하는 것은 고요히 흐르는 강물에 돌연 파도를 일으키는 것과 같은 결과를 낳는다.

사람들은 항의하는 여성을 따돌리려고 할 것이며 오히려 그 여성 쪽에 문제가 있는 것처럼 몰아붙여 제거함으로써 예전의 상태를 유지하려고 할 것이다. 그러나 학대나 차별에 항의하는 사람을 괴롭히거나 벌하는 것은 불법이다. 가해 혐의자가 불공평하다고 주장할지라도 항의 내용을 조사하는 동안 사람들을 분리시키는 것은 합법적이다.

성적 학대에 대처하는 것이 중요하다. 적절하게 대처하지 않을 경우 점점 커져서 문제가 엉뚱하게 불거질 수 있기 때문이다. 사람들은 다른 사람에 관해 이런저런 험담을 주고 받게 마련이다.

처음에는 대수롭지 않은 농담으로 시작되지만 나중에 가서는 걷잡을 수 없이 심각한 문제로 대두되고 당사자에게는 치명적인 결과를 안겨줄 수도 있다. 그런 경우 관리자는 피해자의 편에 서기보다는 어떻게든 말썽이 진정되기만을 바랄 뿐이다.

● 성적 학대에 대한 간단한 대처 요령

지금까지 언급한 내용을 기억하기 바란다. 절대 혼자서 해결하려고 하면 안된다. 친구에게 털어놓되 업무 시간은 피해야 한다. 업무 시간에 이야기하면 즉시 소문이 번진다. 공식적으로 항의하지 않고 가해자에게 직접 이야기할 생각이더라도 다른 사람의 조언을 구하고 지원을 요청한다.

가해자의 동료를 통해서 이야기를 하도록 하는 방법도 있다. 회사의 기회균등 담당자나 성희롱 방지 담당자 또는 고충 처리 담당자에게 비밀리에 이야기한다. 노동 사무소 등 지역의 관계 기관이나 여성 단체에 문의하여 자신의 경우가 성 학대 또는 성 차별에 해당하는지 알아보고 어떻게 대처해야 할 것인지 함께 고려해 볼 수도 있다.

피해자는 소속 기업 또는 조직에 공식적으로 항의할 권리가 있으며, 가장 바람직한 해결책은 해당 조직 내에서 정책 또는 규정에 따라 해결하거나 경영자가 공정하게 처리하는 것이다. 그러나 그것이 불가능할 것으로 판단될 경우 해당 지역에서 성 학대 또는 차별 문제를 다루는 관련 기관에 알리는 것이 좋다.

즉각적으로 대처할 수 있는 요령 중에는 다음과 같은 것들이 있다.

✠ 가능하다면 가해자에게 그가 한 말이나 행동이 거북하다고 말을 한다. 말하기가 어려우면 다른 사람의 도움을 받는다.

✠ 대부분의 남성들은 학대하려는 의도가 없었을 것이다. 그런 경우 충고의 말을 해 주면 충격을 받게 된다. 그 점을 이해하는 것은 좋지만 인정 때문에 학대 행위를 방치할 수는 없는 일이다.

✠ 차별이나 학대 행위가 지속되면 다음 번에는 어떻게 대처해야 할지 미리 생각해 둔다. 이런 말을 준비해 두는 것이 좋을 것이다. "성 학대가 불법인 거 아시죠?" "남자에게도 그런 말을 하나요?" "보세요, 저는 일을 하려고 여기 있는 건데 당신은 도움이 안 되는군요." 이와 같은 충고가 효과를 거두는 경우도 있다.

✠ 정말로 심각한 정도라면 빨리 벗어나야 한다.

✠ 어떤 사람은 그저 무시하고 넘어가는 것이 좋다고 조언하기도 하는데 우리가 보기에는 바람직한 생각이 아니다.

✠ 누군가가 지나치게 가까이 밀착해 올 경우 적절하게 빠져 나와야 한다. 한 발 물러서되 구석은 피하는 것이 좋다. 붐비는 승강기 안에서는 버튼이 있는 구석이 좋다.

외설적인 사진이나 포스터 또는 화면 보호기를 공개하는 행위는 여성을 불쾌하게 만든다. 그런 그림은 여성을 성적인 대상으로만 인식되도록 유도한다.

직장에서 그런 일이 있을 경우 다음과 같이 대처한다.

✠ 누가 그런 행동을 하는지 조용히 파악해 보고 얼마나 많은 사람들이 그것을 좋아하는지 헤아려 본다.

✠ 남성 누드 사진을 게시하여 대응하는 방법은 바람직하지 않다. 오히려 상대편을 자극할 뿐이다.

✠ 사진을 제거하거나 찢는 방법도 좋지 않다. 오히려 반발심을 자극하게 된다.

✠ 직장에 성희롱 방지 정책이 있다면 담당 관리자에게 조용히 요청하여 희롱 행위를 근절하도록 한다.

✠ 관리자의 역할은 싫든 좋든 모든 직원을 위하여 직장을 안전하게 유지하는 것이라는 점을 기억해 두라.

✠ 여성 뿐만 아니라 많은 남성들도 외설적인 그림을 혐오한다. 많은 여성들이 그렇지 않다고 말하지만 그런 것은 문제가 되지 않는다. 한 명이라도 있다면 그것으로 족하다.

외설적이거나 지나치게 상스러운 그림 때문에 직장에서 옥신각신하지 않는 것이 좋다. 그러나 조용히 해결하려고 최선을 다했음에도 불구하고 그런 사태가 발생하면 다음과 같이 대처한다.

✠ 여성의 입장에서 불쾌한 행위라는 점을 설명하고, 만약 가해 당사자들의 누이, 어머니, 아내가 그런 음란물을 본다면 어떻게 생각하겠느냐고 반문한다.

✠ 그들이 진지하게 받아들이도록 유도한다. 그러한 환경에서는 업무를 제대로 하기 어렵다는 사실과 여성도 직장에서 방해받지 않고 일할 권리가 있음을 상기시킨다.

차별과 학대에 대한 대처   253

✠ 외설적인 그림을 그토록 좋아하면 집 안의 냉장고에 붙여 두고 볼 것을 권장한다.

✠ 게시된 음란물이 누구의 것인지 물어 보고 소유자가 나서지 않으면 게시물을 떼어도 이의가 없는 것으로 생각한다는 점을 밝힌다.

✠ '그림이 예뻐서' 부착했다고 대답하면 모든 사람이 좋아할 수 있는 그림, 즉 아름다운 풍경 등으로 바꿀 것을 제안한다.

✠ 게시 당사자가 '내 책상(혹은 방이나 컴퓨터 등)'에 게시한 것이니 기분 나쁘면 보지 않으면 될 것 아니냐고 말하면, 직장에서는 개인의 공간이 없다는 점을 설명한다. 사무실이나 매장 등의 모든 부분은 직원들의 업무 환경으로서 영향을 미치기 마련이다.

✠ 누군가가 매우 외설적인 그림을 벽이나 책상 또는 컴퓨터에 화면에 부착해 놓고 그것을 매개로 이야기하려 한다면 날씨 등 엉뚱한 이야기로 둘러대고 빨리 그 자리를 벗어난다. (심각한 문제이니 공식적으로 항의한다.)

직장에서는 옷차림, 몸매, 눈에 관한 사적인 평가 그리고 기타 불쾌감을 유발하는 불필요한 언급을 절대 받아들이지 말아야 한다. 함부로 신체 접촉을 하는 것도 용인해서는 안된다. 지저분한 농담을 들어주지 말아야 한다. 함께 외출할 것을 제의하면 그럴 생각이 없다는 점을 분명히 밝히고 자신의 주장을 굽히지 않는다.

성적인 학대는 평등한 관계에서 이루어지는 친절이나 공감대와는 다르다. 고용주는 성 학대를 방지하도록 법으로 정해져 있으며, 이를 방지하기 위해 가능한 모든 노력을 하지 않았을 경우 책임을 지도록 되어 있다. 성 학대가 여성에 대한 적개심으로 나타나는 경우도 많다.

차별주의자가 여성에 대해 불필요한 언급을 하거나 깎아내리는 말을 하는 것이 그 신호탄이다. 그러한 현상이 나타나면 경영자가 나서서 막아야 한다.

다시 강조하건대 절대 혼자서 문제를 해결하려고 해서는 안된다.

정식 신고

정말 견디기 힘든 상황이거나 그렇게 될 것 같으면 의사를 찾아가 상담하고 조언을 구하며 도움을 받는다. 조치를 하지 않고 방치해 두면 급기야는 악몽에 시달리거나 정신이 산만해지고 자신감을 잃게 된다.

차별이나 학대 행위에 대하여 관계 기관에 신고할 수 있으며, 신고했다는 이유로 피해를 받는 경우도 신고할 수 있다. 신고했다는 이유로 해고당하면 해당 지역의 노동 사무소에 신고한다. 신고하는 길만이 능사는 아니겠지만, 그와 같은 구제 방법을 알고 있으면 다른 대처 방안을 생각할 때에도 자신감을 가질 수 있다.

신고하는 것은 일반적인 방법으로 타인을 고소하는 것과는 다르다. 서면으로 신고를 하면 관계 기관이 조사를 하여 실제 그런 일이 있다고 판단될 경우 일차적인 구제 방법으로 화해를 유도한다.

화해는 일종의 중재 행위로서 중재자의 도움으로 당사자들이 서로 대화하고 합의하여 해결점을 찾는다. 통상 당사자들은 서로 의견을 제시하고 서로의 주장을 피력하며 회의에 참석하게 되는데, 강요에 의한 동의는 있을 수 없다. 서로의 입장 차이를 수용하거나 수용하지 않거나 자유 의사에 의해 결정된다.

화해가 이루어지지 않으면 특별 법정으로 가거나 일반 법정으로 이관되어 재판을 하고 증인을 소환하고 반대 심문을 하는 등의 과정을 거친다. 재판에서는 옳고 그름을 따져 손해에 대한 배상 등을 비롯하여 법원 명령이 집행된다.

사람들은 여전히 신고를 하고 관련 기관은 화해를 위해 노력하겠지만, 차별 행위의 피해자에게는 연령, 출신 배경 또는 성별을 근거로 하여 교정 수단을 강제 집행할 수는 없을 것이다.

정식으로 신고하기 전에 언제 무슨 일이 일어났는지 문서로 작성하는 것이 좋다. 작성한 자료는 집에 보관하는 것이 안전하다. 감정에 치우치지 말고 일어난 일을 사실 그대로 적어야 한다.

그 일이 차별이나 학대라고 생각하는 근거가 무엇인지 그리고 남성이라면 그렇게 취급받지 않았을 것이라고 생각하는 이유가 무엇인지도 기술한다. 유사한 상황에서 남성들은 어떤 대우를 받았는지 그 사실과 날짜 및 시간을 기록한다. 자신의 주장을 뒷받침할 수 있는 문서를 확보한다. 소속 회사나 단체의 정책, 고용촉진 활동 담당자의 보고서, 메모, 회의록 그리고 전자우편도 잊지 말자.

법정 평등 기관에 제출할 서면 신고서를 작성할 때 필요한 요령을 정리한다.

✠ 문서로 신고 내용을 기록하거나 필요한 경우 신고서 양식을 작성한다. 담당자에게 문의하면 방법을 알 수 있을 것이다.

✠ 신고 내용이 법으로 정해진 차별 방지 사항에 적용된다고 판단되면 조사관이 배정될 것이다. 조사관은 진상을 자세히 파악해 본 다음 가해자(피고 입장에 있는 사람)에게 통보하고 신고자에게도 알리며

증인의 이야기도 수집한다. 일반적으로 가해자에게 서면 답변을 요구한 다음 후속 조치를 결정한다.

✠ 이 단계에서 관련 담당관이 증거 불충분으로 다음 단계로 진행할 수 없다는 판단을 내릴 수도 있다. 다음 단계는 화해 조치로서 화해 조정관이 주도하는 가운데 당사자들이 만나 서로가 만족할 만한 결과를 이끌어 낸다. 사과, 복직, 손해 배상 등의 조치로 합의점을 찾을 수 있을 것이다.

✠ 당사자들이 화해 조치에 동의할 경우, 문제가 해결되었다는 내용의 합의서에 서명한다.

✠ 합의점을 찾지 못하면 다음 단계로 진행된다.

대부분의 진정은 조사 또는 화해 과정에서 해결되지만 그렇다고 해서 직장에서 편안하게 지낼 수 있다는 의미는 아니다. 재판이 진행될 경우 대개 오래 끌지는 않는다. 전반적으로 볼 때 성 차별 사건의 절반은 원고에게 유리한 판결을 받는다. 성 학대의 경우 법정은 거의 모두가 원고의 편을 들어 준다.

그러나 진정에만 의존하는 것은 바람직하지 않다. 그 방법을 택하면 여성의 입장에서 받아들일 만한 결론을 얻기까지 너무 많은 시간이 소요되는데 그 동안 소속 회사에서 일하는 것이 편안할 리 없을 것이다. 그런 경우, 차별 방지법을 생각해 볼 수 있다.

차별 방지법은 일반적인 법조계의 경향과는 달리 비공식적이고 쉽게 접근할 수 있으며 비밀이 유지되고 화해를 위주로 하며 효과적이다. 그러나 권리를 찾고자 하는 용기가 필요하고 법적인 해결책까지도 사용할 각오가 있어야 한다.

사람들로부터 무능력하다거나 정직하지 못하다거나 정신이 온전하지 않다거나 심리적으로 불안정한 사람이라는 등 온갖 비방을 들을 수도 있다. 비방하는 모든 내용을 받아들이고 인정해야 한다는 말도 들을 것이다. 양쪽을 조사하는 과정에서 사생활과 사적인 생각이 모두 공개될 수도 있다. 기억과 성품에 영향을 미칠 수도 있고, 경제적인 손실이 따를 수도 있으며, 사건의 해결이 지연되면서 굴욕감을 겪고 사람들이 자신의 부탁을 거절하는 경우도 생길 것이며, 자신을 믿던 가족이나 친구들마저 민망하여 침묵하며 의문스런 표정을 보이는 경우도 있을 것이다.

여성을 위한 일이라 하여 자신의 행복을 파괴하면서까지 감행하는 것은 무모한 행동이다. 자신을 위해서 과연 옳은 결정인가를 생각해서 일을 추진해야 할 것이다. 그럼에도 불구하고 용감한 결정을 내린다면 그것은 여성 모두를 위한 일이니 찬사를 받을 만하다.

정식으로 진정할 것인지 여부를 결정할 때 마지막으로 염두에 두어야 할 것은 변호사가 필요할 것인지에 관한 문제다. 그에 대한 대답은 처음부터 변호사의 도움을 받을 필요는 없다는 것이다. 차별 방지법을 관장하는 직원이 진정서를 쓸 수 있도록 도와 줄 것이다. 합의가 원만하게 이루어지지 않았을 때 변호사가 필요할 것이다. 명심해야 할 사항을 정리해 본다.

✠ 처음으로 알게 된 변호사가 아니라 해당 분야를 잘 알고 있는 변호사를 선임해야 한다.

✠ 성 학대 문제로 고소하는 것이 나 한 사람만은 아닐 것이다. 오래 전부터 그런 일이 계속되었을 수 있다. 간접적인 차별은 많은 사람

들에게 영향을 끼치기 때문에 같은 문제로 고민하던 사람들이 서로 힘을 합하여 공동으로 고소하면 심적 부담도 줄어들고 서로 위로가 되며 비용 부담 또한 줄어든다. 그러나 고소하고자 하는 편과 반대하는 편이 대립하면 곤란을 겪을 수도 있다.

✠ 법적인 도움을 받을 여건이 되지 않을 수도 있다. 그러나 '승소하지 않을 경우에는 수수료를 받지 않는' 변호사들이 있으니 도움을 받는 길을 찾아 본다. 법적인 문제에 무료로 도움을 주는 전문가 기관도 있다. 무료로 공익 활동을 하는 변호사도 있다. 소속 지역의 법률 관련 기관에 문의하여 알아볼 수 있을 것이다.

직업을 갖는 것은 우리 삶에서 매우 중요한 부분이다. 우리는 직장에서 인간적인 만남을 유지하고, 조직적인 관계를 영위하며, 서로 도움을 주고받는 가운데 인간으로서의 존엄과 사랑을 나눈다. 대부분의 여성은 무급 또는 유급으로 일을 하지만 일반적으로 일은 남성이 한다는 관념이 지배적이다.

지금은 그런 생각이 바뀌고 있지만 그 속도는 아주 느리다. 여성의 입장에서 삶과 경력을 스스로 관리해 나가려면 체제가 어떻게 운영되고 있는지 알아야 하고 그 체제가 자신에게 맞도록 작용하게 하는 방법을 알아야 한다.

CHAPTER 7

메시지의 전달

The Women's Power Handbook

메시지의 전달

권력을 지니려면 의사소통이 원활해야 한다. 의사소통이 원활하다는 것은 점점 더 많은 사람들이 나의 뜻을 이해하고 나의 이상을 나누고 확장하며 그 이상을 성취하기 위해 동참한다는 것을 의미한다. 나의 견해에 반대하는 사람도 있을 수 있다. 그러한 사람들도 다루기에 따라서는 자신의 뜻을 펴는 데 도움이 될 수 있다.

복잡한 문제가 있어도 그것을 충분히 이해한다면 성취할 수 있는 단위로 나누어 관리할 수 있다. 자신의 당면한 문제를 대중의 관심사로 이끌어내고 다른 사람의 문제 또한 그렇게 할 수 있지만, 우선 그 문제가 자신들에게 영향을 미친다는 점을 대중이 인식하고 함께 행동할 의사가 있어야 한다.

공공 연설

지적인 태도, 강한 설득력, 위트와 유머 그리고 정열을 가지고 자신의 신념을 피력하고 반드시 해내야 할 일을 함께 하자고 설득하는 능력은 많을수록 좋다. 공공 연설을 할 때는 다음의 여섯 가지 일반적인 전략을 적용해 보자.

❶ 말하고자 하는 내용을 되도록 상세히 파악한다.
❷ 이야기의 전개를 구상하고 결말을 어떻게 낼 것인지 생각해 둔다.
❸ 청중이나 주최자 중에서 조력자를 찾아 적절한 도움을 받는다 (청중이 무슨 이야기를 듣고자 원하는지를 미리 아는 것은 큰 도움이 된다).
❹ 인맥을 활용한다. 이야기하기 좋은 장소를 선택하는 것도 효과가 있다.
❺ 멘터를 찾는다. 공공 연설은 잘 관찰하고 연습하면 훌륭하게 해낼 수 있는 예술이다.
❻ 청중과 더불어 호흡하면서 이야기를 전개하여 결론 부분에서는 공감대가 깊어지도록 한다.

공공 연설을 두려워하는 데는 이유가 있다. 대중 앞에서 연설할 때는 대중을 지루하게 하거나 그들의 반발을 살 위험이 따른다. 또한 사람들이 나를 그다지 완벽한 존재로 보지 않게 만드는 요인이 될 수도 있고(조안 커너의 근심) 전혀 무가치한 사람으로 보게 만드는 결과(모이라의 근심거리)를 초래할 수도 있다. 내심 자신에 관해 그렇게 생각하고 있기 때문에 그것이 염려되는 것이다. 그러나 어느 정도의 두려움은 좋은 영향을 미칠 수도 있다.

대중 강연에서 지루함을 느꼈다면 그 원인이 무엇인지 생각해 본다. 청중들과 공감대를 나누지 못했다면 그 원인을 가만히 생각해 본다. 대중 연설을 좋아하는 사람은 많지 않다. 처음 시작하는 경우 특히 그렇다. 솔직히 조안과 모이라의 첫 대중 연설은 강단에 선 목사님의 교훈적 설교와도 같은 것이었다.

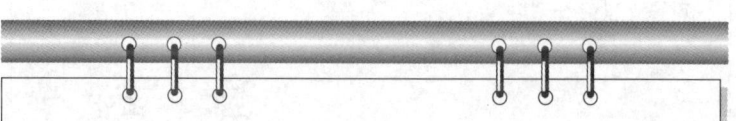

강단에서의 공포

내가 사회 활동을 시작했을 때는 대중 연설이 무척 두려웠다. 모든 사람들이 나만 바라보고 있는 상황에서 오직 떨고만 있을 뿐이었다.

모의 법정에 참여하여 토론을 벌이면서 깨닫게 된 커다란 교훈은 내가 느끼는 두려움은 나에게 실제적인 해를 끼치지 못한다는 사실이었다. 두려움과 흥분은 같은 현상을 다른 각도에서 표현한 것이다. 적당한 흥분 상태에서는 생각이 빨라지고 상황에 빨리 적응하게 된다. 대중 연설이 처음인 상황에서 막상 연단에 섰는데 청중이 애초 생각했던 대상과 달라서 미리 준비한 원고 내용이 맞지 않을 경우만큼 황당한 일은 없을 것이다.

🍒 모이라

나서기를 좋아하는 성격

사람들은 내가 태어날 때부터 사회 활동가이고 자신감 있는 사람이라고 생각하는데 사실은 그렇지 않다. 그러한 것들은 후천적인 것이지 타고난 것은 아니다. 어린 시절부터 나는 나서기를 좋아하여 학예회에서나 학교 대항 토론회 등에 참석하는 일이 많았다. 그러나 연설과 인터뷰를 많이 하는 주지사 역할을 해낼 만한 준비는 갖추지 못했었다. 필요한 모든 기술은 배워야 했다. 연설을 잘 하기까지는 두려움도 많이 느꼈다.

 조안

공공 연설의 5가지 핵심

1 정열

청중의 관심을 끄는 데는 정열보다 더 나은 것이 없다. 지루한 태도를 보이거나 진지함이 없이 건성으로 이야기한다면 누가 귀를 기울이겠는가?

2 준비

특출하게 뛰어난 사람은 말하고자 하는 바를 미리 준비하지 않고도 주제를 잘 살려 이야기한다. 그들은 늘 준비가 되어 있는 상태다. 그러나 그럴 수 있는 사람은 극히 적다. 연설은 일종의 퍼포먼스이며 연설문을 작성하는 것은 퍼포먼스를 미리 연습하는 것과 같다. 말하고자 하는 내용을 미리 기록할 때는 메시지를 편안하게 전달할 수 있는 방안을 염두에 둔다.

글로 쓰는 것과 말하는 것은 매우 다르다. 연설을 하는 목적은 사람들을 설득하는 데 있다는 점을 기억해야 한다. 연설하는 형식 그대로 글로 쓰지는 않더라도 다음과 같이 하면 도움이 될 것이다.

✠ 세 개에서 다섯 개 정도 요점을 가려서 별표를 해 둔다.
✠ 다른 사람의 말이나 글을 인용하려면 그 내용을 모두 기록해 둔다.
✠ 서두 인사말과 맺음말 역시 전문을 기록한다. 맺음말은 서두와 연관성을 둔다.
✠ 말하고자 하는 내용을 전달하는 데 어느 정도의 시간이 걸리는지 테스트해 본다. 연설의 길이는 20분 정도가 적당하다. 200자 원고지 약 15장 분량이면 적당할 것이다.
✠ 너무 광범위한 주제를 설정하지 않는 것이 좋다. 크게 세 가지 정도에 핵심을 두고 이야기하는 것이 사람들이 편안히 받아들이기에 적당하다. 연설 내용에 들어갈 사실, 법규, 날짜 등은 세심하게 기록하여 연설문에 첨부한다.

연설 내용이 사람들에게 좋은 반응을 얻게 되면 다른 사람들을 상대로 연설할 기회가 있을 때 그 상황에 맞는 내용으로 수정하여 다시 사용할 수 있다.

3 멈춤

특별히 강조하고자 하는 중요한 지점에서는 잠시 침묵하며 청중을 바라보다가 계속 진행하는 것이 효과적이다. 중요한 내용을 강조하거나 익살스런 표현을 하기에 앞서 사람들에게 한 박자의 여유를 주는 셈이다. 청중이 폭소를 터뜨리거나 환호할 때는 조용해지기를 기다렸다가 연설을 계속해야 그 다음 내용을 놓치지 않게 된다.

4 참여

사람들이 연설 내용에 반응을 보이도록 유도한다. 때로는 질문을 하고 사람들의 반응(몸동작, 웃음 또는 투덜거림)을 파악하여 다시 화답한다. 사람들은 아는 체하거나 잘난 체하는 것을 싫어한다. 좋은 연설은 청중이 빠져들도록 하는 것이다. 웃을 때는 웃음으로 화답한다. 분위기에 합당하다고 생각될 때는 적절한 반응을 보이되 잠깐이면 족하다.

연설을 시작하기 전에 청중과 가벼운 대화를 한다. 그 과정에서 분위기를 파악할 수 있다. 연설 중에는 반응이 좋은 한 사람을 택하여 그에게 눈을 맞추며 이야기한다. 한편, 잘 융화되지 않는 한 사람을 택하여 그에게도 눈길을 유지한다. 그 두 사람의 표정이 모두 중요하다. 그들의 반응을 보면 자신의 연설이 어떤지 알 수 있다.

도중에 끼어드는 사람은 무시해 버리거나 질문 시간에 말할 기회를 주겠다고 이야기한다. 질문 시간이 있다는 점을 강조하는 것이 좋다. 질문할 수 있다는 것을 알면 사람들은 보다 잘 경청하는 경향이 있다. 경우에 따라서는 연사가 준비된 강연 시간보다 질의응답 시간에 이야기를 더 잘하기도 한다.

질문에 답할 때는 확신을 가지고 공개적으로 말한다. 질문에 대한 답을 모르거나 특수한 분야에 대해서 모를 경우 사실대로 밝히고 다른 방법을 통하여 답을 얻도록 한다. 역으로 질문하는 방법이 좋을 것이다.

그러나 좌중에 말썽을 잘 일으키는 사람이나 반대자가 있을 경우는 이 방법이 위험할 수 있다. 남녀노소 그리고 나서기를 잘 하는 사람과 조용히 있는 사람을 불문하고 공평하게 질문의 기회를 주어야 한다.

5 당당함

연사로 나선 사람에게는 청중의 시선이 집중된다. 수줍음을 타서는 안 된다. 당당하게 말할 수 있어야 한다.

강단에서 머뭇거리지 말아야 하며, 말하고자 하는 내용과 관련하여 사과의 말로 서두를 꺼내지 않는다. 당당한 태도를 유지한다. 나는 지식, 의견, 경험 등을 가지고 있으며 그것은 귀한 것이라 생각하는 것이 당당한 태도에 도움이 된다. 마음이 안정되지 않으면 두렵다기보다는 약간 흥분된 것이라고 스스로 생각한다.

다음과 같은 사항을 유념한다.

✠ 농담으로 서두를 시작하지 않는다. 남을 좋게 평가하려는 사람은 그리 많지 않다는 점을 염두에 두어야 한다. 별다른 소재가 없어서 우스개로 시작했는데 그것이 민감하게 받아들여질 경우 불필요한 분쟁을 유발할 수 있다.

✠ 자신의 말에 전혀 오류가 없는 것처럼 생각해서는 안된다. 어딘가 잘못이 있을 수 있다. 노련한 대중 연사는 청중의 반응을 잘 살필

줄 안다. 그러나 항상 핵심을 벗어나지 않도록 해야 한다.

✠ 지나치게 전문가적인 노력을 기울일 것까지는 없다. 학구적인 면에 치우쳐 이야기해야 할 경우는 많지 않을 것이다. 대부분의 청중은 진실과 경험에 바탕을 둔 이야기에서 감동을 받는다. 개인적인 이야기를 좋아하는 사람들도 많다. 말해야 할 것이 무엇인지 정확히 아는 것이 중요하다.

정식으로 문헌을 검색하고 검증하여 연설 내용을 완벽하게 뒷받침할 필요는 없다. 연설 내용에 공감하는 사람은 필요한 경우 스스로 자료를 찾아볼 수 있다. 그렇게 하도록 동기를 부여하는 것이 연사의 역할이다.

✠ 모든 사람들과 눈을 맞출 필요는 없다. 여러 곳을 응시하고자 눈길을 사방으로 보내다 보면 산만해질 수 있다. 청중을 전체적으로 바라보다가 그 중 한 사람과 눈을 맞추어 말하는 내용이 제대로 전달되고 있는지 살피는 방법이 좋다.

✠ 연설문을 읽는 방법 또는 외워서 암송하는 방법은 좋지 않다. 물론 말하고자 하는 요지는 기억하고 있어야 한다. 말하고자 하는 핵심을 벗어나지 않으면서도 상황에 따라 알맞은 설명을 붙여나간다. 그렇게 할 수 있으려면 준비를 충분히 해야 한다.

연설문을 책을 읽듯이 읽으면 청중이 지루함을 느낀다. 만약 읽는 방법을 택할 경우 연설문을 복사하여 배포하는 것도 좋다. 외운 내용을 낭송하는 것 또한 청중을 지루하게 한다. 연설하는 연습을 하자. 훌륭한 웅변가는 연설 도중 취할 몸짓까지 미리 생각하여 기록한다.

✠ 방해하는 사람이 있다고 해서 그 사람을 무례하게 대해서는 안 된다. 능수 능란하게 받아넘길 자신이 없으면 그냥 무시하는 것이 상

책이다. 청중이 그 사람을 외면하거나 주최측에서 자제시키도록 놓아두는 것이 좋다. 언론 매체 또는 기타 필요한 사람이 요청할 것을 대비하여 원고는 여유분을 준비해 둔다. 보통 언론 매체에서는 강연에 참석하지 않고도 내용을 알 수 있도록 원고를 미리 요청하는 경우가 있다. 연설이 끝난 다음에 원고를 주는 것도 지혜로운 방법이다.

연설문을 출판하거나 가능한 한 광범위하게 배포하면 준비한 정성도 최대한 활용될 뿐만아니라 강연 내용이 잘못 전달되는 것을 방지할 수 있어 좋다. 강연 내용을 다듬어 신문이나 소속 단체의 회보 또는 인터넷에 게재하는 방법을 활용해 본다.

강연이 특별히 원활하게 이루어진다면 애초 준비한 원고 내용과 조금은 다를 것이니 강연이 끝난 직후에 원고를 다듬는다.

매체의 이용

The women's Power

언론 매체를 활용하여 광범위한 지지를 얻지 않고는 원활한 활동을 하기 어렵다. 언론 매체는 여성에 관해서는 남성과 다른 입장에서 다루는 경우가 많다는 점을 염두에 두어야 한다. 1991년부터 1992년까지 프랑스 수상을 역임한 에딧 크레송(Edith Cresson)은 이렇게 말한 적이 있다.

"상대가 여성이라면 카메라가 보통의 경우와는 다른 각도에서 비추게 된다. 예를 들어 차에서 내릴 때 카메라는 다리를 향한다. 남성을 찍을 때는 그런 경우가 없다." 그러나 언론을 위협으로 받아들이기보다는 기회로 여기고 사람들을 변화시키고 마음을 움직이고 행동을 유발시키는 계기로 활용하도록 힘쓴다. 그렇게 할 수 있으려면 매체에 관하여 다음과 같은 핵심 사항을 이해하는 것이 중요하다.

✤ 매체는 무엇인가?
✤ 나에게 필요한 매체 전략은 무엇인가?

아울러 다음 질문들에 관하여 정기적으로 생각해 보고, 생각한 바를 글로 표현해 보며 그 내용을 자주 되새겨 본다.

✤ 내가 정보 또는 영향을 주고자 하는 대상은 누구인가?
✤ 그들에게 무엇을 말하고자 하는가?

✠ 핵심 내용은 무엇인가?
✠ 어떤 결과를 추구하는가?

매체를 활용하는 초보자로서 유명 인사도 아니고 언론이란 것도 잘 모르는 상황이라는 전제 하에 생각해 보자. 언론의 관심을 끌고자 하는 이유는 무엇인가? 그 문제가 왜 중요한가?

1990년 모이라가 빅토리아 주의 고용 기회 균등 담당 장관이 되었을 때 사실상 어느 언론도 차별에 대해 관심을 두지 않았다. 고작 관심이 있었다고 해야 스캔들이나 비방 정도였다. 그래서 모이라는 시사적인 문제에 관하여 150단어 미만의 짤막한 글을 써서 멜번 신문 편집자에게 보내기 시작했다. 짧지만 명쾌하고 슬기로우며 정곡을 찌르는 내용이었다. 언론인이 통계 자료나 정보를 원할 경우 그녀는 늘 개인적으로 만나 설명을 해 주고 원하는 자료를 제공했다. 몇 개월이 걸렸지만 그녀의 글은 심심찮게 게재되었고 라디오와 텔레비전에서도 관심을 갖기에 이르렀다.

고용 기회 균등 부서가 대부분의 신문에서 거론되기 시작했고 연락도 많이 왔다. 마침내 대외 관계가 제대로 수립되고 공신력이 강화되었으며 언론인들과의 신뢰가 돈독해져 제 기능을 발휘할 수 있게 되었다. 이런 결과를 얻어내기 위해 투자된 금액은 한 푼도 없었다.

언론의 관심과 보도는 국가적인 관심을 이끌어내고 정책을 변경하는 데 도움을 준다. 활동가라면 누구든지 언론의 지원이 필요하다.

언론의 관심을 끄는 데 도움이 될 만한 방법을 몇 가지 소개한다.

✠ 언론 보도의 내용과 기자를 잘 탐구해 본다. 내가 관심을 가지고

있는 분야에 누가 관심을 두고 있는가? 기자만 있는 것이 아니고 편집자가 또 있다는 점을 명심해야 한다. 때로는 편집자들이 언론 묘사의 방향을 결정하기도 하기 때문에 그들의 논조를 알고 있어야 하고 자신의 사고 방향을 확실하게 밝힐 필요도 있다.

✠ 날마다 뉴스를 파악하고 있어야 한다. 보도 내용의 분위기를 파악해야 그들의 의향을 알 수 있다. 뉴스와 시각은 변화가 심하다. 기자들은 늘 새로운 것을 찾는다. 그렇기 때문에 지금 일어나는 일과 해설에 귀를 기울여야 한다. 언론을 파악하는 나름대로의 방식을 갖춘다. 출근 전에 라디오 뉴스를 듣거나 신문을 읽고, 전화나 면담을 통하여 새 소식을 확보한다. 뉴스에 정통한 다른 사람의 힘을 빌어 사건의 핵심을 파악하는 것이 중요하다.

✠ 일관성을 유지한다. 라디오나 신문 매체를 활용할 수 있을 경우, 자신이 주장하는 바가 확실히 드러나도록 반복적으로 뚜렷하고 일관되며 연관성이 깊은 내용을 언급한다. 일관성을 유지하면 주장하는 내용에 대하여 의지가 확고하며 그 분야에 관해 알고 있다는 느낌이 전달된다.

언론에서는 일관되지 않은 면을 꼬집으려고 노력한다. 여성을 위하여 오랜 세월을 차별 방지 활동에 힘썼다 하더라도 한 순간 뭔가 일관성이 결여된 발언을 하면 언론은 '여성 운동의 거장, 차별 방지 활동 은퇴' 라고 대서특필할 것이다. 메시지의 내용은 묻혀 버리고 발언의 앞뒤가 맞지 않는다는 점만 부각된다. 어떤 사안에 대하여 생각하는 바가 바뀌면 그 사실을 확실하게 밝힌다. 일관성을 잃지는 말아야 하지만 앞서 나아가는 것은 필요한 일이다.

✠ 창의력을 발휘한다. 사진으로 표현되었을 때 메시지가 보다 명

확하게 전달되는 경우가 있다. 포스터 또는 사진이 전달하는 메시지는 이해하기 쉽고 인상적일수록 효과적이다. 텔레비전 뉴스나 신문의 사진으로 보도되는 장면은 메시지 전달 효과가 매우 크고 광범위하다.

✠ 연설에 따른 후속 조치를 한다. 연설이 뉴스 가치가 있는 활동에 속할 경우 또는 그 내용에 공감하여 찾아오는 사람이 있을 경우 이를 잘 관리할 필요가 있다. 조직 또는 인맥 관리 차원에서 다루어야 한다. 그러면 반드시 그만한 성과가 있을 것이다. 늘 전략을 가지고 대처해야 한다. 늘 뜻을 같이 하는 사람들 또는 조직을 동반자로 삼아야 한다.

✠ 기회를 잡는다. 1997년 애들레이드에 있는 크로이돈 초등학교가 폐쇄 위기를 맞자 학부모들은 남호주의 주지사가 선거운동 차원에서 참석하는 모든 공식 행사에 끈질기게 따라 다녔다. 1994년 단농에 있는 빅토리아 주의 올린다 지역 장관들은 지난 여름에 이용률이 저조하다는 이유로 풀장을 폐쇄하기로 결정했다.

지역 주민들은 폐쇄 반대 운동을 전개하기 시작했다. 풀장은 의회의 자금이 아닌 모금을 통하여 건설되어 지역 소방 당국이 비상 급수용으로 사용하던 것이었다. 한 번은 급격한 온도 저하로 인하여 올린다에 눈이 내렸다. 모든 언론에서는 산으로 줄지어 올라가 그 지역에서 가장 높은 지대인 올린다 초등학교 주변에 눈이 쌓인 풍경을 촬영하려고 했다. 기자들이 도착했을 때 그 곳에는 아무도 없었다. 누군가가 "모두 풀장에서 시위하고 있다"고 기자들에게 말하자 기자들은 일제히 그 곳으로 달려가 사람들이 모여 있는 풀장을 촬영했다. 그 날 밤 모든 뉴스에서는 올린다 풀장의 모습이 방영되었다. 그 일은 의회가 풀장을 폐쇄하기로 한 방침을 변경하게 된 주요 원인이 되었다.

✪ 성과를 문서로 정리한다. 언론을 효과적으로 활용할 생각이 있다면 자신이 이룩한 성과와 달성한 결과들을 정기적으로 정리하고 검토할 필요가 있다. 그렇게 정리하고 검토한 결과를 토대로 목표를 개정할 수도 있다. 이룩하는 성과가 좋다면 언론에서 찾아와 코멘트를 구할 것이니 애써 언론의 관심을 끌 필요가 없다.

언론에 관한 5대 황금률

❶ 훌륭한 내용을 갖춘다.
❷ 좋은 사진을 제공한다.
❸ 시의 적절한 소재를 제공한다.
❹ 능숙하고 권위 있으며 신뢰성 있는 모습을 보인다.
❺ 정열을 가지고 그 정열을 끊임없이 유지하도록 노력한다.

요약하여 말하자면 정보로서의 가치가 있는 내용을 제공하되 권위와 신뢰성을 보여야 하며, 끊임없이 열정과 노력을 기울이고, 가능한 한 좋은 사진과 기사의 소재를 제공한다.

라디오 방송의 활용

청취자 참여 라디오 프로그램을 활용하면 메시지를 널리 알릴 수 있다. 정부와 업계에서는 어떤 내용이 나오는지 늘 모니터하면서 민심에 촉각을 곤두세우고 있다. 국제 여성 언론 센터(National Women's

Media Centre)에서 제공하는 청취자 참여 라디오 활용의 기본을 참고하기 바란다.

✠ 방송국에 전화하기 전에 주장하고자 하는 내용의 핵심을 한 두 가지로 정리해 본다. 말할 수 있는 시간은 1~2분 정도이므로 효과적으로 의사를 전달할 수 있는 간결한 방법을 염두에 두고 내용을 메모해 둔다.

✠ 우선 방송에 소개되어야 한다. 한 번의 전화로 방송에 소개되기는 어려울 것이니 끈기를 가지고 계속 시도해야 한다. 어느 정도는 운이 따라야 되는 일이기도 하다. 인내심을 가지고 재다이얼 버튼을 누르기 바란다.

✠ 일단 연결되면 프로듀서를 설득하여 자신이 말하고자 하는 내용이 사람들에게 전달되어야 할 가치가 있는 것이라는 점을 인식시켜야 한다. 그러려면 프로듀서가 흥미를 끌 만한 이야기를 해 주어야 한다.

자신이 이전에 몇 차례 참여하여 사람들의 반응이 좋았거나 단체의 공식 대변인이라면 방송에 연결될 가능성이 더 높다. 어떤 말을 준비했는지 프로듀서가 질문할 것이다. 지나치게 흥분한 상태로 이야기를 시작하는 것은 좋지 않다. 방송사에서 찾는 사람은 청취자의 관심을 끌거나 진행되는 내용을 발전시킬 만한 이야기를 할 수 있는 사람이다.

✠ 말하고자 하는 내용이 적합하다고 판단되면 전화가 진행자에게 연결되고 진행자가 있는 스튜디오 안의 화면에는 언급될 내용이 요약되어 나타난다. 열정적이거나 분석적으로 또는 논쟁적인 자세로 이야기하는 것은 좋지만 지루하거나 장황하게 이야기하지 않도록 주의한다.

매체의 이용 277

✠ 전화가 연결되어 있는 동안은 라디오를 꺼야 한다. 그렇지 않으면 잡음이 발생하여 방송에 방해가 된다.

✠ 발음을 분명하게 해 주어야 한다.

✠ 진행자는 언제든지 참여자의 발언에 개입할 수 있다. 전화가 끊기지 않은 상태에서도 진행자가 마이크를 통해 말을 하면 그 즉시 전화 음성은 차단되고 진행자의 음성만 방송되도록 하는 장치가 있다. 진행자가 개입할 경우 무슨 말을 하든지 청취자에게는 들리지 않게 되므로 진행자의 말을 경청하고 있다가 그의 말이 끝난 후에 이야기를 계속하도록 한다.

✠ 참여자 쪽에서 적극적으로 개입할 수는 없으나 나름대로 통제할 수도 있다. 답변하고 싶지 않은 질문에는 답변하지 않아도 된다. 대화를 종료하고 나서 그것으로 끝낼 수도 있으나 청취자 참여 프로그램이 자신의 언론 전략에 속한다면 뜻이 같은 다른 사람으로 하여금 추가로 전화하여 자신의 주장을 뒷받침하도록 할 수도 있다.

● 보도 자료

언론을 활용하는 방법 중에는 보도 자료를 배포하는 것이 있으나 이는 개인 자격으로는 적합하지 않고 단체 또는 유명 인사의 입장에서 활용할 수 있는 방안이다. 보도 자료는 귀중한 사례를 소개하는 내용이거나 사안을 독특한 면에서 보는 내용이어야 한다. 용기, 열정, 잔혹함, 아이들이나 동물과 같이 인간의 삶과 깊은 연관이 있는 주제를 다루는 것이 효과적이다. 언론은 그런 분야에 대한 관심이 높다. 보도 자료는 가능한 한 현재의 사안과 관련시키고 해당 지역의 관심사를 반영한 것이어야 한다. 대중적인 논의를 반영하고 있는 보도 자료가 특히 주목을 받으며, 당면 문제의 영향을 받는 사람들이 많을수록 언론의 관심이 더 높아진다.

보도 자료를 준비할 때 해야 할 일과 삼가야 할 일을 정리해 본다.

✤ 보도 자료에 담겨 있는 내용의 요약, 작성 당사자, 그리고 배포 사유가 첫 세 문단에 잘 나타나도록 정리한다. 첫 문단으로 독자의 관심을 사로잡아야 한다.

✤ '여성계, 강력한 항의에 나서다' 라고 표현하기보다는 '여성계, 오늘 국회 진입 시도' 라고 표현하는 등 역동성이 돋보이는 표현을 사용한다.

✤ 되도록이면 짤막한 문장을 사용한다.

✤ 삼인칭을 사용한다. '우리는 국회에 촉구한다' 보다는 '여성계, 국회에 강력 촉구' 가 좋다. 일인칭을 사용하는 것이 적합한 경우는 혁명을 주도하는 게릴라들이 요구 사항을 전달할 때 뿐이다.

✤ 언론인들이 선호하는 문구를 사용한다. 때로는 오래 기억되는 유명한 문구나 발언을 인용하는 것도 효과적이다.

✤ 직접적인 인용을 활용하면 보다 큰 관심을 얻을 수 있다. 사람들은 일반적인 서술보다는 개인적인 면모가 드러나는 직접 인용을 좋아한다.

✤ 철자, 구문, 문법을 비롯하여 기타 거슬릴 만한 사소한 오류가 없는지 검토한다.

✤ 사실을 말해 줄 수 있는 식견 있는 친구에게 보도 자료를 읽도록 하여 소감을 묻고 그 내용을 참조한다.

● ● ● ● 매체의 이용 279

✠ 배포 날짜와 시간을 기록한다.

✠ 보기에 좋고 읽기 편하도록 구성하며 두 페이지를 넘지 않는 분량으로 정리한다. 배경 자료나 보조 설명이 있을 경우 별도로 첨부하면 된다.

✠ 배포 시기를 적절하게 맞춘다. 주요 뉴스를 통하여 이미 알려진 내용이나 곧 알려질 내용을 발표하려고 노력할 필요는 없으며, 뉴스거리가 너무 많을 때 역시 배포하지 않는 것이 좋다. 자신을 지지하는 사람들이 보도 자료를 배포하는 시기를 알고 있어야 하며, 그 내용에 대한 지지 논평을 할 준비가 되어 있어야 한다.

✠ 언론인 중 보도 자료의 내용을 발표할 가능성이 가장 큰 사람에게 분명하게 그 내용을 설명해 준다. 편집장이나 프로듀서에게도 보내 주는 것이 좋다.

✠ 누구에게 발송했는지 기록하고 응답 여부 또한 기록한다. 기록한 내용을 보관해 두면 다음 기회에 도움이 된다.

✠ 언론사 쪽에서 자세한 정보를 원하거나 인터뷰를 하고자 할 때 연락할 담당자와 연락 번호를 확실히 명기해 주어야 한다. 담당자는 늘 연락을 받고 처리할 준비가 되어 있어야 한다. 언론사 쪽에서 전화를 했다가 연락이 되지 않는다면 좋은 기회를 놓치고 마는 결과가 된다.

✠ 이전에 특별히 부정적인 영향을 받은 일이 있어 특정 언론인이나 언론사를 상대하지 않으려고 결심했다면 그 사실과 이유를 밝힌다.

✠ 보도 자료를 배포하고 나서 몇 시간이 지났는데 언론사로부터 아무런 반응이 없을 때는 몇몇 언론인들에게 전화하여 보도 자료를

받았는지 문의해 본다. 받았다고 하면 그것을 사용할 것인지 아니면 추가 정보가 필요한지도 문의한다.

✤ 특정 일시가 될 때까지는 배포할 수 없도록 명기하여 그 시간 전에는 정보가 발송되지 않도록 할 수도 있다. 언론을 처음 활용하는 입장에서는 뉴스거리가 비교적 적은 일요일이나 월요일 아침 시간을 활용하는 것이 좋을 것이다.

✤ 당일 저녁 텔레비전 뉴스에 보도되도록 하려면 뉴스 내용으로 검토되고 편집되는 시간을 감안하여 미리 제공해 주어야 한다.

✤ 모든 언론사에서 주목하고 있는 뉴스 전달 매체가 있다면 그 기관으로 보도 자료를 보내는 것도 좋을 것이다.

✤ 자신이 제공하는 분야에 맞는 언론인이나 편집 담당자와 친밀한 관계를 수립해 두면 유용하다. 그들에 관한 내용을 기록해 두고 지속적으로 연락을 취하면 서로에게 도움이 될 것이다.

보도 자료를 준비할 때 삼가야 할 내용이 있다.

✤ 뉴스가 폭주할 것으로 예상되는 날에 자료를 보내지 말아야 한다. 우선 순위가 높은 뉴스가 모두 소진되고 나서 우리가 보낸 보도 자료를 검토해 보면 신선도가 떨어지는 것으로 간주되어 폐기될 가능성이 높다.

✤ 우리가 보기에 뉴스 가치가 있다고 하더라도 모두 보도되리라고 기대해서는 안된다. 뉴스 가치를 평가하는 것은 언론인들이다.

✤ 보도 자료를 배포해 놓고 무관심하면 안된다. 좋은 보도 자료는 보다 자세한 정보를 알고자 인터뷰를 하고 싶은 마음을 유발한다. 연

매체의 이용 281

락이 올 경우를 대비하여 자리를 지키고 있어야 한다.

✠ 사람들의 말을 잘못 인용하거나 사실을 왜곡하면 안된다. 한 번 신뢰성을 잃으면 그 여파가 오래 간다.

✠ 보도 자료는 최종 확정 내용을 읽어보고 나서 서명해야 한다.

✠ 인신 공격 내용이 들어가지 않도록 한다.

✠ 보도 자료에서 주장한 내용에 관하여 후속 조치를 해야 할 것은 잘 정리하여 조치해야 한다.

언론에서 어떻게 취급하든지 당황하지 말아야 한다. 본질은 그것이 아니기 때문이다. 남성들과는 다른 태도로 취급한다고 해서 놀랄 필요는 없다. 공개적인 자리에서 흥분한다면 그것이 오히려 여성을 폄하는 더 큰 빌미가 된다. 일부 언론은 그런 행동을 부각시켜 보도하기를 좋아하는 경향이 있다.

노동당의 밥 호크(Bob Hawke)가 딸의 마약 문제로 눈물을 보였을 때, 그리고 인권 및 고용 기회 균등 위원회의 위원장인 마커스 아인필드(Marcus Einfield)가 1989년 외딴 지역에 사는 원주민의 생활상을 보고 눈물을 보였을 때 언론에서는 동정적인 태도로 대서특필했다. 그러나 여성이 그런 모습을 보이면 태도는 달라진다. 언론에 따라서는 지나치게 감성적이라거나 나약하다거나 의도적으로 연출하는 것인 양 다루기도 한다.

282   제7장 메시지의 전달

강한 여자여, 울지 말라

1992년 2월에 나는 각료 회의 도중 일부 장관들이 엉뚱한 문제로 싸우는 데 시간을 허비하는 것을 보고 낙담의 눈물을 흘리고 말았다. 그 사실이 외부로 알려질 것이 염려되었다. '주지사 커녀의 통곡' 또는 '울보 주지사, 커녀' 등의 제목으로 기사가 난무할 것이 걱정되었다. 그 중에서도 여성 기자들은 내가 염려하는 방향으로 보도될 것을 우려하는 눈치였다. 사진 기자들이 사방에서 카메라를 들이대고 있는 것이 마치 내가 다시 울 때를 노리고 있는 것 같았다. (다시 울지는 않았다.)

다음 날 아침 '헤럴드 선(Herald Sun)'의 1면에는 역시 내가 우려하던 기사가 나왔는데 황당하게도 관계없는 사진이 마치 내가 울고 있는 모양으로 실려 있는 것이었다. 이 신문사의 사진 기자가 셔터를 눌러대던 순간이 문득 떠올랐다. 점심 식사를 마치고 사무실 밖으로 나오는 순간이었다. 회의 장소와는 무관한 곳임은 물론이다. 그 신문사에서는 내가 마치 눈물을 참고 있는 것처럼 눈을 반쯤 감고 있는 모습이 필요했던 것이다.

이런 일은 막중한 책임을 가지고 있는 사람일수록 빈번하게 겪을 수 있다. 나의 경우 다행히도 '헤럴드 선' 이외의 언론에서는 나의 눈물이 나약함에서 비롯된 것이 아니라 낙담으로 인한 것이라는 점을 제대로 살려 보도했다.

 조안

기자회견

기자회견은 언론의 관심이 모아지고 실현 가능성이 높은 경우에 적합하다. 정치 지도자나 후보의 입장에서 관심사가 될 만한 내용을 밝히려 할 때 또는 대중의 입장에서 알고 싶어하는 주요한 질문 사항이 있을 때 기자회견이 실시되는 경우가 많다.

인간, 사회 또는 경제적 위기로 인해 개인을 넘어선 공동체가 위협을 받는 상황이라면 지역 사회 또는 이익 집단의 입장에서는 기자회견이 효과적일 것이다.

단순히 한 사람이 실직한 경우라면 전체적인 경제 위기 상황과 맞물린 것이 아닌 이상 사회적인 관심사가 되지 않는다. 성차별도 마찬가지다. 대량 실직 사태는 다르다. 따라서 기자회견을 추진하기 전에 사안이 뉴스 가치가 있는 것인지, 그리고 언론에서 이미 다룬 문제가 아닌지 검토해 보아야 한다.

기자회견에는 새로운 사실을 발표하는 내용, 중요 사실을 인정하는 내용, 스캔들과 관련된 이야기, 부정적인 견해를 미리 차단하기 위한 해명 또는 부정적인 견해에 대한 직접적인 답변 등이 있다. 사안에 맞는 언론 담당자들이 따로 있을 것이다.

다음은 기자회견을 준비할 때 알아 두어야 할 사항이다.

✠ 참석대상이 누구인가를 생각한다. 그들이 회견한다는 사실을 알고 있는지 확인하고 참석 여부를 파악한다.

✠ 언론에서 관심을 가지고 참석하고 사진도 촬영할 수 있는 여유 있는 시간을 택한다.

✠ 쉽게 찾을 수 있는 장소를 선택한다.

✠ 잡음 때문에 녹음에 방해가 되지 않도록 조용한 장소를 선택한다.

✠ 야외에서 할 경우 날씨를 고려해야 한다. 날씨는 변할 수도 있다. 카메라가 햇볕을 피하여 촬영할 수 있도록 연사의 위치를 정한다.

✠ 카메라, 조명 등 전기 장치를 사용할 수 있을 만큼 충분한 콘센트를 갖추어야 한다. 특별히 점검할 필요가 있다.

✠ 누가, 언제, 어떤 순서로 이야기할 것인가를 정한다.

✠ 기자들의 질문은 언제 받을 것인가를 결정한다.

✠ 참석자들을 위해 의자를 준비할 것인가 아니면 선 채로 진행할 것인가를 결정한다. 장소가 너무 넓어서 빈 자리가 많은 것도 보기에 좋지 않다. 우호적이지 않은 언론에서는 빈 자리를 부각시킬 수도 있다.

✠ 마이크가 얼굴을 가리지 않도록 배치해야 좋은 사진이 많이 나올 수 있다.

✠ 지지자들이 많이 참석하도록 유도한다.

✠ 기자회견 개최를 알리고 초청하는 내용의 팩스를 발송한다.

✠ 팩스 발송 대상은 정확한 목록에 의거해야 한다. 필요하면 언론 관계 기관의 도움을 받는다.

✠ 우호적인 관계를 맺고 있는 언론 관계 인사에게 별도로 연락을 취한다.

✠ 회견장에서 배포할 자료를 준비한다. 자료를 미리 배포하면 참석자가 줄어들 수도 있다.

회견 진행 중에는 다음 사항에 신경을 써야 한다.

✠ 좋은 인상을 보이도록 한다.
✠ 정해진 시간에 시작한다.
✠ 즉석에서 배경 정보를 알린다.
✠ 연설은 되도록 짤막하게 한다.
✠ 녹화 또는 녹음을 해 둠으로써 후에 내용에 따른 분쟁이 없도록 한다.
✠ 중간에 나오는 질문은 따로 준비된 시간으로 돌린다. 이 때 기사 마감 시간을 염두에 두어야 한다.
✠ 필요한 경우 별도의 인터뷰 시간을 고려한다.

회견 후에는 다음 사항을 고려한다.

✠ 참석하지 않은 언론사와 언론인들에게 자료를 팩스로 보낸다.
✠ 녹음 테이프를 라디오 방송국에 보낸다.
✠ 사후 관리 전화를 하되 기사 마감 시간이 지난 다음에 한다. 마감 시간에는 정신이 없을 정도로 분주하다.
✠ 사후 활동을 준비한다. 뜻을 같이 하는 인사나 단체들이 언론사에 전화하여 회견 내용에 대한 지지 의사를 표명하도록 하는 것도 좋은 생각이다.

인터뷰

언론인이 인터뷰를 요청하면 해당 언론사가 어떤 성격인지를 고려한다. 언론사라고 해서 모두 좋은 이미지를 가지고 있는 것은 아니다. 다음으로는 인터뷰 요청 대상자가 누구이며 그 사유는 무엇인지, 그리고 기타 평론 대상자를 원하는지 여부를 확인한다.

시기가 적절하지 않거나 장소가 적합하지 않은 경우에는 인터뷰에 응하려고 무리하게 허둥대지도 말고 지나치게 냉정히 거절하지도 말아야 한다.

이른 아침에 그 날의 뉴스를 아직 접하지 않은 상태에서 평론을 부탁하는 전화를 받을 경우, 해당 언론인에게 평론 대상이 되는 뉴스 내용을 알려 달라고 하거나 뉴스를 보고 나서 전화해 주겠다고 한다. 어떤 말을 해야 할지 정리가 되지 않았거나 사실을 파악할 시간이 필요하거나 개인적으로 안정이 필요할 경우, 주저 없이 "지금은 바쁘니 30분 후에 전화 드리겠습니다"라고 말해도 된다.

사·례·연·구

절반의 성과

모이라는 서호주 법 개정 위원회 위원장을 역임할 당시 낮 시간에 진행되는 텔레비전 대화 쇼에 참석해 달라는 요청을 받았다. 인터뷰 내용은 위원회 멤버 중 한 사람의 토론 자료에 관한 것이었는데 많은 논란을 겪었던 내용이었다. 그 자료가 지역 신문사로 유출되어 왜곡 보도되었고, 마치 위원회가 성관계 적령을 13세로 낮추는 것을 제안한 것으로 알려졌던 것이다.

모이라는 사태를 바로잡는 방편으로 인터뷰에 응하기로 했다. 그녀는 방송국에 도착한 이후에야 다른 사람이 인터뷰에 함께 출연한다는 사실을 알게 되었다. 모이라는 그 사람을 만난 적도 없고 그 사람이 어떤 생각을 가지고 있는지도 몰랐다. 모이라가 언론 보도 내용과 실제 위원회에서 있었던 일을 상세히 설명하는 동안 다른 참석자는 조용히 있었다. 그런데 마무리 부분에 그 사람이 갑자기 맹렬한 공격성 발언을 하면서 모이라가 이끄는 위원회가 약한 아동들에게 위협적인 일을 하려고 했다는 자신의 생각을 강하게 토로하였다. 그녀가 오해를 풀기 위해 방금 설명한 내용들은 한 순간에 물거품이 되고 신문 내용은 읽지도 않은 그 사람의 말만 부각되었다. 인터뷰를 마칠 시간이 임박했기 때문에 모이라는 어떻게든 그 사람의 말을 중단시켜야 했다.

모이라가 다른 사람이 인터뷰에 참석할 것이라는 사실을 사전에 알았거나 그 사람의 견해가 어떤 것이라는 점을 알고 있었더라면 그렇게 당황할 일은 발생하지 않았을 것이다. 그런 방식의 인터뷰는 거부했어야 했다. 대신 방식을 완전히 달리 하여 사실을 알릴 기회를 찾았어야 했다. 그렇게 했더라면 해당 사안에 대한 일반의 인식을 좀 더 올바르게 바꿀 수 있었을 것이다. 그러나 사전에 제반 현실을 몰랐기 때문에 절반의 성과만 거둘 수 있었다. 그것은 실수였고 모이라는 그 실수를 통하여 하나를 더 배우게 되었다. ♣

지나치게 가벼운 태도로 인터뷰에 응하는 것은 좋지 않다. 인터뷰에 응하는 자세도 그들의 평가 대상이라는 점을 잊지 말아야 한다. 기자가 하는 일은 어떻게든 뉴스거리를 찾아내는 것이다. 내가 원하는 내용을 잘 준비하고 정리하여 제공하지 못한다면 언론인 쪽에서 그들이 원하는 내용을 뽑아낼 것이다. 그들이 나에게서 뽑아내는 내용은 내가 원하는 것이 아닐 수도 있다. 내가 좋은 자료를 제공하지 못한다면 그들이 나를 뉴스 가치가 없는 인물로 평가할 수도 있고 내가 제시하는 내용이 탐탁치 않은 것으로 여길 수도 있다. 그들이 받은 인상은 오래 갈 것이다.

　미리 연습을 한다. 말하고자 하는 메시지를 숙지하고 그에 따른 사항을 사전에 준비해 두며, 준비한 내용이 효과적으로 전달되지 않는다고 생각되면 즉석에서 표현을 달리하여 발표할 수도 있다. 인터뷰의 주도권을 잡지 못하면 원하는 내용을 발표하지 못하게 될 수도 있다.

　다음과 같은 전략이 필요하다.

✠ 연습을 한다. 인터뷰에서 자신의 태도를 분명히 전달하기 위해서는 미리 연습할 필요가 있다. 상처를 입거나 놀라거나 흥분된 상태라도 감정이 드러나지 않도록 해야 한다. 인터뷰를 요청한 사람이 원하는 방향으로 답변을 해 줌으로써 그에게 편의를 제공하고 싶은 유혹도 있을 것이나 그것이 자신의 장래에 도움이 되는 경우가 아니면 그렇게 하지 말아야 한다.

　어떤 질문이 나오더라도 이를 유연하게 전환시켜 원하는 메시지를 표출하는 연습을 한다. 그러나 때로는 모르는 사실을 모른다고 직설적으로 대답할 필요도 있다. 메시지를 전달하고 곤란한 질문에 능숙하게 대처하면서도 의연한 이미지를 심어 줄 수 있기까지는 상당한 관록이 필요하다. 인터뷰 경력이 많은 사람에게서 여러 가지 필요한 사항을 배우는 것도 좋다.

✤ 자료를 모은다. 언론을 활용하려면 관련 사항 및 관련 인물에 관한 자료를 모으는 것이 중요하다. 언론사에서는 막대한 양의 자료를 보유하고 있다. 그 중에는 당신에 관한 내용도 있을 수 있다. 언론사에 관하여 그리고 그들이 추구하는 방향에 관하여 알고 있거나 그들이 모르는 내용을 알고 있다면 그들은 깊은 인상을 받을 것이다.

✤ 인터뷰를 실시하기 전에 형태와 내용을 협의하는 것이 좋다. 언론사에서 원하는 내용과 자신이 말하고자 하는 내용이 일치하지 않을 수도 있다.

✤ 인터뷰를 준비할 때 예상되는 질문을 미리 파악해 보고, 예전에 유사한 인터뷰를 한 적이 있다면 다른 사람에게 문의하여 그 때 답변한 내용이 어떠했는지 파악해 본다.

✤ 언론사의 접근 방향도 미리 생각해 둘 필요가 있다. 나에게 호의적일 수도 있고 그렇지 않을 수도 있기 때문이다. 갑자기 곤란한 질문을 해 오면 어떤 대답과 행동으로 대처할 것인지를 미리 생각해 둔다.

✤ 인터뷰 내용이 녹음될 경우 그것이 편집되거나 일부만 방송될 수 있다는 점을 알아야 한다. 인터뷰 도중 한 번이라도 실수하거나 감정이 격하여 흐트러진 모습을 보이면 유독 그 장면이 방송에 사용되고 전체 내용이 그러한 분위기로 왜곡될 수도 있다.

✤ 감정이 불안정하거나 피곤할 경우 침착을 되찾거나 그렇지 못할 경우 인터뷰에 응하지 않는 것이 좋다.

✤ 요점을 간단히 말한다. 언론은 많은 메시지를 함축하여 보여줄

수 있는 짤막한 내용을 좋아하며(라디오나 텔레비전), 인용하기를 좋아한다(인쇄 매체). 알맹이 없는 말을 길게 늘어놓지 말아야 한다. 라디오의 경우 20초 정도(약 두 문장), 텔레비전의 경우 10단어 내외의 길이가 적당하다고 생각하면 된다.

✠ 예화를 활용한다. 비유와 일화 등을 사용하면 효과적이다. 예화를 잘 활용하면 말하고자 하는 핵심을 명확하고 확고하게 드러내 준다. 일상의 이미지와 비교하여 말하면 사람들이 쉽게 이해할 수 있다. 사람들이 메시지를 이해할 때 주변의 사물이나 익숙한 이미지를 떠올리게 되면 아주 효과적인 결과를 얻은 것이다. 짤막한 문구나 표어를 연구하여 활용함으로써 사람들이 기억하기 쉽고 인용하기 쉽도록 한다.

✠ 일상의 언어와 자신의 언어를 사용한다. 허풍이나 과장을 삼가고 적극적인 자세로 말한다. 어떻게 해서는 안된다는 말보다는 어떻게 해야 한다는 내용의 말을 해야 사람들이 긍정적인 이미지를 갖게 된다. 부정적인 말을 하면 수동적이거나 방어적인 인상을 줄 수 있다. 질문에 대해서 "그렇습니다. 하지만…" 또는 "아닙니다. 그렇지만…"과 같은 대답은 하지 않도록 한다. 편집할 때 이어지는 말을 삭제해 버리면 단정적인 대답이 되어 버릴 수 있기 때문이다. 동의하지 않는 내용은 반복해서 말할 필요가 없다. 이 역시 편집하면 동의하는 듯한 인상을 줄 수 있다.

✠ 책임을 회피하거나 무례한 태도를 보이지 않도록 한다. '노 코멘트'라는 말은 되도록 하지 않는 것이 좋다. 질문을 귀찮아하는 모습을 보여서는 안 된다. 언론은 원래 끈질기게 파고들기를 좋아한다. 결연하고 예의바르며 동요되지 않고 책임 있는 자세를 유지하는 것이

중요하다.

✠ 마르고 날씬하게 보이려고 애쓸 필요는 없으나, 좋은 인상을 유지하고 자신감을 보이는 것은 중요하다. 다른 사람들이 바라는 바를 따를 필요는 없지만 외모와 말하는 자세가 산만하여 메시지의 전달에 방해가 되는 일은 없어야 한다.

✠ '오프 더 레코드'를 요청할 때는 기자들이 이를 확실히 인식하도록 해야 한다. 필요할 때는 '오프 더 레코드'를 요청하고 마음에 드는 대목을 보도할 수 있도록 한다.

✠ 경우에 따라서는 새로운 사실을 발표하거나 색다른 시각, 개인적인 견해 또는 배경 사실을 제공하여 언론인들의 마음을 사로잡는다.

✠ 비판적인 분위기에서 인터뷰를 하게 될 경우에는 "이 사태를 어떻게 해결하실 생각입니까?"와 같은 단도직입적인 질문을 예상하고 있어야 한다.

✠ 큰 소리로 웃거나 우는 것은 자제해야 하며, 사적인 질문이나 의도적인 질문 내용에 의해서 혼란스러워하는 모습을 보여서도 안 된다. 메시지를 전달하는 데 집중하도록 한다.

✠ 어떠한 경우라도 거짓말을 해서는 안 된다. 언론은 모든 내용을 보관하고 있으며 우리 또한 그래야 한다. 거짓말은 언젠가는 드러나게 되어 있다.

✠ 침착을 잃어서는 안된다. 자신의 견해를 유지하고 유머 감각을 잃지 말아야 한다.

✠ 가상적인 상황에 대한 질문은 되도록 답변을 피하는 것이 좋다. 인터뷰 요청자 측에서 아무 말이 없이 침묵이 흐를 경우 그 순간을 채

우려고 애쓸 필요가 없다. 그것은 인터뷰 요청자가 알아서 할 일이다.

✤ 지나친 과장은 피한다. 자주 일어나는 일을 수 천 번 일어났다고 표현하지 않는다. '절대로' 또는 '항상'이란 말을 절대 사용하지 말아야 한다. 기자들은 그런 말을 지나쳐 버리며 오직 잘못이 드러날 때에만 그 말을 물고 늘어지는 경향이 있다.

질문하지 않은 물음에 응답하기

성 학대에 관한 이야기를 할 때 직장에서의 성 학대는 피해자의 책임이 아니라 경영자의 책임이라는 내용을 피력하고 싶어도 기자들은 "당신은 페미니스트입니까?" 하는 질문을 먼저 한다. 질문에 단순히 대답만 하다 보면 진정으로 하고자 하는 말을 할 기회가 없어진다.

나는 이런 식으로 말한다. "모든 여성 뿐만 아니라 남성까지도 직장에서의 차별은 바람직하지 않다고 생각할 것입니다. 여성에 대한 성적 학대 뿐만 아니라 남성의 경우도 마찬가지지요. 약자에 대한 학대가 없도록 하는 것이 훌륭한 경영입니다. 저는 그것을 강조하고 싶습니다.'

질문에 응답하면서도 수세에 몰리지 않는 방법을 택해야 한다.

 모이라

언론에 대한 권리

자신이 언론의 희생자가 아니라는 점을 유념한다. 나에게도 언론에 대한 권리가 있다. 좋은 인터뷰는 서로 존중하는 가운데 이루어질 수 있다. 나의 입장에서는 언론의 전문성과 기술을 존중하고 언론인 쪽에서는 나의 역할과 존재에 대하여 존중하는 관계가 되어야 한다. 언론에 대한 권리는 다음과 같은 것들이 있다.

✠ 인터뷰를 요청하는 사유를 알 권리가 있다.
✠ 사생활을 침해받지 않을 권리가 있다.
✠ 시간과 장소를 고려할 권리가 있다.
✠ 자신이 카메라 앞에 나서는 장소와 방법을 협의할 권리가 있다.
✠ 특정 내용에 대해서는 보도 금지 요청(오프 더 레코드)을 할 권리가 있다. 통상적으로 보도 금지 요청을 하지 않으면 보도해도 괜찮다는 허락의 의미로 받아들여진다.
✠ 올바르게 인용하도록 요구할 권리가 있다. 자신이 말하는 내용을 언론인이 정확히 이해했는지 확인할 수 있으나 무례한 태도 또는 불신에 찬 태도로 확인함으로써 불쾌함을 유발해서는 안 된다. 기자들은 전문가로서 대부분 맡은 일을 잘 수행한다.
✠ 가족과 연관짓지 않도록 할 권리가 있다. 비록 공인이라 해도 가족은 그렇지 않기 때문에 가족까지 언론에 노출시킬 필요는 없다.

언론을 효과적으로 활용하는 요령

✠ 인터뷰에 임하기 전에 깊은 심호흡으로 긴장을 완화시킨다.

✠ 목소리를 높이지 않도록 주의한다. 특히 문장의 끝에서는 더욱 조심해야 한다. 낮은 목소리가 보다 권위적이고 의미 전달과 관심 집중에 효과적이다. 목소리를 크게 낼 필요가 있을 때에도 날카로운 음성이 되지 않도록 주의한다.

✠ 인터뷰에 응하는 것은 공적인 일로서 사적으로 인정받기 위해 하는 것이 아님을 명심해야 한다.

✠ 라디오 인터뷰인 경우 되도록이면 스튜디오 안에서 진행한다. 전화로 진행하는 경우, 인터뷰 요청자가 전권을 가지고 있다. 인터뷰에 응하는 사람의 말을 무시할 수도 있고, 말하는 도중에 전화를 끊을 수도 있으며, 그들의 필요에 따라 기다리게 할 수도 있다.

✠ 언론사 쪽이 자신을 가치 있는 존재로 여기도록 하되 너무 가깝게 여기지는 말아야 한다. 지나치게 친해지면 부주의해지기 쉽다.

✠ 인터뷰 도중 요청자들의 태도에 거슬리는 점이 있었다면 나중에 예의를 갖추어 직접 이야기하거나 상위 책임자에게 언급할 수도 있다.

✠ 개성, 가치, 지식, 하는 일 등을 잘 나타내 주는 사진을 준비해 두었다가 보도용으로 제공한다. 텔레비전에 방영될 경우 인터뷰 내용 못지 않게 개성 또한 중요하다는 점을 알아 두어야 한다. 웃음을 입에 머금을 뿐만 아니라 눈에도 웃음이 깃들도록 한다. 때에 따라서 약간의 과장된 행동은 괜찮지만 완전하게 표현하려고 지나치게 집착하는 것은 좋지 않다. 강조하고 싶은 부분이 있다면 말하는 속도를 늦추고

몸을 앞으로 기울이며 음색은 낮추면서도 음성을 약간 높인다. 기자에게만 말하는 것이 아니라 지켜보는 많은 사람들에게 이야기하는 것임을 잊어서는 안된다.

✠ 취재 기자, 사진 기자, 카메라 및 기술 담당자들은 대부분 점잖은 사람들이다. 상사의 지시가 있거나 개인적으로 좋지 않은 감정이 있는 경우가 아니면 그들은 존중하는 만큼 상대방을 존중할 줄 안다.

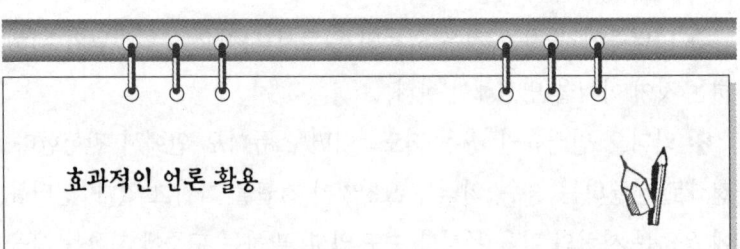

효과적인 언론 활용

텔레비전에 비친 내 모습을 비판적으로 분석한 결과 나는 다음 세 가지 사항에 유의하게 되었다.

- 질문하는 기자보다는 시청자를 염두에 두고 응답을 한다.
- 때로는 과장된 행동을 보임으로써 열정적인 인상을 준다.
- 피곤할 때는 음료수 한 두 잔을 미리 마셔서 인터뷰 진행 도중 생기 있는 모습을 유지한다.

조 안

험한 세상 속에서 성공하려면 자신의 뜻을 널리 알려 스스로의 운명을 개척하고 지지자를 많이 확보해야 한다. 능력이란 다른 사람들

과 함께 일하고 지지자를 확보하는 것이다. 사람들도 나름대로의 생각과 능력을 가지고 있다. 뜻을 알리고 함께 공유하면 공동체가 형성된다.

CHAPTER

지역 활동

The Women's Power Handbook

지역 활동

엘리너 루즈벨트(Eleanor Roosevelt)의 말에 따르면 정치적 여성이 되려면 일종의 전도하는 자세가 필요하다. 그녀는 다음과 같이 정리한다.

✠ 아무 것도 개인적으로 취하면 안된다.
✠ 분노를 품지 말아야 한다.
✠ 그 날의 일은 그 날로 마무리한다.
✠ 쉽게 낙심해서는 안된다.
✠ 넘어지고 또 넘어져도 다시 일어나 전진한다.
✠ 다른 각도에서 문제를 보고 주장하여 답을 얻어낸다.
✠ 알고 있는 사실에 대하여 확신을 갖는다.
✠ 지도자가 되고자 하는 여성은 앞장서 나아가면서 표적이 될 각오를 해야 한다.

엘리너 루즈벨트는 한 번도 정치인으로 당선된 적이 없지만, 제2차 세계대전 당시 미국 대통령이었던 민주당의 프랭클린 딜라노 루즈벨트의 아내로서 분명히 훌륭한 정치적 여성이었다.

개인적으로 그녀는 많은 대가를 치렀다. 그녀는 정치적 여성이 되기 위해서는 "공룡의 가죽만큼이나 두터운 낯을 가질 필요가 있다"고 강조했다.

그러나 1963년에 출판된 유저(遺著)에서 그녀는 '스스로의 자리를 정하고 그것을 대담하게 선포하며 과감하게 행동하는 것만큼 자유롭고 유쾌한 경험은 없다'고 술회했다. 활동을 하다 보면 용기가 생겨나는데 용기도 두려움만큼이나 전염성이 있다고 그녀는 믿었다.

정치적 삶은 여러 가지 신경을 써야 할 일이 많지만 조안 커너가 말하듯이 "노력한 만큼 자신의 삶에 득이 되며 이룩하는 것이 곧 자신의 것이 된다."

여기에서 정치적이란 말의 의미는 다음과 같은 여러 종류의 정치적 활동을 의미한다.

✠ 개인의 정치 활동
✠ 사회의 단체 활동
✠ 정당의 정치 활동
✠ 지방 정부의 정치 활동
✠ 변화를 위한 운동

자신과 다른 사람의 변화를 꾀하는 것은 곧 정치가 추구하는 목적과 관련이 있다. 타인과 관련된 활동이나 타인과 연대하여 벌이는 활동은 곧 정치적 활동이다. 사회를 대상으로 주장하고 반응을 얻을 필요가 없다면 의회 활동을 하고 언론 활동을 벌일 필요가 없다.

정치는 가능성의 예술이라 할 수 있다. 가능성은 어디에나 있다. 국민들의 반응이 없다면 뜨거운 정치적 열기, 집회와 연설, 선거를 위한 열정 등이 아무런 가치도 없는 것이다. 국민의 반응이 있을 때 결국은 정권도 바뀐다.

지역 운동

The women's Power

지금처럼 지역 사회의 참여와 활동이 중요한 때도 없을 것이다. 정부는 방침을 정하고 그것을 기준으로 모든 것을 결정하고 운영한다. 대부분의 경제 및 정책 결정은 정부 및 민간 부문의 상위에 있는 소수의 사람들에 의해 이루어진다. 보통 사람들도 이 사실을 알고 또 분개한다.

소외되고 무력한 존재라는 감정이 사회 속에 만연하도록 방치하는 것은 명백히 위험한 일이다. 사회 공동체의 참여가 변화를 낳을 수 있다. 정부의 결정 사항을 밝혀내고 의사 결정에 영향을 미치고 참여하고 스스로 의사 결정을 할 수 있는 힘이 공동체의 참여로 인해 가능해진다.

공동체가 힘을 발휘하면 불평만 하거나 희생자로 머물지 않고 변화의 주역이 될 수 있다. 공동체의 참여는 정부로 하여금 시민의 소리에 귀를 기울이고 민주적인 일을 하도록 만드는 중요한 수단이다.

단순히 기존 권력 구조에만 힘을 실어 주는 참여 활동도 많이 있다. 공동체를 중심한 참여는 그와는 다르다. 소외된 사람들이 참여할 수 있기 때문이다. 지역 사회의 발전을 활동 과정의 원칙으로 삼지 않는다면 주민이 참여하는 활동이 아니라 전문 활동가들만 참여하는 활동이 되어 버리기 쉽다.

지역 사회의 발전을 위해서는 두 가지 기본 원칙이 지켜져야 한다. 지역 사회가 문제 해결을 위해 발벗고 나서야 한다는 것이 그 하나이고, 지역 사회가 의사 결정 과정에 참여하지 않는 한 지역 사회를 위한 결과가 나올 수 없다는 것이 다른 하나이다. 그렇게 되면 장기적으로 볼 때 진정한 문제 해결이 되지 않는다.

참여 민주주의란 단순히 투표권만 행사하는 것을 의미하지는 않는다. 선거에서 승리한 사람에게 모든 결정권을 위임하고 뒷전으로 물러서 있는 것이 진정한 민주주의는 아니다. 참여와 민주주의는 동전의 양면과 같다. 두 면이 함께 있어야 하며 이루어지는 과정에서 늘 함께 있어야 한다. 참여하고 연대하는 것이 민주주의를 이룩하기 위한 필수 요소이다.

지역 사회의 발전을 목표로 참여하고 연대하는 것은 사회 공동체 분야에 필수적인 일이다. 그렇게 함으로써 사회의 관심과 이해가 촉진될 수 있기 때문이다. 참여와 연대를 통하여 희생자의 입장에 있던 주민들이 힘을 얻게 되어 태도가 달라지고 관점이 달라진다. 단순한 염원에 그치던 사항도 참여하고 연대하면 당당히 요구하여 성취할 수 있다.

지역 사회를 중심으로 하는 참여는 보다 포괄적인 사회를 지향한다. 포괄적인 사회란 그 구조와 절차에 있어서 소외되는 사람이 보다 적고 분열되지 않으며 단합이 잘 되고 모두가 참여하고 그 대가를 모두가 나누는 사회를 말한다.

오늘날 말하기에는 때늦은 감도 있지만 정치적 맥락에서의 사회 정의를 위해서도 참여와 연대가 큰 역할을 한다. 지역 사회의 참여를 통하여 단순히 순응하거나 반대하던 주민들, 언론 또는 기타 영향력 있는 사람들에 의해 조작되던 주민들이 당당한 권리를 갖고 "나에게도 권리가 있으니 나의 견해를 밝히고 결정에 참여하겠다"고 선언할 수 있게 된다.

지역 사회의 일원으로 참여한다고 하여 개성을 버릴 필요는 없다. 오히려 개성을 발휘함으로써 더 큰 권력을 누릴 수도 있다. 권력을 함께 나누면 결코 잃는 일이 없다. 오히려 강화될 뿐이다. 지역 사회를 위해 일한다는 것은 곧 해당 지역의 주민이 공동의 이익을 위하여 스스로 보다 나은 결정을 하도록 도와주며 주민들이 책임 의식을 가지고 의사 결정에 참여하도록 기회를 부여하는 것을 의미한다.

지역 공동체를 위해 일할 때는 다음 사항들을 염두에 두어야 한다.

✠ 개방성과 상호 신뢰 관계를 유지한다.
✠ 서로 다른 점을 지혜롭게 수용할 줄 알아야 한다.
✠ 각 사람의 기여도를 존중해 준다.
✠ 각 사람의 권리를 존중한다.
✠ 명령과 복종이 아니라 서로 의논하는 것이 중요하다.
✠ 함께 책임진다.
✠ 혁신을 꾀한다.
✠ 경험을 축적한다.
✠ 참여자 전원을 위한 발전을 위하여 알맞은 속도로 발전을 꾀한다.

관심사에 관하여 거론하고 참여하는 사람들이 특정인의 이익을 위하여 일하는 것으로 비쳐지지 않도록 해야 한다. 과거에는 그러한 사례가 많았다.

조안 커너는 어느 청취자 참여 라디오 프로에 한 여성이 전화를 걸어 그 지역의 병원 폐업 결정을 지지하는 내용을 피력하던 것을 기억한다. 라디오 프로 진행자가 그 여성에게 물었다.

"그 의견에는 동감입니다. 그러나 경제 사정에 도움이 되지 않을 것으로 생각되는데요." 그녀는 즉시 대답했다.

"우리는 지역 사회 속에서 사는 것이지 경제 사정에 따라 사는 것이 아닙니다."

바로 이것이 시민의 힘을 나타내는 핵심적인 면모다.

결정 사항이 정부에 의한 것이든, 관료에 의한 것이든, 거대 사업체나 조합에 의한 것이든 지역 사회가 의사 결정에 영향력을 행사하려면 로비가 필요하다. 원하는 바를 알리고 관련 정보를 제공하고 의사 결정 당사자들을 교육하고 특정한 방안을 제시하거나 흥미를 고조시킴으로써 대중적인 지원과 영향력 있는 사람 또는 단체의 후원을 이끌어내야 한다.

로비를 성공적으로 해 내려면 다음 사항을 갖추어야 한다.

✤ 문제를 책임진 사람이 누구이며, 내가 말해야 할 내용은 무엇이고, 언제 어디서 공개적으로 밝힐 것인가를 알아야 한다.

✤ 목표를 설정한다.

✤ 반대자가 누구인지 알아낸다.

✤ 뜻을 함께 하는 사람과 연대한다.

✤ 올바른 수단을 사용한다. 서신이나 제안서(비교적 효과가 큼), 탄원서(비교적 영향력이 크지 않음), 전단지(정보를 알리기 위한 캠페인에서 사용), 전화, 팩스, 전자 우편, 회의, 영향력 있는 인사에게 대표 파견, 대중적인 시위와 행진, 거리 공연, 언론 홍보 등의 수단을 활용할

수 있다.

조직을 잘 갖추어야 하며 정보에 밝아야 하고 효율성을 최대한 발휘하고 결정이 확고해야 할 필요도 있다. 성공의 열쇠는 개인적인 관심을 넘어서는 데 있다. 정치적인 관점에서 활동해야 한다.

정치적 행동의 일반적인 법칙

정치는 권력과 관련이 있다. 즉 방향을 설정하고 결정을 행사하며 자원을 선택하고 활용할 수 있는 힘과 관련이 있는 것이다. 시민들은 권력을 함께 나누고 스스로의 삶과 공동체의 장래를 결정할 권리가 있다.

정치에 무관심하다는 것은 현재의 상황에 만족하다는 의미가 될 수도 있고, 시민으로서의 권리를 포기할 준비가 되어 있다는 의미가 될 수도 있다. 행동하지 않는 사람은 권리를 포기하는 것이다. 정치에 무관심한 것 또한 자신의 권리를 주장하는 행동만큼이나 정치적인 것이다.

정치적인 영향력을 행사하려면 우선 권력을 행사하려는 이유가 무엇인지 정리하고, 이미 그 권력을 가지고 있는 사람은 누구인지 파악한 다음 그들에게 그 권력을 어떠한 방향으로 사용할 것인지 알아본 후 그들과 연대할 수 있을 것인지 여부를 판단한다. 연대할 수 있는 대상을 파악한다.

✚ 이미 활동을 시작한 사람
✚ 가족, 친구, 직장 동료

✠ 지역 사회의 단체 및 구성원
✠ 교사 또는 노동조합 등과 같이 뜻을 같이 하는 사람들
✠ 국회의원, 정부 또는 정당 구성원
✠ 정책 자문 위원
✠ 지방 의회
✠ 지방 또는 중앙 언론
✠ 관료. 어느 행정부든지 관료 중에는 정부에 충실한 사람들, 근무 시간에 충실한 사람들, 지역 사회에 충실한 사람들의 세 부류가 있다. 세 번째 부류의 사람들에게 협조를 구하는 것이 가장 유익할 것이다. 그들은 기꺼이 정보를 제공하고 내부 조직과 기회를 활용할 수 있도록 편의를 제공함으로써 정부의 정책과 조치에 영향을 미치고 필요한 경우 정책을 만들어 내도록 촉구하는 데 도움을 준다.

우리의 활동에 반대할 수 있는 사람들이 누구인지, 그들을 어떻게 설득하거나 극복할 것인지도 생각해야 한다.

권력을 가진 인사를 만날 때는 당사자가 관련 문제에 관하여 언론 및 타 조직에 어떤 정책에 입각하여 어떤 말을 했는지 사전에 파악해 볼 필요가 있다. 만날 일정을 수립하여 제안하고 되도록적이면 만나기 전에 약속을 하는 것이 좋다. 그러나 일정은 유연하게 잡아서 사정이 생길 경우 대처할 수 있도록 한다.

만나려는 사람과 동등한 위치에 있지 않은 이상 개인적으로 만나 이야기하는 것은 삼가는 것이 좋다. 만나서 결정한 사항은 반드시 기록해 두고 합의된 사항은 만난 자리에서 또는 사후에 서면으로 교환한다. 조치 사항을 기록하여 의사록에 첨부하고 되도록이면 면담이

끝난 직후 배포한다. 내용을 기록할 수 있는 준비를 갖추고 있어야 한다. 면담 내용을 녹음하려면 사전에 양해를 구한다. 상대방이 녹음하는 데 동의할 경우 주의해야 할 부분이 있다. 보도 금지를 요청하는 부분이나 사적인 대화 내용은 녹음하지 않도록 주의해야 한다.

장관이나 부서의 책임자, 정치인 등과 대화할 때는 그 내용의 핵심을 잘 파악해야 한다. 우리를 대신하여 결정은 자신이 내리고 모든 책임은 우리에게 전가하는 경우도 있으니 조심해야 한다. 우리는 그들에게 생색낼 기회를 주려고 대화를 하는 것이 아니다.

정의를 앞세우고 설득력을 발휘하여 원하는 것을 얻어내는 경우도 있지만, 동조하는 사람들의 수가 많을 때 보다 효과적으로 설득할 수 있다. 따라서 뜻을 같이하는 사람들이 누구인지 파악하여 함께 행동하는 것이 효과적이다. 당면 문제에 관하여 충분한 대화를 나누고 그룹별로 명확한 역할을 나누며 동조 인원을 계속 확대해 나간다. 동조하는 그룹과 그 인맥을 활용하면 지속적으로 의견을 나눌 수 있고 힘과 지원을 얻을 수 있다.

연락 대상자 목록(전화, 팩스, 전자 우편, 주소)을 작성하고 때때로 갱신하며 지원자 및 활동 인맥과 영향력 있는 인사를 관리한다. 연락이 원활하게 이루어지도록 정확하게 관리한다. '관계자' 또는 '담당자'라는 호칭만으로 연락하는 것보다는 정확한 이름을 사용하는 것이 좋다. 조안이 주지사로 재임하던 시절에 있었던 일이다. 어느 개인용품 서비스점에서 광고용 카탈로그를 보내왔는데 주소란에 '빅토리아 주지사 미스터 조안 커너에게'라고 씌어 있었다. 멋진 신사복과 넥타이 및 구두를 소개하는 내용이었다. 여성인 조안에게는 아무 소용이 없는 것이었다.

중요한 면담은 빠짐 없이 해야 한다. 일회성 회의 또는 여러 차례의 회의를 통하여 결정을 하게 될 경우, 전략을 수립하고 참가자를 조직하여 각 회의 때마다 구사할 전략과 참석 대상자를 적절히 조절할 필요가 있다.

즐거운 마음으로 임하는 것이 중요하다. 옳은 일을 한다는 생각으로 기쁜 마음을 가지며 함께 활동하는 사람들에 대하여 동료애를 느끼고 일을 통하여 평생의 친구를 사귀는 태도로 임한다. 유머 감각을 잃지 말아야 한다.

재정 문제도 소홀히 해서는 안된다. 어느 운동이든지 자원이 필요하다. 활동에 소요되는 비용을 산출하고 예산을 잘 세우며 정기적으로 검토한다. 운동의 성공은 효과적으로 활동하고 새로운 요구에 잘 부응하는 데 달려 있다. 비용을 적게 들이면서 최대의 정보를 수집하고 지원을 얻는 효과적인 방법을 찾는다. 제2장에 설명되어 있는 전화 연락망은 의외로 아주 효과적인 방법이다.

정치적 로비 활동을 위해 전화 연락망을 구성하는 데 필요한 사항을 정리해 본다.

✠ 전화 연락망에 포함될 연락 대상자 목록을 작성한다.
✠ 목표 인물(장관, 부서장, 지방 의회 의원 등)에까지 이르는 연락 라인을 정한다.
✠ 각 사람이 둘 또는 세 사람을 목표로 연락하도록 구성한다.
✠ 전화를 건 사람은 응답 내용을 기록하고 중요한 내용이 있을 경우 책임자에게 보고해야 한다. 전화를 받은 사람들의 응답 태도에서 느낄 수 있는 분위기를 책임자에게 알려 주는 것도 중요하다.

✠ 전화 연락망이 방대할 경우 몇 개의 그룹을 형성하고 각 그룹마다 책임자를 선정한 다음 총책임자와 연락되도록 한다.

✠ 전화 연락이 그다지 효과적이지 않을 경우 연락 활동을 중단하되 연락망은 그대로 유지하여 차후 다른 활동에 사용할 수 있도록 한다.

✠ 팩스를 통해서도 비슷한 활동을 할 수 있는데, 이 경우 보다 많은 인원이 참여하여 목표지의 팩스에 계속해서 메시지가 전달되도록 한다. 아주 성가시게 만드는 것이다.

✠ 전화 연락 활동을 개시하기 전에 연락망을 모의로 가동하여 점검한다. 연락 내용을 기록하여 메시지가 제대로 전달되는지 시험해 본다. 메시지는 간단해야 하며 개인의 입장에서 말하는 것이어야 한다. 조직적으로 전화하는 인상을 드러내면 안되며 개인의 의견을 피력하는 차원이 되어야 한다.

✠ 전화를 할 때는 설득력이 있어야 하고 관련 정보를 잘 알고 있어야 하며 예의바르면서도 집요해야 한다. 논쟁하거나 화내거나 욕설하는 행위는 삼가야 한다.

✠ 정직하고 유머 감각을 유지해야 한다.

지방 정부

The women's
Power

많은 여성들이 지역 차원에서 활동을 시작한다. 따라서 지방 정부는 보다 넓은 정치의 장으로 진출하고자 하는 꿈을 지닌 여성들이 자신의 역량을 시험해 볼 수 있는 터전이다. 라이넬 깁슨(Linelle Gibson)은 멜번의 통합 자치 당국 중 하나인 홉슨 베이의 전직 지방 의회 의원이었다.

라이넬은 지방에서 교사 생활을 했으며 10년 이상 지역 사회를 위한 활동을 벌였다. 그러나 의회에 진출할 당시 공식적인 정치 활동은 초년생이었다.

우리는 그녀에게 지방 의회 의원을 꿈꾸고 있는 여성들에게 도움이 될 만한 조언을 부탁했다. 다음은 그녀가 제안하는 내용이다.

✠ 우선 자신이 아무 것도 모르고 있다는 사실을 알아야 한다. 행동에 대한 반응을 알아보고 조언도 해 줄 수 있는 인맥도 필요하고, 의견을 함께 나누고 같이 행동할 수 있는 인맥도 필요하다. 인맥은 학교, 고용인, 교사, 정당, 환경 보호론자 등 다양한 차원에서 형성할 수 있다. 믿을 수 있는 사람이 누구인지, 조언을 해 주고 지원을 해 줄 사람이 누구인지 파악한다.

✠ 의회 내부와 외부에 동지를 형성한다. 혼자서는 영향력을 행사할 수 없다는 점을 알아야 한다. 합의 사항은 언제나 공개적이어야 하고 밀실 협의는 안된다. 연대자들은 사안에 따라 도움이 될 것이다.

그들과 지속적인 관계를 유지한다.

✠ 자신의 생각으로 사람들을 판단하지 말아야 한다. 자세히 관찰해 보고 그들과 더불어 사안을 검토해 본다.

✠ 팀을 구성한다. 신참 의원은 선배 직원들과 더불어 함께 의견을 나누고 팀을 구성하고 검토하기 위해 연구하는 데 시간을 투자할 필요가 있다.

✠ 의원은 직원들과는 달리 의사 결정을 할 책임이 있다는 점을 자각하고 그 점을 직원들에게 지속적으로 인식시켜야 한다. 사무 직원은 조언을 하고 업무를 수행한다. 그러한 관계가 원활하게 유지되도록 한다. 특히 예산과 계획 관련 문제에 있어서는 더욱 그렇다. 사무 직원이 하기에 따라서 의회 및 지역 활동에 도움이 되기도 하고 방해가 되기도 한다는 점을 인식해야 한다.

✠ 주의 깊게 관리해야 한다. 관리 방식에 따라 지역 사회의 의견을 잘 반영할 수 있을 수도 있고 그렇지 못할 수도 있다.

✠ 자금 지원이 필요한 경우 정부의 관련 부서가 책임지도록 한다.

✠ 말썽의 소지가 있는 문제를 다루어야 할 경우, 지역 사회에 자초지종을 설명한다. 이해관계가 있는 사회 지도층 인사들을 초청하여 문제를 의논한다. 의사 결정 과정을 명확하고 누구든지 알 수 있도록 한다. 복잡한 문제는 부분적으로 나누어 정리함으로써 이해하고 관리하기 쉽도록 한다. 지역 사회의 내력과 현재의 상황을 잘 듣고 이해하여 일을 추진하는 배경 지식으로 삼는다. 자신의 결정 사항은 책임을 진다.

✠ 후속 조치를 잘 하며 이행하기로 약속한 내용은 반드시 이행한다.

✠ 일과 가정과 사회 생활의 균형을 잘 유지하고 필요한 경우 친구

의 도움을 받는다. 때에 따라서는 연습이 필요할 수도 있다. 가정과 자신만을 위한 시간도 가져야 한다. 집안의 일을 담당할 가정부를 고용할 수도 있다. 친구 관리에도 신경을 쓰고 생활을 단순화시킬 필요가 있다.

✠ 언론을 최대한 활용한다. 전문 언론인과 친밀하고 서로 존중하는 관계를 형성한다. 여러 문제들을 간단한 메시지로 함축하여 정기적으로 그들에게 알린다. 물론 알리고 싶지 않을 때와 특정 문제로 인하여 곤란해질 경우 알리지 않을 수도 있다. 필요한 경우 그들이 달려올 것이다.

✠ 자신의 가치관을 명확히 한다. 때로는 자신의 신념에 대하여 목숨을 걸어야 한다. 자신의 입장을 분명히 밝힌다. 애매한 입장에 있는 사람이 압박에 시달리고 협상에서 진퇴양난에 빠지는 경우가 많다. 사람들은 신뢰성을 기준으로 의원을 평가한다.

✠ 스스로 생각할 여지를 둔다. 침묵만 지킬 필요가 없으며 압박에 시달리지 않아도 된다. 당장 결정할 필요가 없다.

✠ 다른 사람들의 견해를 듣는다. 혼자라고 생각하지 말라. 문제를 분석하고 수용할 것은 수용하고 설득할 것은 설득해야 한다.

✠ 직원들을 귀하게 여긴다. 그들은 나와 한 팀이다. 그들은 의원을 보좌한 경력이 있으며 지역 사회의 정황을 잘 알고 있다.

✠ 고맙다는 말을 아끼지 않는다. 사람들은 그런 태도를 좋게 평가한다. 중요한 존재로 부각되는 것도 좋지만 좋은 태도를 보이는 것도 중요하다. 크리스마스 카드 또는 전화를 통하여 고맙다는 표현을 한다.

✠ 문서화된 말은 강한 힘을 발휘한다. 정책 관련 문서를 작성하면

그에 따른 정책이 시행된다는 의미가 된다.

✠ 견습생과 멘터를 선정한다. 사람은 영원히 그 자리에 있을 수 없다. 자리를 옮기게 될 경우 인계를 하기 전에 인계 대상자들을 차례로 만난다. 아주 오래 머문 사람들도 많을 것이다.

각 사안을 하나, 둘 또는 세 가지로 정리하여 인계해 준다. 아는 것을 전달해 준다고 하여 자신의 권력을 잃는 것은 아니다. 지식을 공유하는 것은 자신 뿐만 아니라 다른 사람들을 위해서도 유익한 일이다. 견습생을 양성하면 함께 힘을 발휘할 수 있다.

성과가 좋고 조직력이 뛰어난 사회 활동가이자 의원이었던 라이넬 깁슨은 다음 단계에 착수했다.

빅토리아 의회에 안착하기 위하여 예선에 출마한 것이다. 그녀는 대대적인 선거전을 펼쳤지만 득표에 실패했다. 확고한 조합을 배경으로 한 젊은 여성이 예선에서 당선된 것이다.

그러나 라이넬은 지역 활동을 의회 활동 못지 않게 정치적으로 중요한 활동으로 여기고 선거 결과와는 무관하게 자신의 자리로 돌아왔다. 그녀는 평소와 다름없이 관심사를 지속적으로 살피고 활동을 게을리 하지 않기로 결정했다. 그녀는 다시 도전할 것이다. 자질이 뛰어나다 하더라도 여성으로서 첫 번째 도전으로 예비 선거에 당선되는 사례는 극히 드물다.

정치적 멘터링

정치인 후보로 여성이 나서는 경우가 드물고 그나마 당선되는 사례

316   제8장 지역 활동

가 드물기 때문에 여성들이 앞장서서 정당을 불문하고 여성 후보에게 힘을 실어 주고 지원해야 할 필요가 있다. 조안 커너는 노동당 소속 정치인이자 전직 의회 의원이며 소속 정당에서 여성 일꾼을 길러내는 작업에 착수했다. 그 중에 가장 돋보이는 것은 여성 스스로 여성을 길러내는 정치 멘터링 제도를 개발한 일이다.

그 제도는 에밀리 리스트(EMILY's List)라고 불리는 것으로서 호주에서는 1996년에 시작되었다. 개인의 작은 기부가 큰 기여를 할 수 있음을 강조하는 문구로 '일찍 모은 돈은 반죽을 부풀리는 이스트와 같다'는 의미의 영문(Early Money Is Like Yeast) 머리 글자를 따서 에밀리라고 부른 것이다.

영국과 미국의 유사한 사례를 기본으로 삼아서 에밀리는 당내 유력 여성 후보를 위하여 기부금을 모으고, 도덕적 또는 전략적 지원을 한다. 에밀리 리스트를 처음 운영해 본 결과 재정적 지원, 특히 선거 운동 초기의 지원은 아주 효과적이었으며, 지원을 받은 후보들은 개인적인 멘터링이 가장 귀중한 것이었다고 평가했다.

자유당 의원인 헬렌 샤디(Helen Shardy)는 독자적인 인맥을 구축하여 재임 시절(그녀는 보건부 장관인 마이클 우드리지의 선거 담당 사무원으로 6년간 일했음)에 매우 효과적인 멘터링과 지원을 받은 것으로 유명하다. 헬렌은 또한 자유 여성 포럼의 중요성을 인식했다.

자유 여성 포럼은 1993년 설립되었는데, 그 해 연방 선거에서 패배한 데임 베릴 뷰리페어(Dame Beryl Beaurepaire) 및 기타 주요 자유 여성 단체들이 여성들의 힘으로 정당의 성과를 향상시키고자 하는 방책의 일환이었다. 그 포럼은 정당의 연방 의회가 설립했는데 더 많은 여성 인력을 확보하는 데 주력하였다.

여성들이 역량을 발전시키고 스스로의 미래를 계획하고 예비 선거에 나서서 의석을 확보할 수 있도록 교육하고 지도하는 것이 주요한 활동이었다. 1996년 연방 선거에서 그 활동의 진가가 드러났다. 어느 때보다도 많은 자유당 소속 여성들이 연방 의회로 진출한 것이다.

에밀리 리스트의 멘터들은 의회에서 우수한 의원의 자질을 발휘하고, 언론과 의사 소통 분야에서 탁월한 역량을 발휘하며, 최근에는 성공적인 의회의 면모를 가꾸기 위하여 모범을 보이고 있다.

멘터는 다음과 같은 요소를 갖추어야 한다.

✠ 국가 및 유권자의 정치적 경향에 대한 건전한 지식
✠ 후보와의 조화 있는 관계 형성 및 그들의 신뢰성과 이미지 구축 능력
✠ 전화 또는 직접 방문을 통한 정기적인 접촉 일정(예를 들어, 2주에 한 번)
✠ 후보에게 즉흥적으로 전화할 수 있는 센스(예를 들어, 좋은 일이든 나쁜 일이든 언론에 보도가 되었을 때 또는 후보가 공개적인 실수를 저질렀을 때)
✠ 후보가 선거 전략이나 우선 순위를 결정할 때 도움을 줄 수 있는 능력
✠ 후보가 활용하거나 구축할 수 있는 좋은 인맥 또는 정보
✠ 선거 운동 과정 또는 의회에서 후보의 이미지와 역할 변화가 필요한 시점과 내용을 파악할 수 있는 능력
✠ 후보와 선거 운동 전반에 걸쳐 후보에게 필요한 사항을 후보가 쉽게 이해할 수 있도록 기꺼이 말해줄 수 있는 태도

멘터는 후보자가 필요한 것이 무엇인지 알아차릴 수 있는 고도의 감각을 지니고 있어야 하며 자주 전화 연락을 하고 만나야 한다. 멘터는 자신이 그러한 감각을 지니고 있는지 스스로 숙고해 보아야 한다.

에밀리 리스트 활동 중 조안 커너가 가장 뚜렷하게 기억하는 것은 1997년 남호주의 선거 후보로 나섰던 프란시스 베드포드(Frances Bedford)에게 멘터로서 도움을 줄 때이다.

프란시스가 당선되려면 14%의 추가 득표가 필요하다고 판단되어 출마하기로 결정한 것이었다. 선거 운동이 한창일 때 조안은 그녀에게 전화를 하여 진행 상황을 점검해야겠다는 생각이 들었다. 전화할 당시 그녀가 없었기 때문에 조안은 자동 응답 전화기에 메시지를 남겼다. "그냥 점검해 보려고요. 잘 진행되고 있나요?" 그 날 밤 프란시스는 걱정이 되어 조안에게 응답 전화를 했다.

그녀는 과연 스스로가 후보로서의 자격이 있느냐 하는 문제로 인하여 자신감이 없었던 참이었다. 소속 정당으로부터는 그녀가 자신감을 가질 수 있도록 이렇다 할 도움을 주지 못하고 있었다.

그녀와 조안은 전화로 몇 가지 의견을 교환하면서 특히 자신감을 회복하는 데 초점을 맞추었다. 프란시스는 안심하게 되었고 새로운 자신감으로 활동을 재개했다. 이러한 사례가 정치적 멘터링의 기본적인 역할이다. 평이하면서도 중요한 역할인 것이다.

후보 활동

중앙 정부든 지방 정부든 후보로 출마하여 당선되는 것은 쉬운 일이 아니다. 특히 여성의 입장에서는 동일한 기회에 대한 남성의 도전보다 한 층 더 어려운 면이 있다. 그 중에서도 가장 어려운 점은 아마도 험난한 정치계에서 어떻게 권력을 공유하느냐 하는 문제일 것이다.

전직 뉴질랜드 내셔널 파티(National Party) 소속 정치인인 메릴린 웨어링(Marilyn Waring)은 "여성 그리고 정치와 권력(Women, Politics and Power)"이라는 책에서 다음과 같이 기록했다.

> 어떤 여성은 권력 그 자체를 목적으로 삼고 성취하고자 한다. 권력을 원하지도 않고 필요로 하지도 않는 여성도 있다. 어떤 여성은 자신이 배후에서 조종한다고 생각하며 자랑스럽게 생각하기도 한다(물론 자아도취다).
>
> 어떤 여성들은 가부장적 사회에 도전하고 스파이나 게릴라처럼 남성 위주의 세상에 침투하여 역사를 바꾸고 여성의 세상을 이룩하기 위해 권력을 추구한다. 권력 획득을 위한 이러한 모든 노력들은 무력한 상태로 만족해 하는 것보다는 낫다. 그러나 그와 같은 노력들만으로는 불충분하다. 권력의 속성을 변화시키려면 끊임없는 노력이 필요하고 낙천적인 성품도 필요하다. 그러나 변화를 꾀하는 자체가 기존 권력에는 위협이 된다.

여성 정치인이 겪는 애로 사항은 소속 정당에 관계없이 대동소이하다. 수잔 미첼(Susan Mitchell)은 "권력의 비밀(The Secret of Power)"이라는 책에서 여성 정치인이 활용할 수 있는 '전투' 규칙을 제시한다.

✠ 일단 도전한다.
✠ 핵심 문제가 무엇인지 늘 알고 있어야 한다.
✠ 말할 가치가 있는 것이 아니면 입을 열지 않는다.
✠ 남성을 딛고 일어서려고 할 필요는 없다. 남성들은 뒤지는 것을 매우 싫어한다.
✠ 남성을 흉내내려고 하지 않는다.
✠ 자신의 생각을 명확하게 갖는다. 남성에게 아첨하지 않는다.
✠ 뒤쳐지지 말고 앞서가는 감각을 지닌다.
✠ 인맥을 형성하는 방법을 터득한다.
✠ 득표 결과가 패배로 나타났는데 전혀 납득이 가지 않을 경우 이의 신청을 한다.
✠ 개인적으로 일을 처리하지 않는다.
✠ 기회를 잘 활용하여 로비를 한다.
✠ 지원을 받기가 어려운 형편이라면 가장 호의적인 사람을 택하여 도움을 요청한다. 자신의 견해를 신중하게 이야기하고 그 사람이 도움을 주기로 결정하면 다음 단계로 진행한다. 시간이 좀 걸리는 일이지만 효과적이다.

여성은 정치적 여정이 남성과는 다르다. 대부분의 정치 구조가 남성에게 편리하게 되어 있다. 남성 중심의 정치 문화를 바꾸려면 많은 여성들의 노력이 필요하다. 여성이 남성 정치인의 뒷전에 서서 흉내만 내고 있어서는 성공할 수 없다.

메리 로빈슨은 아일랜드 대통령에 선출되었을 때 이렇게 말했다.

"오늘은 아일랜드의 여성들에게 뜻깊은 날입니다. 요람을 흔들던 아일랜드의 여성들이 체제를 변화시킨 것입니다."

낸시 애스터(Nancy Astor)가 1919년에 영국 의회에 최초의 여성 하원 의원으로 당선되었을 때 허풍이 심한 어느 의원이 이런 말로 환영한 적이 있다.

"유럽 최고 남성들의 독점 클럽에 들어오신 것을 환영합니다."

그녀는 웃으면서 이렇게 응답했다. "독점이 그리 오래 가지는 못하겠네요. 제가 들어오면서 문을 열어 두었거든요."

그러나 아직도 여성의 진출은 드물기만 하다. 2000년에는 호주의 여성 인구가 1000만이 되겠지만 정치 구조와 관행이 바뀌지 않는 한 여성에게 의회 사무실은 여전히 높은 장벽으로 둘러싸여 있을 것이다. 호주 여성들(토착민 제외)이 선거권을 획득하고 연방 의회에 진출한 지 27년이 된 1999년의 현황을 정리해 보면 다음과 같다.

✠ 의회에는 여전히 남성들이 압도적으로 많다.
✠ 정부의 목소리는 남성들로 대변된다.
✠ 여성이 정치에 참여하기보다는 통치 대상으로 남아 있다.
✠ 정부의 표준과 관행이 남성 중심적으로 되어 있다.
✠ 현재의 정치 체제에서 여성이 현저하게 배제되어 있고 그러한 경향이 점점 더 심해진다.

322 제8장 지역 활동

이러한 상황은 현재 민주주의 법 체계의 정황 및 양당 구도의 정치 상황과 관련하여 심각한 문제를 일으킨다. 민주주의와 법체계가 제대로 서려면 더 많은 여성들이 참여해야 한다. 연방제가 실시되고 50년이 되어서야 여성이 처음으로 내각에 진출했으며, 88년이 되어서야 두 여성이 최초로 주지사가 되었다. 아직도 고위직으로 올라갈수록 여성이 적고 안정적인 자리일수록 여성이 적다.

왜 그럴까? 기존의 정치인들이 여성 후보의 능력을 인식하지 못한 탓이라고 말하고 싶지는 않다. 여성이 스스로 앞서 나아가기 위한 노력을 게을리 한 면이 없지 않고 필요할 때 나서서 역할을 맡는 데 실패한 면도 있다. 원인이 무엇이든지 현재의 결과는 바람직하지 않은 상태다.

현재의 추세로 본다면 의회에서 여성이 남성과 어깨를 나란히 하려면 50년은 걸릴 것이며, 남성과 동등한 경제적 영향력을 확보하려면 천 년은 걸릴 것이다. 그토록 오랜 세월을 앉아서 기다릴 수는 없다. 재능과 역량을 결집하여 활용하지 않는다면 우리의 민주주의 체제는 나약해지고 본질을 벗어나게 될 것이며, 의회의 의원들은 2류 수준을 벗어나지 못하고, 정부 체제는 3류에 머물게 될 것이다.

이러한 전망은 지성 있는 정치 평론가의 견해와도 일치한다. 1992년 당시 자유당 지도자였던 앤드류 롭(Andrew Robb)은 호주 여성의 기회 균등 및 지위 평등을 지향하는 의회의 요구에 대하여 이렇게 말했다.

"여성은 흔히 있는 강한 정치적 환멸감을 유발하는 원인과는 비교적 거리가 먼 것처럼 보입니다. 여성은 솔직하고 권력에 빠지지 않으며 보통 사람들이 생활 속에서 겪는 문제들을 보다 깊이 인식할 수 있는 위치에 있습니다."

그러나 그는 이런 언급을 잊지 않았다.

"그러나 한편으로 유권자들은 정치를 아주 거친 일로 보고 있으며 여성의 몸으로 그렇게 거친 정치의 장에서 살아 남을 수 있을지 의문스러워 합니다. 유망한 후보는 예외 없이 경쟁력을 갖추기에 어려움을 겪고 있습니다."

조안 커너는 수도 없이 많은 여성들로부터 이런 질문을 받았다.

"저는 활발한 정치 활동을 하고 싶어요. 가능하면 의회에도 진출하고 싶고요. 그런데 무엇부터 시작해야 하나요?"

조안 커너는 상황에 따라 여러 답변을 주는데 그 중에서 핵심적인 내용을 정리해 보면 다음과 같다.

✠ 우선 정보와 경험을 갖춘다. 자신에 대해 알고, 문제가 무엇인지 파악하고, 기회를 노려야 한다. 자신의 관심과 자질을 분석하고 어느 분야에서 변화를 꾀할 수 있는지 파악해 본다. 대외적으로 활용할 수 있는 약력을 작성한다.

✠ 작은 일부터 시작한다. 소속 정당의 지구 회의 또는 학습이나 정치 활동 보고회에 참석하거나 관심 있는 공공 정책의 변화를 꾀하는 지방 또는 중앙 조직에 가입한다. 때로는 재미가 없을 수도 있다.

✠ 자신의 희망과 꿈과 경험을 이야기하고 조언을 얻을 수 있는 멘터를 찾는다.

✠ 자신의 위치를 파악한 다음에는 정당에 가입하고 정당 구조의 일원이 된다. 지구, 위원회 등 어느 것이든지 가능한 단계에서 활동한다.

✠ 의회 사무원으로서 실무 경험을 쌓는다.
✠ 선거 운동에서 담당할 역할을 찾는다.
✠ 지방 정부에서 미래를 위한 정치 경력을 쌓는다.
✠ 서적, 신문, 지역 활동을 통하여 정치적 쟁점에 관한 지식을 축적한다.
✠ 선거에 필요한 사항 및 절차가 무엇인지 파악하고 득표 활동에 나선다.
✠ 어떠한 경우든지 자신의 고유한 성품을 잃지 말아야 하며 늘 준비된 모습을 갖추고 책임을 지는 태도를 유지한다.

정당에 가입해야 할 것인지 여부에 관하여 물론 고민이 될 것이다. 오늘날 호주에는 무소속 의원들이 어느 때보다도 늘었다. 그러나 무소속으로 활동하려면 갖가지 제약이 따른다는 점을 염두어 두어야 한다.

정보, 정책적 조언을 제공해 줄 조직도 없으며, 견해를 널리 홍보해 줄 인력 지원도 받을 수 없고, 회의를 개최하고 전단지를 배포하며 지지자들과 비판자들의 반응을 파악해 줄 조직과 축적된 경험 또한 활용할 수 없다. 모든 일을 혼자 감당해야 한다. 도움을 받을 수 있는 범위는 친구, 가족, 다른 의도를 지닌 낯선 사람들 정도일 것이며 자금 또한 여의치 못할 것이다. 더 나쁜 경우 다른 그룹이 지원하는 척하며 공약을 남용하여 신뢰를 떨어뜨릴 가능성도 있다.

정당에 가입할 것인지 여부는 누구도 대신 결정해 주지 못한다. 스스로 결정해야 할 몫인 것이다. 그러나 입후보, 선거 운동 및 언론 활용에 관하여 이 책에서 제공하는 조언은 정치 경로 모든 분야에 응용할 수 있는 내용이다. 특정 정당에만 국한되는 내용도 아니다. 특정 부문 또는 이익 집단만 투표하는 것도 아니다. 모든 사람들이 투표하기 때문에 투표권을 가진 대다수의 사람들에게 호소력이 있는 메시지와 활동이 필요하다.

의회에 진출하고자 결심하기 전에 자신 스스로와 가족들 그리고 친구들에게 다음 질문들을 던져 그에 대한 답을 객관적이고 냉정하게 고려해 본다.

✠ 의회에 진출하고자 하는 이유가 무엇인가?

✠ 무엇을 제시할 것인가?

✠ 유권자들을 위해 어떤 변화를 보여줄 수 있으며 관심 분야를 위해 무엇을 바꿀 수 있는가?

✠ 당선되기까지 오랜 시일이 걸리지 않을까?

✠ 당선 가능성은 있는가? 첫 도전인가, 아니면 두 번째, 세 번째인가? 투표 경향, 인구 통계, 주요 사안, 상대 후보의 자질 등을 검토해야 한다.

✠ 사생활 및 가족의 생활이 대중에게 노출되고 언론에서 주시해도 지장이 없을 것인가? 이 문제에 거리낌이 있다면 출마하지 않는 것이 좋다. 공개해야 할 일이 있다면 공식적으로 밝혀야 한다. 영국의 환경부 장관인 안젤라 이글(Angela Eagle)은 자신이 게이이며 파트너와 함께 살 생각이라고 발표한 적이 있다. 누군가가 밝혀내기 전에 먼저 공개해 버리면 처음에는 떠들썩하지만 다음부터는 잠잠해진다.

✠ 정당의 지원을 받을 생각이라면 다음 사항을 파악한다. 내부 경선에서 다른 누가 나서는가? 어떤 규정이 있는가? 출마자 수는 얼마

인가? 총괄 책임자는 누구인가? 선거와 관련된 우호적인 사람을 찾아 확보한다. 경선에서 승리할 수 있는 방안을 마련하고 그 계획을 끝까지 유지한다.

✠ 지방, 시, 도 및 전국 차원에서 지원을 담당할 사람은 누구인가?

✠ 경선에서 출마자로 선택되었을 경우(또는 단독 출마를 경정했을 경우), 강력하고 효과적인 선거 운동 팀, 사무실, 계획 및 재정적 기반을 마련할 수 있는가?

✠ 의원으로 당선되고 의회에 영향력을 줄 수 있는 역량, 결정력, 원칙, 비전이 있는가?

✠ 언론을 충분히 활용할 수 있는 방안이 있는가? 여론을 수렴하고 의사소통을 할 수 있는 방법은 있는가? 없다면 어떻게 알아낼 것인가?

✠ 의원 후보로 나서서 당선되거나 혹은 낙선되는 과정에서 사생활과 직업에 어떤 영향이 미칠 것인지 생각해 보았는가? 지원자들이 있는가? 당선될 경우 혹은 낙선될 경우 그들을 어떻게 관리할 것인가?

자신의 결정에 따른 사생활의 변화, 개인적인 지원자 층에 대한 보답과 관계 유지 등이 정치적 결정보다 더 어려운 경우가 많다. 이 문제를 제대로 해결하고 관리하지 않으면 어려움이 하나 둘 쌓여 개인적 장래와 정치적 미래에 걸림돌이 될 수 있다.

초보자의 선거 운동

중대 결단을 통하여 내부 경선을 치르고 승리했다면 '실전' 선거 운동에 나서서 의원의 자리를 향해 꾸준히 나아가야 한다. 선거 운동으로 어떤 방법을 택할 것인가 하는 문제는 다음에 제시된 어려운 문제들에 대하여 어떤 응답을 하느냐에 따라 달라진다.

운동 팀과 더불어 다음 사항에 대한 응답을 마련해 보고 그에 따라 운동 계획을 수립하고 메시지를 결정한다.

✠ 유권자들이 나에게 표를 줄 이유가 어디에 있는가?
✠ 나는 어떤 가치를 주창할 것인가?
✠ 나는 무엇을 변화시키고자 하는가?
✠ 유권자들은 어떤 가치를 지니고 있으며, 요구는 무엇이고 어떤 경험이 있는가? 나의 가치 및 요구와 경험에 비추어 어떤 차이가 있는가? 일치점을 어떻게 살리고 차이점을 어떻게 극복할 것인가?
✠ 유권자들이 보존하고자 하는 것은 무엇이며 변화를 바라는 내용은 무엇인가? 그러한 요구들을 어떻게 알아낼 것인가?
✠ 공약을 이행하고 유권자들의 삶에 지속적인 도움을 줄 수 있다는 사실을 어떤 방법으로 알려서 유권자들의 지지와 환영을 이끌어낼 것인가?
✠ 무엇을 핵심 메시지로 삼아서 대망을 표현하고 유권자의 표를 확보할 것인가? 선거 운동 방식을 어떻게 설정하여 핵심 메시지가 반영되고 드러나도록 할 것인가?
✠ 나의 선거 운동 전략과 보다 넓은 범위를 대상으로 한 소속 정당

의 운동 전략은 어떻게 일치점을 찾을 것인가?

✠ 선거 운동을 상대 후보와 어떻게 차별화할 것인가?

✠ 나의 특기를 어떻게 살릴 것인가?

✠ 재정 및 지원과 관련하여 현재의 자원은 어떤 상황이며 추가로 필요한 것은 무엇인가?

이와 같은 질문에 대한 답변을 토대로 전략을 세운다. 전략을 수립할 때는 다음 사항을 포함해야 한다.

✠ 소속 정당에 우호적인 고정표를 장악하고 전화 조사로 부동표를 파악하여 관리한다. 고정표를 확실히 유지하고 부동표를 최대로 확보하는 것을 목표로 삼는다.

✠ 무엇을 표방하는지 확실히 한다. 상대 후보와의 차별성을 드러낼 필요가 있다.

✠ 각각의 특별한 경우에 대하여 적극적으로 후속 조치를 한다. 그렇게 함으로써 유권자들은 활동적인 후보라는 인식을 갖게 된다.

✠ 유권자 중에서 새로운 지지 기반을 구축한다.

✠ 좋은 취지를 가지고 있는 주민들의 지지를 받도록 한다.

✠ 긍정적인 태도를 지니며 현실적인 인물로 부각되도록 한다.

✠ 기존의 당선자와 그 소속 정당이 유권자에 대해 소홀한 점이 있다면 그 점을 비판한다.

✠ 최고 선거 운동 팀을 조직한다. 선거 운동 관리자가 되지 말고 후보가 되어야 한다.

✠ 적절한 재정적 기반을 마련한다.

✠ 호주 하원의 대변인을 역임한 프레드 데일리(Fred Daley)는 이렇게 말했다. "이길 수 있다는 확신을 갖되 질 수도 있다는 점을 감안하여 선거 운동을 해야 합니다."

✠ 지역 사회의 가치, 경험, 필요성과 일치되는 명확한 메시지를 준비한다.

✠ 일상의 관리, 선거 운동의 전반적 감독, 재정, 구매, 언론, 정책 및 연구, 일정 관리, 자원 봉사, 우편물 발송, 전화, 음식 및 여흥 등을 책임지는 담당자 목록을 작성한다. 책임자들에게 고맙다는 인사를 아끼지 않는다.

성공적인 선거 운동은 정당이 제시하는 큰 그림에 많은 유권자들이 참여하도록 만드는 것이다. 그러나 선거 운동이 시작되면 큰 그림을 제시하는 일은 배후로 밀려나고 당면 과제를 현실화하고 유권자들의 표를 얻는 일이 주요 업무가 되며 지역의 당면 문제가 중요하게 부각된다. 세부 사항에 대한 관심과 팀웍이 성패를 결정한다. 다음 내용을 참고로 삼는다.

✠ 입후보를 되도록 이른 시기에 발표한다.

✠ 텔레비전 출연, 언론에 사진이 게재될 기회, 거리 활보, 매장 및 공장 방문 등의 활동을 통하여 사람들에게 얼굴을 많이 알린다.

✠ 상대 후보에 대한 정보를 파일로 작성하여 참고한다. 부상하는 문제와 지역 사회의 요구 사항에 대해 피력할 견해가 있다면 상대 후보보다 앞서서 지역 신문을 활용한다.

✠ 상대 후보에 대한 인신 공격은 삼간다. 상대 당 또는 후보의 성

과나 정책 또는 정책의 부재 등을 공격의 대상으로 삼아야 한다.

✠ 지역의 문제와 분위기를 잘 파악하고 정보를 원활하게 제공받으며 제반 문제를 쉽게 이해할 수 있는 입장에 선다. 당의 정책을 잘 반영하고 유권자의 요구를 잘 수용할 수 있는 자세가 좋다.

✠ 지역 주민을 초청하여 회의를 개최하거나 설문지를 발송하거나 직접 방문을 통하여 주민의 애로 사항을 파악하고 상담을 한다.

✠ 자신 또는 소속 정당이 유권자의 요구에 부응하여 한 일과 앞으로 할 일을 사람들에게 알린다. 토니 블레어와 그의 여성 정책 담당자는 1997년 영국에서 개최된 선거에서 여성 표를 모으는 데 크게 성공했다. 여성들에 대한 상담을 통하여 여성에게 가장 중요한 다섯 가지 문제를 정리하여 정책에 반영하고 블레어가 집권할 경우 여성의 관심사를 어떻게 반영할 것인가에 관한 문제를 서면으로 작성하여 상담에 참여한 모든 사람들에게 발송한 것이 큰 효과를 거두었던 것이다.

✠ 사람들을 만나는 일에 주력하며 진심어린 태도로 사람들을 대하여 그들이 진심을 느낄 수 있도록 한다.

재정 충당

호주에서는 모든 정당이 득표 수에 비례하여 연방 선거 운동 자금을 지원받는다. 정당은 지역 차원의 선거 운동 자금을 지원하고, 텔레비전 광고 및 기본 운동 자료를 제공한다. 그럼에도 불구하고 각 후보는 추가 자금이 필요하다. 호주의 경우, 지방 선거에 출마하는 각 후보 및 선거 운동 위원회마다 최소한 1만 달러는 있어야 한다. 연방 차원의 선거에는 평균 6만에서 7만 달러가 소요된다. 지역 텔레비전 광고를 활용하고 대량 우편물을 활용하며 최고 품질의 선거 운동 전문 전화 지원을 활용한다면 15만 달러 이상의 비용이 소요된다. 재정 충당에 관해서는 다음 사항을 참고하기 바란다.

✠ 목표를 설정한다.
✠ 모금 위원회를 운영한다.
✠ 어떤 개인이나 그룹을 대상으로 자금 지원을 받을 것인지 결정한다.
✠ 선거용 계좌를 개설하고 자금 사용 시 두 사람의 서명이 있어야 가능하도록 조치한다. 자금의 수입과 지출을 정확히 기록하여 선거 관리 위원회의 조사에 대비한다.
✠ 에밀리 리스트의 모토인 '일찍 모은 자금은 빵을 부풀리는 이스트와 같다'는 말을 명심한다. 이스트가 밀가루 반죽을 부풀게 하듯이 돈은 선거 운동에 활기를 불어넣는다.
✠ 가까운 친구 및 지원자들에게 요청하여 선금을 확보한다.
✠ 헌금한 사람들의 명단을 작성하여 관리하고 감사의 편지를 잊지 말아야 한다.
✠ 우편물이나 전화를 활용하여 모금 활동을 벌인다.
✠ 가족 단위에서부터 저명 인사가 참석하는 큰 연회에 이르기까지 각 차원에 맞는 모금 행사를 실시한다.
✠ 주창하는 메시지에 반하는 방식으로 모금하는 것은 좋지 않다. 말과 행동이 일치하지 않는다는 인상을 주어서는 안 된다.
✠ 운동 계획과 운동 자금이 동시에 관리되도록 해야 한다.

유권자와의 관계

첫 인상이 마지막까지 지속된다. 따라서 팜플렛을 처음 제작할 때, 대중이나 언론에 모습을 드러낼 때, 인터뷰에 응하거나 서신 또는 칼럼을 쓸 경우 매력 있고 권위가 있으며 유권자에게 친근한 분위기를 연출해야 한다. 지원자 중에서 한 두 그룹에 요청하여 팜플렛을 조기에 제작할 수도 있다. 호주 역사를 볼 때 유권자들은 자신들의 생활을 잘 이해하고 그들의 요구를 위해 싸울 것이라고 생각하는 후보(또는 정당)에게 투표를 해 왔다. 오늘날처럼 불안정한 환경에서는 사회의 요구를 잘 파악하고 문제의 해결을 위해 활동할 수 있는 능력이 있어야 한다. 사람들은 후보의 가치관 그리고 현재와 미래의 문제 해결 능력을 확실히 알고 싶어한다.

사회의 목소리에 귀를 기울이고 경험과 통찰과 정책을 종합하여 해결책을 제시하는 핵심 메시지를 작성한다. 예를 들어, '우리 지역의 일꾼', '부드러운 활동가' 등의 표현이 있을 수 있다. 가능하다면 일부 유권자들에게 전화 여론 조사를 하고 선거 위원회 또는 당원들의 의견을 수렴하여 선거 운동 문구를 시험 또는 평가해 볼 수 있다.

투표구별로 이전의 선거 데이터를 분석하여 전체적인 경향과 지역별 특성을 살펴 본다. 어느 유권자 층에 에너지를 집중할 것인지를 결정한다. 경제 수준을 기준으로, 연령대를 기준으로, 정부 정책에 대한 반응 등을 비롯하여 여러 기준을 가지고 주력 대상 유권자 층을 결정한다.

알아야 할 필요가 있는 유권자 중에서 핵심 인물을 중심으로 인맥을 형성하고, 자금 지원에 도움이 될 사람들도 알아 둔다. 그러한 목적으로 되도록 많은 사람들과 지속적으로 연락한다. 인맥은 많고 다양한 부류의 사람들을 포함해야 하겠지만 그 목적은 오직 하나, 즉 자신이 성실한 정치인이 되도록 도움을 주는 방향이 되어야 한다. 가족, 친구, 오랜 지인, 전문가 집단과는 달리 인맥은 뜻이 같은 사람들로 구성되어야 한다. 이념이 같거나 현 사안에 대한 견해가 같은 사람들 또는 후보의 당선이나 후보 소속 정당의 승리를 기대하는 사람들로 인맥을 구성하며 그들에게 보탬이 되어야 한다.

인맥을 통하여 해야 할 일은 다음과 같다.

✠ 유권자의 요구 사항을 파악한다.
✠ 언론, 사업계, 조직 및 정부를 활용한다.
✠ 해결책을 모색한다.
✠ 재정 및 기타 지원에 필요한 자원을 확보한다.
✠ 관련자 및 유관 단체에게 가급적 많은 발언을 한다.
✠ 방문 및 서신 전달에 힘쓴다.
✠ 전화를 통하여 유권자에게 인사를 한다.
✠ 선거 운동 사무실의 직원으로 활용한다.

선거 운동 위원회

후보가 아무리 훌륭해도 혼자서 선거 운동을 운영하고 당선될 수는 없다. 법적인 요건만을 충족하려 해도 후보 이외의 사람이 필요하다. 등록 과정에서 다른 사람의 명단과 서명도 필요하다.

선거 운동 팀은 다음과 같은 역할도 해 주어야 한다.

✤ 선거 운동 관리자. 되도록이면 선거 활동 경험이 있는 사람으로서 가까운 사람이 좋다. 선거 운동 관리자는 정치적 분석력과 관리 능력이 뛰어난 사람이라야 한다.

✤ 비서 또는 개인적 조력자

✤ 언론 연락 담당자

✤ 경리 담당자

✤ 우편물 관련 담당자

✤ 모금 담당자

✤ 전화 지원 변호사

✤ 컴퓨터에 능한 사람(연구, 인터넷, 전자 우편, 데이터베이스 관리 등)

✤ 후보 및 상대 후보 관련 언론 자료를 정리할 담당자

✤ 방문, 홍보 등에 투입될 자원봉사자

선거 운동

제니 비챔(Jenny Beacham)은 최고의 선거 운동가이다. 그녀는 어떤 일이 있을 것인지 예측하고 어떤 일이 선거에 좋은 영향을 끼치며 어떤 일이 나쁜 영향을 끼치는지 놀랍도록 정확히 파악할 줄 안다.

그녀는 빅토리아 ALP의 후보이기도 했으며 비서 역할도 한 경력이 있다. 여성으로서 선거 운동을 어떻게 운영해야 하며 다른 여성 후보의 당선을 위해 어떻게 도움을 주어야 하는지에 관해 그녀는 다음과 같은 조언을 주었다.

사·례·연·구

여성 후보의 선거 운동(제니 비챔의 경우)

선거 운동의 동반자가 될 여성을 찾는다. 그녀는 선거 운동 관리까지 담당할 수도 있고 어느 곳이든 함께 동반하는 역할만 할 수도 있다. 나는 아주 훌륭한 동반자를 얻을 수 있었다. 함께 선거 운동을 하는 남성들은 나와 그 여성 동반자의 관계가 얼마나 중요한지 이해하지 못했다. 그러나 오직 그녀만이 모든 일들을 페미니스트의 시각으로 보고 평가해 주었다. 그녀는 자원 봉사자를 격려할 필요가 있다는 점을 알고 있었고 선거 사무실에 활기가 넘치도록 노력해 주었다. 그녀는 하루에 최소한 한 번은 웃을 수 있는 소재를 보여 줌으로써 여유를 갖도록 해 주었다.

여성들이 흔히 만나는 장소를 찾는다. 주로 학교를 중심으로 서로 얼굴을 마주 대하는 관계가 형성되어 있을 것이다. 학부모와 교사들을 중심으로 자신을 소개해 줄 수 있는 인물을 먼저 찾는다. 학교를 중심으로 이벤트가 있을 경우 그 기회를 활용할 수도 있다.

여성들이 자주 드나드는 곳 중에는 지역 보건소도 있다. 자녀들의 예방 주사 등을 위하여 주로 여성들이 자주 방문하는 장소이기 때문이다. 동반하는 어린이를 위하여 안전한 장난감 등을 준비하여 대화의 매개로 삼는다면 더 자연스러울 수 있다.

사람들이 부담 없이 대할 수 있는 태도를 유지하고 자연스럽게 대화할 수 있도록 분위기를 조성한다.

때로는 이벤트를 적극 펼쳐 나간다. 후보를 지지하는 사람들에게 후보를 직접 만날 수 있는 기회를 제공하는 것이다. 각 분야의 지도자, 작가, 스포츠 우먼 등을 동원하여 홍보 및 후원 활동을 보다 활력 있게 진행할 수도 있다.

선거 운동은 곧 연설만을 생각하기 쉬운데 사실상 연설은 선거 운동의 일부분일 뿐이다. 여성 후보로서 효과적인 운동을 하는 길은 누구나 쉽게 참여할 수 있고 어린이들이 좋아할 만한 이벤트를 되도록 저렴한 비용으로 개최하는 것이다. 그러한 활동을 통하여 유권자들은 친근감을 느끼게 되고 그 후보가 생활 속의 모든 문제를 이해하고 정치 현장에서 대변해 줄 것이라는 기대를 갖게 된다.

자신 그리고 자신의 지식과 인맥을 귀하게 여긴다. 자신의 가치와 경험과 인맥을 활용하여 여성을 위해 할 수 있는 일이 무엇인지 생각하고 기록하며 그 일을 이루기 위하여 노력한다. 자신이 추구하는 바를 사람들에게 알려야 한다. 나의 경우 낙선한 지 여러 해가 지났음에도 불구하고 사람들이 아직도 나를 알고 있다는 사실에 놀라기도 한다. 정치적 후보가 된다는 것은 커다란 특권이다. 다른 방법으로는 볼 수 없는 각도에서 사회의 여러 차원을 볼 수 있는 기회가 된다. 용기 있게 출마하여 그 차원을 보기 바란다. ♣

여성에게는 유권자를 위해 봉사할 수 있는 재능과 자질이 있다는 점을 명심하고 그 점을 십분 활용한다. 또한 여성의 입장에서 보면 정치인들이 중요하게 생각하지 못하고 소홀히 하는 면이 많다는 점을 알아야 한다.

그러한 문제들은 대략 다음과 같은 것들이다.

✠ 가족들을 위한 삶의 표준 향상(쉴 수 있는 시간을 포함하여)
✠ 보건 관리 체계
✠ 자녀와 부모들을 위한 교육의 질적 수준과 비용
✠ 젊은 여성들을 위한 취업의 기회
✠ 고령자 부모와 관계된 문제들

에밀리 리스트의 연구 결과에 따르면 여성들은 정치인들이 실질적인 생활 모습에서 동떨어져 있다고 여기고 있다. '그들은 다른 세상에 있는 사람들'로 여겨진다. 또한 여성들은 정치 일선에 여성들이 많이 참여할수록 상황이 훨씬 나아질 것으로 굳게 믿고 있다.
그 이유로는 다음과 같은 것들이 있다.

✠ 여성들은 비교적 스스로를 위해 일하는 면이 적으며 이기적인 면모도 덜하고 사소한 점수 따기에만 매달리는 경향이 적다고 보여진다.
✠ 여성이 보다 상식적인 면이 많고 협력하여 일하는 능력이 뛰어나다.
✠ 여성들이 문제를 피부로 느끼는 면이 비교적 강하다. 여성들은 자녀, 교육, 부모 봉양, 건강 관리 등의 문제에 비교적 많이 연관되어 있다.

여성들은 여성 정치인들이 위와 같은 자질을 안고 정치 활동에 투신해야 하며, 자기 만족과 과시 또는 정당의 점수 따기에 급급하지 말아야 한다고 여긴다.

정치인이 되고자 하는 여성은 위와 같은 자질로 자신의 모습을 가꾸고 연설에 반영하며 사용하는 언어에도 그러한 자세가 배어나도록 할 필요가 있다.

정치인을 꿈꾸는 여성은 자신을 낮추고 정직한 태도를 유지하고 지도력을 갖추는 것이 중요하다. 그리하여 큰 문제의 해결만을 위해 앞만 보고 나아가는 정당의 관행과는 색다른 모습을 보여 주어야 한다. 아울러 복잡한 문제를 설명할 수 있는 확고한 실례를 활용해야 한다. 하나의 문제에 집중적으로 매달리고자 하는 여성 후보는 가치, 염원, 개인적 신념 등을 구별하여 단순하고 직접적인 문제를 가지고 토론할 필요가 있다.

가능한 한 지역 사회의 문제와 접목시키고 주민들의 경험 및 관심사를 반영하여 이야기한다. 상대 후보를 비판할 때는 중요하면서도 관련성이 있는 문제에 집중해야 하며 긍정적인 자세로 대안을 제시할 줄도 알아야 한다.

주요한 사안은 남성이나 여성이나 유사하겠지만 강조점이나 방향 설정에 있어서는 차이가 많을 것이다. 남성들은 큰 그림을 의논하고 제시하기를 좋아하며 경제 분야에 영향을 줄 수 있는 문제들을 주로 다루는 경향이 있다. 여성들은 큰 그림을 어떻게 실제 삶 속의 세부적인 현실로 전환시킬 것인가에 관심을 기울이는 것이 보통이다.

이벤트 관리

이벤트를 운영하는 이유는 네 가지가 있다. 후보의 약력을 알리고 인맥을 확장하며 재정을 확보하고 분위기를 돋우는 것이 그것이다.

이벤트가 원활하게 운영되고 재정적으로도 성공을 거두려면 세심한 계획과 참가자 확보가 필요하다. 기본 단계를 정리해 보면 다음과 같다.

- 소위원회를 구성하여 이벤트를 준비하도록 하고 필요한 경우 후원자를 비롯한 타인들의 도움을 받는다.
- 참석 대상자들이 부담을 느끼지 않을 정도의 현실적인 참가비를 책정해야 한다.
- 모든 비용과 수익을 감안하여 수지를 예측한다.
- 예산을 세우고 일정을 수립하며 업무를 분장한다. 하나의 이벤트를 실시하기 위해서는 적어도 두 달은 준비해야 한다.
- 참가자들이 관심을 가질 수 있는 방향으로 모든 공연, 이벤트 형식, 경매, 복권 판매, 연설 등을 꾸며야 한다.
- 되도록이면 참가 티켓을 사전 판매한다. 티켓을 미리 구입한 사람은 참가 가능성이 더 크다. 티켓 판매량을 계산해 보고 전화 연락망을 통하여 기타 참가자들에게 이벤트 실시 일정을 재확인해 주며 참석 여부도 파악한다.
- 참가자들이 좌석에 앉게 되는 행사라면 좌석 안내 담당자를 지정한다. 필요한 경우 각 테이블마다 안내 담당자를 지정한다. 간단하게라도 전체 참석자를 대상으로 한 인사말을 빠뜨리지 않도록 한다. 행사가 분주한 경우에는 후보가 서둘러 인사말을 끝내도 참가자들은 이해할 것이다. 현안 문제를 지니고 있는 참석자에게는 면담을 요청하여 약속 시간을 잡는 것도 좋다. 후보와 면담하러 오는 사람들에게 적절한 환영의 분위기를 느낄 수 있도록 해야 한다.

• 언론 담당자를 지정하여 언론과 관련된 일을 처리하도록 하고 필요한 경우 언론인과 후보의 연결 고리 역할을 하도록 하며 지정된 사진이 보도 자료로 활용될 수 있도록 조치한다. 이벤트와 관련하여 보도된 자료를 수집해 둔다.
• 참가자들이 담소를 나눌 수 있고 의견을 경청하며 즐길 수 있는 프로그램을 준비한다.

일반적인 모금 방법으로는 사람들이 선호하는 상품에 후보의 이름과 구호를 새겨 판매하는 방법이 있다. 선거 운동 배지, 차량 스티커, 티셔츠, 모자, 찻잔, 술 등의 상품을 이용할 수 있다. 효과적인 판촉 활동을 벌여 전체적으로 큰 수익이 창출되도록 한다.

전략 구상 체크 사항

• 전화 홍보를 위한 준비를 갖추었는가?
• 유권자들이 정치인에게 원하는 것이 무엇인지 파악했는가? (대부분의 사람들은 자신이 원하는 바를 정치인들이 파악하고 있는지 여부를 중요하게 생각한다.) 선거 운동 자료에는 그것이 반영되어 있는가?
• 선거 운동 자금은 충분한가?
• 언론 보도와 홍보 활동은 적절하고 효과적인가?
• 선거 운동 계획 중에 유권자 방문 전략도 있는가? 방문 전에는 전화 조사를 먼저 하는 것이 바람직하다. 그렇게 하는 것이 보다 좋은 인상을 준다.
• 친구, 지원자, 가족, 선거 운동원은 확실한 준비가 되어 있는가?

우편 발송, 사전 전화 조사, 광고 풍선, 전단 배포 등 각종 관련 업무를 담당할 인원이 준비되어 있어야 한다.

• 최근 3차에 걸친 선거의 경향과 표의 향방을 분석하여 전화 정책에 반영되도록 하였는가? 과거의 선거 경향을 분석한 다음에는 어떠한 변화를 추구해야 하는지 그 방향을 결정한다.

• 유권자들이 가장 중요하게 여기는 핵심 사안들을 파악하고 있는가?

• 선거 위원회 또는 기타 인사들과 더불어 선거 운동에 필요한 아이디어 회의를 실시했는가?

• 선거 운동이 원활하게 이루어지고 있는지 정기적으로 감독할 계획은 있는가?

사무실 설치

여기에서 소개하는 내용은 선거가 실시될 때까지 운영될 사무실에 관한 내용이다. 선거 운동 기지를 잘 꾸미고 운영하는 것은 선거에서 당선되어 유권자들에게 봉사하기 위한 새로운 사무실로 전환할 수 있는 지름길이다.

• 사무실은 유권자 가까이에 있어야 한다. 사람들이 쉽게 찾을 수 있는 곳, 접대하기 편안한 곳, 큰 거리에 인접한 곳에 설치하여 유권자들이 다름 아닌 자신들의 사무실이라는 인식을 갖도록 한다.

• 효과적인 자료 수집 및 개인 정보 기록 체계를 갖춘다. 원활한 데이터베이스를 갖춘다.

• 일에 적합한 인물을 활용한다. 직원의 보안 유지와 성실성은 필

수 사항이다. 선거 사무실의 직원은 후보의 얼굴과 다름없다.
- 팀을 구성하여 호흡을 맞추고 일주일에 한 번쯤은 차를 나누면서 단합의 시간을 갖는다.
- 질문에 대해서는 언제든지 답변해 주고 모든 서신과 답장 및 관련 자료는 모두 기록하고 정리해 둔다. 서신을 보낼 때는 주소를 확실하게 쓰고 자신이 서명할 문서는 그 내용을 확실히 읽어 보며 사무실에서 밖으로 유출되는 문서는 일일이 검토한다.
- 인맥을 구성하고 지속적으로 관리한다. 인맥을 정리해 보면 많은 수에 스스로도 놀랄 것이다. 인맥을 확장시킬 방안을 모색한다.

자원봉사자

선거 운동에서 자원 봉사자들은 반드시 필요하다. 봉사자들 뿐만 아니라 후보 자신의 만족을 위해서는 상호 협력이 원활해야 하고 업무 내용을 확실히 하며 시간적 계획을 잘 수립하고 마음으로부터 우러나는 감사의 뜻을 자주 전해야 한다.

최대의 자원 봉사자를 확보하려면 당원, 친구, 조합원, 전문가 그룹, 사업계 및 지역 사회 구성원들에게 초청장을 발송한다. 초청장을 통하여 자원 봉사자로 참여할 의사가 있는지 여부를 묻는다. 참여할 의사가 있다면 서신 작성, 거리 홍보, 전화 홍보, 이벤트, 각종 운동 자료, 연락 및 행정 등 어느 분야에서 특기를 살릴 수 있는지도 표시하도록 한다. 해당 업무 수행상 필요한 일시와 장소를 제시하여 참가 의사가 있는 사람들이 선택할 수 있도록 한다.

방문 활동

　이러한 활동을 꺼리는 후보도 있고 필요성을 알면서도 실천하지 않는 후보도 있지만 방문 활동은 유권자에게 다가가는 가장 효과적인 방법이다. 방문 활동에는 세 단계가 있다.
　첫 번째 단계로 편지를 발송하여 후보가 어느 날 어느 지역을 방문할 것이라고 알린다.
　두 번째 단계로 자원 봉사자나 후보가 방문하여 유권자와 대화하거나 홍보 자료를 전달한다.
　세 번째 단계로 다시 서신을 발송하여 후보 또는 소속 정당의 과거 업적과 더불어 유권자 또는 지역 사회를 위하여 앞으로 하고자 하는 일을 알린다.
　방문 활동에서는 다음 사항을 중점으로 삼아야 한다.

- 가능하면 사전 전화 조사를 실시한다.
- 팀을 구성하고 구역을 분담한다.
- 전화 카드를 제작한다.
- 외출 중이어서 만나지 못한 유권자에게는 후보의 사진, 주소, 연락처 등과 더불어 서면 메시지를 남겨서 문의 사항이나 건의 사항이 있으면 편리한 시간에 연락해 달라고 한다.
- 방문 활동 현황판을 설치하여 만난 유권자의 수를 기록하고 그 유권자가 어느 후보에게 투표할 의사가 있는지 아니면 아직 미정인지를 표시한다.
- 방문 활동을 통하여 드러난 사안에 대하여 주목한다.

- 다시 찾기로 약속했으면 그 약속을 지킨다.

방문 활동 결과 불리한 것으로 판단되면 자신의 강점과 약점을 분석하고 선거 전략을 재검토한다. 추가로 고려해야 할 사항이 있다면 다음과 같은 것이다.

- 출발 전에 화장실에 다녀오고 정기적으로 화장실을 이용한다.
- 개를 조심한다.
- 혼자 다니지 않는다.
- 시계와 시간 계획표를 준비하여 체크해 나간다.
- 메모지를 준비하여 기록할 사항은 기록한다.
- 주머니가 있는 겉옷과 편안하면서도 보기 좋은 신발을 착용하고 접는 양산과 모자도 준비한다.
- 아무 집이나 함부로 들어가지 않는다.
- 이미 어느 후보에게 투표하기로 결정한 사람들과 너무 길게 이야기하지 않는다. 특히 상대 편 후보를 찍기로 결정한 유권자와 논쟁을 벌이지 않도록 한다.
- 방문하고 있는 집에 좋은 면이 있다면 그에 관한 소감을 말해 준다.
- 유권자가 관심을 가질 만한 공동의 사안을 찾아낸다.
- 지역의 문제와 지방 정부의 성격을 파악한다.
- 언제든 후보에 관하여 소개할 수 있는 충분한 준비를 갖춘다.
- 통역할 사람이 필요한 경우 미리 확보하여 대동한다.

선거 활동 감사

선거 활동을 지속적으로 추적하려면 정기적으로 검토해야 한다. 직접 검토할 수도 있고 외부 인사에게 의뢰할 수도 있다. 점검할 사항은 다음과 같은 것들이 있다.

- 후보가 해당 지역의 주요 인맥과 핵심 사안을 파악하고 있는가?
- 선거 운동 예산은 적절한가? 그렇지 않다면 차이가 나는 부분을 어떻게 처리할 것인가?
- 활동 팀은 자신들의 가치와 역할 그리고 후보의 역할을 잘 이해하고 있는가?
- 부동표를 공략하기 위한 전화 활동은 계획되어 있는가? 이 분야는 교육을 받은 자원 봉사자들이 담당해야 한다.
- 적절한 방문 활동은 계획되어 있는가?
- 적절한 공동체 면담 전략은 계획되어 있는가?
- 후보의 장점과 변화를 꾀할 수 있는 능력 그리고 사회에 대한 관심이 잘 드러나도록 홍보 전략이 수립되어 있는가?
- 부재자 투표에 관한 사항도 고려하고 있는가? 경우에 따라서는 이 부분이 중요하게 작용할 수도 있다.
- 자원 봉사자는 충분히 확보되었는가? 그들이 자신들의 역할을 제대로 인식하고 있는가? 자원 봉사자 연락망이 갖추어져 있는가?
- 최고의 선거 운동을 위하여 다른 후보들의 운동을 분석하고 있는가?
- 소속 정당과는 원활한 관계를 유지하고 있는가?

선거 다음 날

당선되었다고 축제 분위기에만 빠져 있어서는 안된다. 이제부터 본격적인 일이 시작된다. 당선 후 처음 언론에 등장할 때의 분위기는 매우 중요하다. 자신감 있되 오만하지 않게 보여야 하며 지쳐 있다 하더라도 어느 정도는 생기 있게 보여야 한다. 자신을 찍어 준 유권자에 대해 감사의 말을 전한다.

모든 선거구민의 이익을 위해 일하고 요구 사항을 최대한 수용할 것이며 사회의 발전을 위하여 늘 주민과 함께 일할 것이라는 약속도 잊지 않는다. 어떠한 변화를 꾀할 것인지에 관하여 재정리하고 낙선한 상대 후보에 대해서도 겸손한 자세로 예의를 표한다.

사례의 편지를 발송하거나 당보 등의 지면을 통하여 사례 인사를 전한다. 선거 운동에 소요된 비용을 정리하고 새로운 사무실을 마련하는 데 필요한 계획을 세우며 자료 및 통신 시스템 그리고 언론 연락처 목록 등을 정리한다.

정치 일선에서

정치인 중에서 또는 외부 인사 중에서 멘터를 구한다. 멘터는 자신의 두려움을 솔직히 고백할 수 있는 대상으로서 자신감을 가지고 정치적 경력을 쌓을 수 있도록 도움을 줄 수 있는 인물이어야 한다. 자신의 고유성을 잃지 않으면서 가능한 한 많은 정보를 수용한다.

옷장도 점검해 본다. 특별한 의상은 제외하고 기본적인 의상은 드라이크리닝이 필요없는 세탁이 간편한 것이 좋으며 평상시 활동에 편리하고 회의에 참석하거나 중요 인사를 만나기에도 무난한 것이면 좋다. 주변의 정치인 중에서 신뢰할 수 있는 사람들을 찾는다. 주로 그들을 활동의 동반자로 삼는다. 정치 현장의 기본 규칙을 익힌다. 연사 또는 의장에 대한 예의도 그 중에 포함된다.

- 그들이 입장할 때 지켜야 할 예의를 익힌다.
- 중간에 할 말이 있더라도 다른 사람이 일어서서 발언할 때는 자리에 앉아 있어야 한다.
- 회의 중 입장 또는 퇴장하거나 자리를 옮길 때는 의장을 향해 목례를 하고 움직인다.

사무원이 기본적인 규칙에 대해서 안내를 해 줄 것이다.

- 질문하는 법
- 질의 응답 시간 또는 휴회를 요청하는 방법
- 청원서를 작성하고 제시하는 법
- 의회 또는 국회의 규정과 양식
- 법적인 문제와 전례

기타 기본적인 절차 관련 규칙도 있다.

- 거수로 표결할 때는 자리 이동을 삼가야 한다. 자리를 이동하면 찬반의 의사 표시를 정확히 파악하는 데 지장을 초래한다.
- 어느 곳에서든지 중요한 문건을 두고 자리를 뜨지 말아야 한다.

중요한 내용일수록 반드시 보안을 유지해야 한다.
- 질문할 때는 주어진 시간에 순서에 따라 한다.
- 서면 질의를 활용하면 보다 구체적인 질문을 할 수 있고 또한 구체적인 답변을 얻을 수 있다.
- 고함을 치는 일이 없도록 해야 한다. 그 결과는 대부분 자신에게 불리하게 작용한다.
- 발언 중에 잘못된 사실 또는 정보를 말했을 때는 가능한 한 즉시 정정한다. 이에 관해서는 사무원에게 자문을 구하여 필요한 사항을 알아 둔다.
- 출근하면 우선 그 날의 일정을 점검하고 일의 우선 순위를 정한다.
- 질의응답 시간에는 늘 참석한다.
- 늘 의회나 국회에 있을 필요는 없다. 출타할 경우 행선지를 표시해 둔다.
- 야근이 잦을 것에 대비하여 차를 끓일 수 있는 기구와 과자류 그리고 베개나 담요 등을 비치해 둔다.
- 언론인들이 수시로 드나들 것이니 주의를 해야 한다. 그들은 의원이 혼자 있는 순간을 기다렸다가 갑자기 접근하기도 한다.
- 하루에 적어도 한 번은 자신이 근무하는 의회 또는 국회 정원을 잠시 산책할 여유를 갖는다.
- 전화, 산책, 만찬, 다과 등의 기회를 통하여 인맥을 형성한다.

마지막으로 의회나 국회에서는 여성이라고 하여 특별히 제약을 받을 필요가 없다는 점을 명심한다.

●●●● 후보 활동 349

맺음말

우리가 이 책을 쓴 것은
권력을 획득하고 활용하고 잃기도 했던 우리의 경험을 모든 여성과 함께 나
누기 위해서다. 이 책을 쓰는 동안 내내
우리의 경험이 그만한 가치가 있는 것인지 자문해 보기도 했다.
그러나 먼저 경험한 사람으로서 우리의 경험을 함께 나눈다면
뒤따르는 이가 최소한 시행착오를 줄일 수는
있을 것이라는 생각으로 위안을 삼았다.
여성에게도 권력을 활용할 수 있는 도구와 기술이 주어진다면
남성과 어깨를 나란히 하여 이 세상을 보다
나은 곳으로 변화시킬 수 있다. 모이라가 아버지에게서
공구 상자를 선물 받았듯 이 책이 강한 여성이 되고자 하는
독자들에게 좋은 선물이 되기를 바란다.
아울러 이 책의 내용 이상으로 여성이 발전을 거듭하기를 바란다.
우리 두 사람은 이 책을 함께 쓰면서 우리의 활동과 믿음이
선을 추구하는 사람들의 지지를 얻었던 일,
여성들과 함께 나누었던 신뢰감, 시민들과 함께 공익을 위한 노력을 기울이
던 일, 그리고 역경 속에서도 유머를 잃지 않았던
우리의 기억 등을 되새겨 보았다. 활동 내용을 책으로 꾸미면서
느끼는 재미는 활동 자체와는 또 다른 것이었다.
이 책이 여성의 권익 향상과 권력 획득을 위하여 노력하는 이
그리고 강한 여성이 되고자 하는 이들의 동반자가 되기를
다시 한 번 바란다.

가림출판사 · 가림M&B에서 나온 책들

문학

바늘구멍
켄 폴리트 지음 · 홍영의 옮김
미국 추리작가 협회의 최우수 장편상을 받은 초유의 베스트 셀러로 전쟁을 통한 두뇌싸움을 치밀하고 밀도 있게 그려낸 추리소설.   신국판 / 342쪽 / 5,300원

레베카의 열쇠
켄 폴리트 지음 · 손연숙 옮김
최고의 모험, 폭력, 음모 그리고 미국적인 열정 속에 담긴 두 남녀의 사랑이야기를 독자들의 상상을 뒤엎는 확실한 긴장 감으로 마지막까지 흥미진진한 켄 폴리트의 장편 추리소설.
신국판 / 492쪽 / 6,800원

암병선
니시무라 쥬코 지음 · 홍영의 옮김
금세기 최대의 난적인 암을 퇴치하기 위해 7대양을 누빌 암병선을 무대로 인간생명의 존엄성을 지키기 위해 불의와 맞서는 시라도리 선장의 꿋꿋한 의지와, 애절한 암환자들의 심리가 선명하게 묘사된 근래 보기드문 걸작.
신국판 / 300쪽 / 4,800원

첫키스한 얘기 말해도 될까
김정미 외 7명 지음
이 시대의 젊은 작가 8명이 가슴속 깊이 간직했던 나만의 소중한 이야기를 살짝 털어놓은 상큼한 비밀 이야기.
신국판 / 228쪽 / 4,000원

사미인곡 上·中·下
김충호 지음
파란만장한 일생을 보낸 정철의 생애를 통해 난세를 살아가는 우리에게 삶의 지혜와 기쁨을 선사하는 대하 역사 소설.
신국판 / 각 권 5,000원

이내의 끝자리
박수완 스님 지음
앞만 보고 살아가는 우리에게 자신을 뒤돌아볼 수 있는 여유를 갖게 해주는 승려시인의 가슴을 울리는 주옥 같은 시집.
국판변형 / 132쪽 / 3,000원

너는 왜 나에게 다가서야 했는지
김충호 지음
세상에 대한 사랑의 아픔, 그리움, 영혼에 대한 고뇌를 달래야 했던 시인이 살아있는 영혼을 지닌 이들에게 전하는 사랑의 메시지.   신국판변형 / 124쪽 / 3,000원

세계의 명언
편집부 엮음
위인이나 유명인들의 글, 연설문 또는 각 나라의 속담을 통하여 지난날을 되새겨보는 백과사전서로서, 오늘을 반성하는 교과서로서, 그리고 미래를 설계하는 참고서로서 역할을 해 줄 것이다. 신국판 / 322쪽 / 5,000원

여자가 알아야 할 101가지 지혜
제인 아서 엮음 · 지창국 옮김
남녀가 함께 살면서 경험으로 터득한 의미심장하면서도 재미있는 조언들을 한 권에 묶었다. 독신의 삶을 청산하려는 이들이 알아야 할 유용하고 상상력 풍부한 힌트로 가득찬 감동의 메시지.   4·6판 / 132쪽 / 5,000원

현명한 사람이 읽는 지혜로운 이야기
이정민 엮음
현대를 살아가는 우리들에게 삶의 가치를 부여해주고 자기 성찰의 기회를 갖게 해준다.   신국판 / 236쪽 / 6,500원

성공적인 표정이 당신을 바꾼다
마츠오 도오루 지음 · 홍영의 옮김
고통스러울 때, 피로할 때에도 웃는 얼굴로 자신뿐만 아니라 주위 사람들의 마이너스 사고를 플러스 사고로 바꾸어서 사람의 마음을 움직이고 사람의 마음에 남는 최고의 웃는 얼굴을 만드는 비법 총망라!
신국판 / 240쪽 / 7,500원

태양의 법
오오카와 류우호오 지음 · 민병수 옮김
불법 진리 사상의 윤곽과 그 목적·사명을 명백히 함으로써 한사람 한사람의 인간이 깨달음을 추구하고 영적으로 깨우치기 위한 명확한 방향을 제시하였다.
신국판 / 246쪽 / 8,500원

영원의 법
오오카와 류우호오 지음 · 민병수 옮김
일찍이 설해졌던 적도 없고 앞으로도 설해지지 않을 구원의 진리를 한 권의 책에 이론적 형태로 응축한 기본 삼법의 완결편.   신국판 / 240쪽 / 8,000원

옛 사람들의 재치와 웃음
강형중 · 김경익 편저
옛 사람들의 재치와 해학을 통해 한문의 묘미를 터득하고 한자를 재미있게 배우며 유머감각까지 높일 수 있도록 꾸며 놓았다. 일석삼조의 효과 만점.   신국판 / 316쪽 / 8,000원

지혜의 샘터
쇼펜하우어 지음 · 김충호 엮음
쇼펜하우어의 철학체계를 통하여 풍요로운 삶의 지혜를 얻고 기쁨을 얻을 수 있도록 꾸며 놓은 철학이야기.
4·6양장본 / 160쪽 / 4,300원

헤세가 너에게
헤르만 헤세 지음 · 홍영의 엮음
순수한 애정과 자유를 갈구하는 헤세의 깨끗한 정신세계를 공유할 수 있는 기회를 제공.
4·6양장본 / 144쪽 / 4,500원

사랑보다 소중한 삶의 의미
크리슈나무르티 지음 · 최윤영 엮음

금세기 최고의 사상가이자 철학자인 크리슈나무르티가 인간의 정신적 사고의 구조와 본질을 규명하여 인간의 삶에 대한 가장 완벽한 해답을 제시. 신국판 / 180쪽 / 4,000원

장자-어찌하여 알 속에 털이 있다 하는가
홍영의 엮음

동양 사상의 저변에 흐르고 있는 자연에의 경외감을 유감없이 표현한 장자를 통하여 인간 본연의 자세로 돌아가 나를 돌아보는 계기를 만들어 준다. 4·6판 / 180쪽 / 4,000원

논어-배우고 때로 익히면 즐겁지 아니한가
신도희 엮음

인간에게 필요불가결한 윤리와 도덕생활의 교훈들을 평이한 문제로 광범위하게 집약한 논어의 모든 것!!
4·6판 / 180쪽 / 4,000원

맹자-가까이 있는데 어찌 먼 데서 구하려 하는가
홍영의 엮음

반성과 자책을 통해 잃어버린 양심을 수습하고 선으로 복귀할 것을 천명하는 맹자 사상의 집대성!!
4·6판 / 180쪽 / 4,000원

건 강

식초건강요법
건강식품연구회 엮음 · 신재용(해성한의원 원장) 감수

가장 쉽게 구할 수 있고 경제적인 식품이면서 상상할 수 없을 정도로 뛰어난 약효를 지닌 식초의 모든 것을 담은 건강지침서! 신국판 / 224쪽 / 6,000원

아름다운 피부미용법
이순희(한독피부미용학원 원장) 지음

피부조직에 대한 기초 이론과 우리 몸의 생리를 알려줌으로써 아름다운 피부, 젊은 피부를 오래 유지할 수 있는 비결 제시! 신국판 / 296쪽 / 6,000원

버섯건강요법
김병각 외 6명 지음

종양 억제율 100%에 가까운 96.7%를 나타내는 기적의 약용 버섯 등 신비의 버섯을 통하여 암을 치료하고 비만, 당뇨, 고혈압, 동맥경화 등 각종 성인병 예방법을 제시한 생활 건강지침서! 신국판 / 286쪽 / 8,000원

성인병과 암을 정복하는 유기게르마늄
이상현 편저 · 민형기 감수

최근 들어 각광을 받고 있는 새로운 치료제인 유기게르마늄을 통한 성인병, 각종 암의 치료에 대해 상세히 소개.
신국판 / 304쪽 / 7,000원

난치성 피부병
이정희 지음

현대의학으로도 치유불가능했던 난치성 피부병인 건선·아토피(태열)의 완치요법이 수록된 건강 지침서.
신국판 / 224쪽 / 7,000원

新 방약합편
정도명 편역

약물의 성질과 효능을 쉽게 설명해 놓아 자신의 병을 알고 증세에 맞춰 스스로 처방을 할 수 있는 가정 한방 주치의 역할을 해준다. 증상과 처방에 따라 가정에서 조제할 수 있는 보약 506가지 수록. 신국판 / 416쪽 / 15,000원

자연치료의학
오홍근(신경정신과 의학박사·자연의학박사) 지음

대한민국 최초의 자연의학박사가 밝힌 신비의 자연치료의학으로 자연산물을 이용하여 부작용 없이 치료하는 건강 생활 비법 공개!! 신국판 / 472쪽 / 15,000원

약초의 활용과 가정한방
이인성 지음

현대과학이 밝혀낸 약초의 신비와 활용방법을 수록하여 가정에서도 주변의 흔한 식물과 약초를 활용하여 각종 질병을 간편하게 예방·치료할 수 있는 비법 제시.
신국판 / 384쪽 / 8,500원

역전의학
이시하라 유미 지음 · 유태종 감수

일반상식으로 알고 있는 건강상식을 전혀 새로운 관점에서 비판하고 아울러 새로운 방법들을 함께 제시한 건강 혁명 서적!! 신국판 / 286쪽 / 8,500원

이순희식 순수피부미용법
이순희(한독피부미용학원 원장) 지음

자신의 피부에 맞는 피부관리법으로 집에서도 혼자서 피부관리를 할 수 있는 방법 제시. 책 속 부록으로 천연팩 재료 사전과 피부 타입별 팩 고르기 수록. 신국판 / 304쪽 / 7,000원

21세기 당뇨병 예방과 치료법
이현철(연세대 의대 내과 교수) 지음

세계 최초로 유전자 치료법을 개발한 저자가 당뇨병과 대항하여 가장 확실하게 이길 수 있는 당뇨병에 대한 올바른 이론과 발병시 대처 방법을 자세하게 알려준다.
신국판 / 360쪽 / 9,500원

신재용의 민의학 동의보감
신재용(해성한의원 원장) 지음

주변의 흔한 먹거리를 이용하여 신비의 명약이나 보약으로 활용할 수 있는 방법을 제시하는 건강 지침서. 저자가 TV나 라디오에서 다 밝히지 못한 한방 및 민간요법까지 상세히 수록!!
신국판 / 476쪽 / 10,000원

치매 알면 치매 이긴다
배오성(백상한방병원 원장) 지음

자연의 생기를 빨아들이면서 마음을 다스리는 B.O.S.요법으로 뇌세포의 기능을 활성화시키고 엔돌핀의 분비효과를 극대화시켜 증상에 맞는 한약 처방을 병행하여 치매를 치유하는 획기적인 치유법을 한의학 가문의 비방을 3대째 이어오고 있는 저자가 이해하기 쉽게 제시하였다.
신국판 / 312쪽 / 10,000원

21세기 건강혁명 밥상 위의 보약 생식
최경순 지음

항암식품으로, 아름다운 몸매를 유지하면서 할 수 있는 다이어트식으로, 젊고 탄력적인 피부를 유지할 수 있게 해주는 자연식으로의 생식을 소개하여 현대인들의 건강 길라잡이가 되도록 하였다.   신국판 / 348쪽 / 9,800원

기치유와 기공수련
윤한홍(기치유 연구회 회장) 지음

기 수련을 통해 길러지는 기치유는 누구나 노력만 하면 개발할 수 있고 활용할 수 있는 능력임을 강조하는 저자가 기 수련 방법과 기치유 개발 방법을 자세하게 소개하고 있다.
신국판 / 340쪽 / 12,000원

만병의 근원 스트레스 원인과 퇴치
김지혁(김지혁한의원 원장) 지음

현대를 살아가는 사람들에게 스트레스는 피할 수 없는 존재. 만병의 근원인 스트레스를 속속들이 파헤치고 예방법까지 속시원하게 제시!!
신국판 / 324쪽 / 9,500원

- 성장클리닉(배오성)   사혈요법(정지천)
- 모발클리닉(장정훈)   홍채학(김성훈)
- 항암식품(신재용)   발건강학(최미희)
- 뇌졸중(김종성)   카이로프랙틱(이승원)
- 간클리닉(전재윤)   녹차와 건강(석자연 스님)
- 자연피부미용(이순희)   쉽게 쓴 암이야기 (이준기)
- 생활인의 선체조(혜원스님)

현대생활과 체육
조창남 외 5명 공저

현 체육대학 체육과 교수들이 저술한 생활체육의 모든 것을 수록. 건강의 개념 및 체력의 개요를 비롯한 각종 현대병의 원인과 예방 및 운동요법에 대한 이론, 요즘 각광받고 있는 골프·스키·볼링 등의 레저스포츠 분야 등 체육학을 전공하는 학생들 및 일반인들이 관심있어 하는 부분까지 총망라!!
신국판 / 340쪽 / 10,000원

퍼펙트 MBA
IAE유학네트 지음

기존의 관련 도서들과는 달리 Top MBA로 가는 길을 상세하고 완벽하게 수록!! 또 톱 비즈니스 스쿨 지원자들에게 있어 가장 큰 애로사항 가운데 하나인 에세이를 쉽게 작성할 수 있는 작성법과 톱 비즈니스 스쿨에 합격한 학생들의 원문도 수록하여 톱 MBA를 꿈꾸는 지원자들에게 가장 완벽하고 충실한 최신의 정보를 제공.
신국판 / 400쪽 / 12,000원

유학길라잡이 I - 미국편
IAE유학네트 지음

미국으로의 유학·연수준비생을 위한 알짜배기 최신정보서!! 미국의 교육제도 및 유학을 가기 위해서 준비해야 할 절차, 미국 현지 생활 정보, 최신 비자정보 등을 한눈에 볼 수 있는 유학길잡이서.   4·6배판 / 372쪽 / 13,900원

유학길라잡이 II - 4개국편
IAE유학네트 지음

영어권 국가로의 유학·연수준비생을 위한 알짜배기 최신정보 수록!! 영국·캐나다·호주·뉴질랜드의 현지 정보·교육제도 및 각 국가별 학교의 특화된 교육내용 완전 수록!!
4·6배판 / 348쪽 / 13,900원

조기유학길라잡이.com
IAE유학네트 지음

영어권으로 나이 어린 자녀를 유학보내기 위해 준비중인 학부모 및 준비생들이 반드시 읽어야 할 필독서!! 영어권 나라의 교육제도 및 학교별 데이터를 완벽하게 수록하여 유학정보서의 질을 한 단계 상승시킨 결정판!!
4·6배판 / 428쪽 / 15,000원

교 육

우리 교육의 창조적 백색혁명
원상기 지음

자라나는 새싹들이 기본적인 지식과 사고를 종합적·창조적으로 발전시켜 창의적인 사고능력을 배양할 수 있도록 한 교육지침서.   신국판 / 206쪽 / 6,000원

육아아이디어 263
생활컨설턴트그룹 엮음·한양심 옮김

세상에서 가장 예쁘고 소중한 우리 아기를 위해 언제나 여유로우면서도 무슨 일이든 척척 처리하는 현명한 신세대 엄마가 되기 위한 최신 육아 정보 수록!   신국판 / 318쪽 / 6,000원

취미·실용

김진국과 같이 배우는 와인의 세계
김진국 지음

포도주 역사에서 분류, 원료 포도의 종류와 재배, 양조·숙성·저장, 시음법, 어울리는 요리에 이르기까지 일반인의 관심사와 와인의 유통과 소비, 와인 시장의 현황과 전망 등 산업적 부분까지 와인의 모든 것을 수록.
특히 와인너메들과 레스토랑 종사자들을 겨냥하여 와인 판매 요령, 와인의 보관과 재고의 회전뿐만 아니라 고객에게

와인을 권하고 추천할 수 있는 능력을 배양할 수 있도록 저자의 실무경험을 고스란히 담았다. '와인 양조 비밀의 모든 것'을 동영상으로 제작한 CD까지, 와인의 모든 것이 담긴 종합학습서. 국배변형양장판 / 208쪽 / 30,000원

화를 이루어 급변하는 21세기에 살아남을 수 있는 획기적인 이정표를 제시해줄 것이다. 신국판 / 368쪽 / 11,000원

21세기 IT가 세계를 지배한다
김광희 지음

21세기 화두로 떠오른 IT혁명의 경쟁력에 대해서 일반인들도 쉽게 이해할 수 있도록 전문가의 논리적이고 철저한 해설과 더불어 매장 끝까지 실제 사례를 곁들어 놓아 이 책을 통해 21세기 최정상에 오르는 방편을 터득할 수 있다.
신국판 / 380쪽 / 12,000원

경제·경영

CEO가 될 수 있는 성공법칙 101가지
김승룡 편역

21세기를 맞이하면서 새롭게 떠오르는 분야가 바로 'CEO'의 탄생이다. 냉혹한 기업 세계의 현실에서 높은 성장과 수익을 달성하기 위해서는 최고 경영자로서의 자질을 갖추어야 한다.
이 책은 미래의 CEO를 위한 획기적인 경영실용서로서 또 한 번의 경제위기를 겪고 있는 우리의 현실을 극복하고 일어설 수 있는 리더로서의 역할과 책임에 대한 명확한 해답을 제시해줄 것이다. 신국판 / 320쪽 / 9,500원

정보소프트
김승룡 지음

홍수처럼 쏟아지는 정보를 수집·분석하여 효과적으로 활용하는 방법을 총망라한 정보 전략 완벽 가이드서!!
신국판 / 324쪽 / 6,000원

기획대사전
高橋憲行 지음·홍영의 옮김

무한경쟁시대, 창업 전문가의 시대에서 성공하려면 완벽한 기획이 밑받침되어야 가능하다. 저자가 신사업 기획안과 지역 활성화의 프로젝트맨으로 수십 년간 활약하면서 얻은 경험과 체험을 토대로 엮은 완전 실용판 기획지침서로서 히트상품의 개발, 창업의 성공, 업무의 효율화, 성공적인 마케팅 전략, 인재조직의 활용, 비용절감 등 기획에 관련된 모든 사항을 실례와 도표를 통하여 초보자에서 프로기획맨에 이르기까지 효율적으로 활용할 수 있도록 체계적으로 총망라하였다. 신국판 / 540쪽 / 16,500원

맨손창업·맞춤창업 BEST 74
양혜숙 지음

창업대행 현장 전문가가 추천하는 유망업종을 7가지 주제별로 나누어 수록한 맞춤창업서로 창업예비자들에게 창업의 길을 밝혀줄 발로 뛰면서 만든 실무 지침서!!
신국판 / 416쪽 / 12,000원

무자본, 무점포 창업! FAX 한 대면 성공한다
다카시로 고시 지음·홍영의 옮김

완벽한 FAX 활용법을 제시하여 가장 적은 자본으로 창업하려는 창업예비자들에게 큰 투자 없이도 성공할 수 있는 방법을 제시해주는 창업 길라잡이 실무 지침서.
신국판 / 226쪽 / 7,500원

성공하는 기업의 인간경영
중소기업 노무 연구회 편저·홍영의 옮김

무한경쟁시대에 각 기업들의 다양한 경영 실태 속에서 인사·노무 관리 개선에 있어서 기업의 효율을 높이고 발전을 이룰 수 있는 원칙을 제시하고 있다.
아울러 인간경영에 관한 이론적 바탕과 실천적 내용이 잘 조

주 식

개미군단 대박맞이 주식투자
홍성걸(한양증권 투자분석팀 팀장) 지음

초보에서 인터넷을 활용한 주식투자까지 필자의 현장에서의 경험을 바탕으로 한 주식 성공전략의 모든 정보를 수록한 완벽 가이드서.
신국판 / 310쪽 / 9,500원

미국·일본·한국시장의 정공법@주식투자분석
이길영 외 2명 공저

일본과 미국의 주식시장을 철저히 분석하고 데이터화시켜 한국 주식시장의 투자 흐름을 파악하게 하는 밑거름이 되었다. 한국 주식시장에서의 확실한 성공전략 제시!!
신국판 / 384쪽 / 11,500원

항상 당하기만 하는 개미들의 매도·매수타이밍 999% 적중 노하우
강경무 지음

승부사를 꿈꾸며 와신상담하는 모든 이들에게 희망의 등불이 될 것을 확신하는 Jusicman이 주식시장에서 돈벌고 성공할 수 있는 비결 전격공개!! 신국판 / 336쪽 / 12,000원